τιμητική προσφορά

CHATZIEMMANOUIL
EMMANOUIL_VORSITER
GRIECHISCHE
GEMEINDE-DN+UMGBUG

CHATZIEMMANOUIL
EMMANOUIL-VORSITER
GRIECHISCHE
GEMEINDE-BN+UMGBUG

ΡΙΖΕΣ ΚΑΙ ΘΕΜΕΛΙΑ
Οδόσημα της Ιστορίας του Ελληνισμού

ΜΑΡΙΑ ΕΥΘΥΜΙΟΥ

Ρίζες και θεμέλια
Οδόσημα της Ιστορίας του Ελληνισμού

σε συνεργασία με τον
ΜΑΚΗ ΠΡΟΒΑΤΑ

ΤΕΤΑΡΤΗ ΕΚΔΟΣΗ

Θέση υπογραφής δικαιούχου/ων δικαιωμάτων πνευματικής ιδιοκτησίας
εφόσον η υπογραφή προβλέπεται από τη σύμβαση

Το παρόν έργο πνευματικής ιδιοκτησίας προστατεύεται κατά τις διατάξεις της ελληνικής νομοθεσίας (Ν. 2121/1993 όπως έχει τροποποιηθεί και ισχύει σήμερα) και τις διεθνείς συμβάσεις περί πνευματικής ιδιοκτησίας. Απαγορεύεται απολύτως άνευ γραπτής αδείας του εκδότη η κατά οποιονδήποτε τρόπο ή μέσο (ηλεκτρονικό, μηχανικό ή άλλο) αντιγραφή, φωτοανατύπωση και εν γένει αναπαραγωγή, εκμίσθωση ή δανεισμός, μετάφραση, διασκευή, αναμετάδοση στο κοινό σε οποιαδήποτε μορφή και η εν γένει εκμετάλλευση του συνόλου ή μέρους του έργου.

Εκδόσεις Πατάκη – Ιστορία * Διαχρονικές μελέτες * Μαρία Ευθυμίου (σε συνεργασία με τον Μάκη Προβατά), *Ρίζες και θεμέλια. Οδόσημα της Ιστορίας του Ελληνισμού* * Υπεύθυνος έκδοσης: Κώστας Γιαννόπουλος * Διορθώσεις: Ιωάννα Ανδρέου * Σελιδοποίηση: Παναγιώτης Βογιατζάκης * Εικαστικό εξωφύλλου: Χρήστος Μποκόρος * Copyright© Σ. Πατάκης ΑΕΕΔΕ (Εκδόσεις Πατάκη), Μαρία Ευθυμίου και Μάκης Προβατάς, 2020 * Πρώτη έκδοση από τις Εκδόσεις Πατάκη, Αθήνα, Οκτώβριος 2020 * Ακολούθησαν οι ανατυπώσεις Δεκεμβρίου 2020, Απριλίου 2021 * Η παρούσα είναι η τέταρτη εκτύπωση, Ιούνιος 2021 * ΚΕΤ Δ265 * ΚΕΠ 499/21 * ISBN 978-960-16-9065-0

ΠΑΝΑΓΗ ΤΣΑΛΔΑΡΗ (ΠΡΩΗΝ ΠΕΙΡΑΙΩΣ) 38, 104 37 ΑΘΗΝΑ, ΤΗΛ.: 210.36.50.000, 210.52.05.600, 801.100.2665, ΦΑΞ: 210.36.50.069 * ΚΕΝΤΡΙΚΗ ΔΙΑΘΕΣΗ: ΕΜΜ. ΜΠΕΝΑΚΗ 16, 106 78 ΑΘΗΝΑ, ΤΗΛ.: 210.38.31.078 * ΥΠΟΚΑΤΑΣΤΗΜΑ: ΚΟΡΥΤΣΑΣ (ΤΕΡΜΑ ΠΟΝΤΟΥ – ΠΕΡΙΟΧΗ Β΄ ΚΤΕΟ), 570 09 * ΚΑΛΟΧΩΡΙ ΘΕΣΣΑΛΟΝΙΚΗΣ, ΤΗΛ.: 2310.70.63.54, 2310.70.67.15, ΦΑΞ: 2310.70.63.55 * Web site: http://www.patakis.gr • e-mail: info@patakis.gr, sales@patakis.gr

*Στις εγγονές μου Μάγια, Έλενα, Δανάη, Δάφνη.
Επειδή ρίζες γερές γεννούν άνθη θεσπέσια.*

Είπα τον έρωτα την υγεία του ρόδου την αχτίδα
Που μονάχη ολόισα βρίσκει την καρδιά
Την Ελλάδα που με σιγουριά πατάει στη θάλασσα
Την Ελλάδα που με ταξιδεύει πάντοτε
Σε γυμνά χιονόδοξα βουνά.

Οδυσσέας Ελύτης, Ήλιος ο πρώτος,
εκδ. Ίκαρος, Αθήνα 1971, σ. 14.

Περιεχόμενα

ΠΡΟΛΟΓΟΣ Μαρίας Ευθυμίου ...13

ΠΡΟΛΟΓΟΣ Μάκη Προβατά ...17

ΜΕΡΟΣ Α΄

Με το καράβι της γλώσσας στους ορίζοντες
της Μεσογείου ...19
Ο Ελληνισμός από τις απαρχές έως την ελληνιστική
περίοδο

ΜΕΡΟΣ Β΄

Κλέη, αντοχές και θρίαμβοι ...69
Ο Ελληνισμός από την ελληνιστική περίοδο
έως το τέλος του Βυζαντίου

ΜΕΡΟΣ Γ΄

Αντιμετωπίζοντας ανακατατάξεις
και προκλήσεις ...111
Ο Ελληνισμός από το τέλος του Βυζαντίου
έως το 1821

ΜΕΡΟΣ Δ'

Η ώρα των μεγάλων τομών ...153
Ο Ελληνισμός από το 1821 έως τα μέσα του 19ου αιώνα

ΜΕΡΟΣ Ε'

Οράματα, κέρδη και απώλειες ...207
Ο Ελληνισμός από το δεύτερο μισό του 19ου αιώνα έως σήμερα

Πρόλογος Μαρίας Ευθυμίου

Όταν, πριν τέσσερα περίπου χρόνια, ο Μάκης Προβατάς με είχε προσεγγίσει προτείνοντας να κάνουμε ένα βιβλίο όπου εκείνος θα ρωτούσε για θέματα παγκόσμιας Ιστορίας κι εγώ θα απαντούσα επί των ερωτήσεων αυτών, ήμουν διστακτική πιστεύοντας ότι το αποτέλεσμα θα ήταν άχαρο και κουραστικό για τον αναγνώστη. Ωστόσο, πείστηκα σταδιακά από την ευγενή επιμονή τού —τότε— σχεδόν άγνωστού μου καλού δημοσιογράφου, και έτσι προέκυψε το βιβλίο *Μόνο λίγα χιλιόμετρα. Ιστορίες για την Ιστορία*, που εκδόθηκε από τις εκδόσεις Πατάκη τον Οκτώβριο του 2017.

Όλες μου οι επιφυλάξεις αποδείχθηκαν λαθεμένες. Το βιβλίο όχι μόνο δεν κρίθηκε από το κοινό κουραστικό, αλλά αγαπήθηκε και διαβάστηκε πολύ γνωρίζοντας αλλεπάλληλες επανεκδόσεις. Άλλωστε, τη θετική αποδοχή του διαπίστωνα διαρκώς καθώς συνέχιζα και συνεχίζω τις ομιλίες και τους κύκλους μαθημάτων Ιστορίας που έχω ξεκινήσει από 13ετίας να δίνω δωρεάν στο ευρύ κοινό – τις καθημερινές στην Αθήνα σε εσπερινή βάση, τα Σαββατοκύριακα σε πόλεις και νησιά του τόπου, ακόμα και τα πιο απομακρυσμένα.

Από την επαφή μου με δεκάδες χιλιάδες άτομα σε τόσες περιοχές της Ελλάδας επί τόσο μακρύ χρόνο, μου γεννήθηκε προ διετίας μία ιδέα που, σταδιακά, με κέρδισε: να προσθέσω στους κύκλους μαθημάτων ελληνικής και παγκόσμιας Ιστορίας που διδάσκω στο ευρύ κοινό και μία σειρά ομιλιών με τίτλο «Τα ισχυρά σημεία του Ελληνισμού στη διάρκεια των 4.000 χρόνων της καταγεγραμμένης Ιστορίας του». Η ιδέα σχετιζόταν με το γεγονός ότι η παρατεταμένη κρίση της τελευταίας δεκαετίας μάς είχε πλήξει βαθιά ως κοινωνία, ψαλιδίζοντας την εμπιστοσύνη μας στον εαυτό μας και στις δυνατότητές μας να ανακάμψουμε από τις δύσκολες διαδρομές στις οποίες είχαμε μπει. Και ότι, από τη χρεοκοπία του 2010 και μετά, στον δημόσιο λόγο κυριαρχούσαν επιτιμητικά σχόλια που, συνδυαζόμενα με αρνητικά στερεότυπα που αναπαράγονταν για εμάς στο εξωτερικό, βάρυναν ακόμη περισσότερο κλίμα, καταστάσεις και συναισθήματα. Όμως ήμουν πεπεισμένη, όπως τόσο όμορφα περιγράφει ο Χρήστος Μποκόρος, πως «ο τόπος μας είναι ακόμη εύκρατος, οι ρίζες μας αρδεύονται υπόγειες. Δίχως τα δέντρα σου ξεκόβεις τον καιρό σου, δεν νιώθεις την καταγωγή και τον προορισμό σου, δεν έχεις ρίζες κι ουρανό, κι αν δεν συν-χωρέσουμε εμπράκτως δίκαιοι στον κόσμο που μας δόθηκε, η συνέπεια δεν θα 'ναι χλιαρή αδιαφορία αλλ' αναπότρεπτος αλληλοσπαραγμός»*.

---

* Χρήστος Μποκόρος, *εμερολόγιο*, εκδ. Άγρα, Αθήνα 2016, σ. 209.

Είμαι από εκείνους που παρατηρούν και επισημαίνουν τα όχι λίγα αρνητικά μας, ωστόσο, στη συγκυρία αυτή, σκέφτηκα πως θα ήταν ευεργετικό για όλους μας –και για μένα την ίδια– να θυμηθούμε θετικά σημεία που η ελληνική Ιστορία έχει να παρουσιάσει στη ροή του χρόνου. Τα οποία δεν είναι και λίγα. Καθόλου λίγα, θα έλεγα. Ξεκινώντας από την ίδια την ελληνική γλώσσα, η οποία είναι μία από τις ελάχιστες ζώσες γλώσσες του κόσμου –ούτε τέσσερις από τις περισσότερες από 6.000 ζώσες γλώσσες που καταμετρά σήμερα η UNESCO σε ολόκληρη τη γη– που έχουν το προνόμιο να γράφονται αδιάλειπτα εδώ και τουλάχιστον 3.500 χρόνια, με ό,τι αυτό σημαίνει για τις δυνατότητες διερεύνησης του παρελθόντος που προσφέρει στους ομιλούντες την.

Η σειρά των διαλέξεων αυτών είχε θερμή υποδοχή σε όλη τη χώρα και με γέμισε με πλήθος θετικών σκέψεων και εμπειριών. Τις οποίες και μοιράστηκα με τον –καλό, πια, κι αγαπημένο φίλο– Μάκη. Αυτή ήταν η αφετηρία τούτου του βιβλίου, μια και εκείνος σκέφθηκε μήπως επαναλαμβάναμε το επιτυχημένο πρώτο μας εγχείρημα, εστιασμένο τώρα αποκλειστικά στην ελληνική Ιστορία, από τις απαρχές της μέχρι σήμερα.

Αυτή τη φορά, δεν χρειάστηκε και πολύ για να με πείσει, ούτε αντιμετώπισε αρνήσεις και επιφυλάξεις από μέρους μου. Αντίθετα, ριχτήκαμε με ζέση στο έργο μας – που, χάρις στην πανδημία και τον εγκλεισμό, ολοκληρώθηκε γρήγορα από τον Μάρτιο ως τον Μάιο του 2020. Λες και ήταν έτοιμο από καιρό, λες και περίμενε κρυμμένο στο μυαλό και στις καρδιές μας να το ανασύρουμε.

Στη διάρκεια της συνεργασίας μας –με εκείνον, αλλά και με τους φίλους που είχαν την καλοσύνη να διαβάσουν το δοκίμιο– αισθάνθηκα πως, αναπροσεγγίζοντας την Ιστορία του Ελληνισμού, αναπροσεγγίζαμε την Ιστορία του ίδιου μας του εαυτού. Πως επιστρέφαμε «εκεί που ξεκινήσαμε: στην πρώτη θάλασσα».* Στη ρίζα μας. Αυτή που έχει τη δύναμη να επανατοποθετεί τις αξίες και το μέλλον μας – ως μεμονωμένων ατόμων, αλλά και, συνολικά, ως κοινωνίας. Όπως της το ζητάει και ο ποιητής, ο Οδυσσέας Ελύτης:

Ρίζα πικρή μου ρίζα και κρυφή πηγή
δώσε την περηφάνεια πάρε την οργή.**

---

* «We don't know whether it is wisdom or madness / The longing to return to where we began: to the first sea»: «Μπορεί να 'ναι σοφία, μπορεί να 'ναι και τρέλα / Η λαχτάρα να επιστρέψουμε εκεί που ξεκινήσαμε: στην πρώτη θάλασσα» (Raquel Angel-Nagler).
** Οδυσσέας Ελύτης, *Ο ήλιος ο ηλιάτορας*, εκδ. Ίκαρος, Αθήνα 1971, σ. 28.

Πρόλογος Μάκη Προβατά

Την Ιστορία δεν τη γράφουν οι θεοί, τη γράφουν οι άνθρωποι. Η Μαρία Ευθυμίου διαθέτει αληθινή ενσυναίσθηση και ένα βαθύ νοιάξιμο για τους ανθρώπους, και γι' αυτό μπορεί να συλλαμβάνει, στην ουσία τους, τα «πώς» και τα «γιατί» της Ιστορίας.

Τη συγκεκριμένη στιγμή, ένα βιβλίο για την Ελλάδα από την ιστορικό Μαρία Ευθυμίου είναι, εκ των πραγμάτων, και ένας σημαντικός φόρος τιμής στα διακόσια χρόνια από το 1821.

Όμως, πολύ πριν αλλά και πολύ πέρα από το 2021, οι Έλληνες έχουμε ουσιαστική ανάγκη να μάθουμε για τα θεμέλιά μας. Ταυτόχρονα, καταλαβαίνουμε ότι πρέπει να κάνουμε μία ριζική στροφή, ώστε οι ρίζες μας να βγάλουν κλαδιά και να ανθίσουν.

Η Μαρία Ευθυμίου εκπροσωπεί και αντιπροσωπεύει την Ελλάδα της φλόγας και όχι την Ελλάδα της στάχτης. Με τις εκατοντάδες ανοιχτές ομιλίες που κάνει εδώ και δεκατρία χρόνια σε κάθε πόλη και χωριό, απευθύνεται σε όλους τους Έλληνες. Με αυτό το βιβλίο και πάλι απευθύνεται σε όλους, αλλά νομίζω λίγο περισσότερο έχει το βλέμμα στραμμένο στα νέα παιδιά. Γιατί, μαθαίνοντας την ιστορία της χώρας τους, θα μπορέσουν να σκεφτούν γι' αυτήν και όχι απλά να συλλογίζονται χωρίς στόχο. Θα καταφέρουν να γίνουν η πρώτη από τις γενιές που επιτέλους θα εναρμονίσει τη σχέση μεταξύ του προσωπικού και του δημόσιου.

Σε αυτό το βιβλίο η Μαρία Ευθυμίου περιγράφει πολύ καθαρά τη φωτεινή αλλά και τη μη φωτεινή πλευρά της Ελλάδας. Ακόμα και αν μοιάζει παράδοξο, και τα δύο τα κάνει με την ίδια αγάπη. Πρώτον, γιατί αγαπάει ειλικρινά την Ελλάδα και άρα κατανοεί όλες τις πλευρές της και, δεύτερον, γιατί, ως πραγματικός ιστορικός, εκπληρώνει τη ρήση του Ηράκλειτου και «συνδέει ό,τι συγκλίνει και ό,τι αποκλίνει».

Γιατί, εντέλει, σε αυτή τη ζωή είσαι ό,τι υπερασπίζεσαι.

ΜΕΡΟΣ Α΄

Με το καράβι της γλώσσας στους ορίζοντες της Μεσογείου

Ο Ελληνισμός από τις απαρχές έως την ελληνιστική περίοδο

ΤΗ ΓΛΩΣΣΑ μού έδωσαν ελληνική·
το σπίτι φτωχικό στις αμμουδιές του Ομήρου.
Μονάχη έγνοια η γλώσσα μου στις αμμουδιές του Ομήρου.

Οδυσσέας Ελύτης, *Το Άξιον Εστί*,
εκδ. Ίκαρος, Αθήνα 1970, σ. 28.

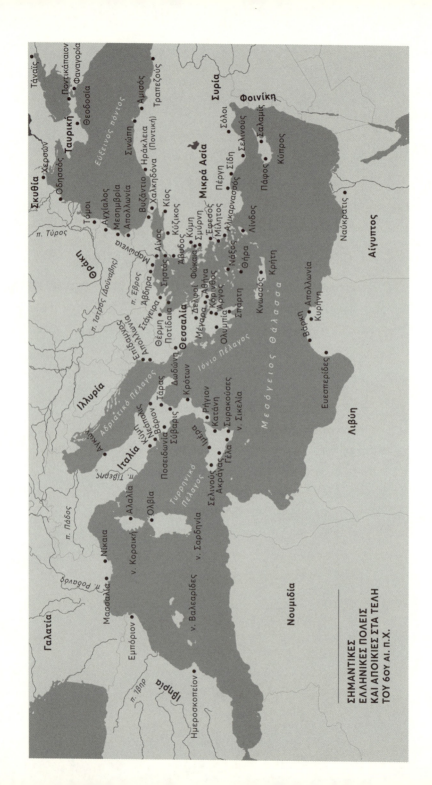

ΣΗΜΑΝΤΙΚΕΣ
ΕΛΛΗΝΙΚΕΣ ΠΟΛΕΙΣ
ΚΑΙ ΑΠΟΙΚΙΕΣ ΣΤΑ ΤΕΛΗ
ΤΟΥ 6ΟΥ ΑΙ. π.Χ.

Ας πάρουμε την Ιστορία της Ελλάδας απ' όσο πιο παλιά μπορούμε. Τι γνωρίζουμε για τη γεωγραφία της περιοχής πριν καν πατήσουν το πόδι τους οι πρώτοι κάτοικοι εδώ;

Η ελληνική χερσόνησος, το Αιγαίο, το Ιόνιο, τα παράλια της Μικράς Ασίας, οι περιοχές στις οποίες ιστορικά κατοικούν οι Έλληνες, βρίσκονται πάνω στο σημείο σύγκρουσης της ευρασιατικής με την αφρικανική πλάκα και, ως εκ τούτου, όπως μας λένε οι ειδικοί, έζησαν μεγάλες γεωλογικές μεταβολές στον βαθύ χρόνο. Τούτο αποδεικνύεται και από ευρήματα οστών ζώων της Αφρικής και της Ασίας –όπως ιπποπόταμων, καμηλοπαρδάλεων, ρινόκερων, ελεφάντων– που έχουν εντοπισθεί στη Μακεδονία, τη Θεσσαλία, την Αττική, την Πελοπόννησο, την Κρήτη, τη Ρόδο, την Τήλο και αλλού. Τα ζώα αυτά ήταν, ως φαίνεται, σε θέση να περιπλανηθούν στην ευρύτερη περιοχή μέσω των λωρίδων γης που ένωναν τις αποκομμένες σήμερα, λόγω της θάλασσας, στεριές και τα πολυάριθμα νησιά.

Σε συνάφεια με αυτά, τι γνωρίζουμε για τους πρώτους ανθρώπους που εμφανίζονται στην περιοχή;

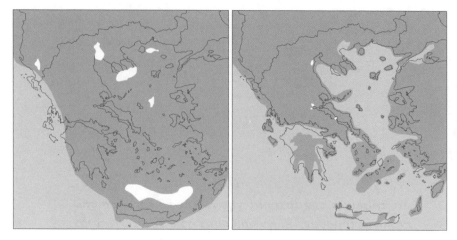

▬ ΞΗΡΑ   Ο ελλαδικός χώρος, 17 εκατ. χρόνια πριν
▬ ΘΑΛΑΣΣΑ   (αριστερά), 3,5 εκατ. χρόνια πριν (δεξιά).
☐ ΛΙΜΝΕΣ

Η παρουσία του ανθρώπου στον σημερινό ελλαδικό χώρο, με τα μέχρι σήμερα ευρήματα, πηγαίνει βαθιά πίσω στον χρόνο. Παλαιολιθικά εργαλεία εκατοντάδων χιλιάδων ετών έχουν βρεθεί στην Κέρκυρα, ενώ ανθρώπινο κρανίο που εντοπίσθηκε στο σπήλαιο των Πετραλώνων της Χαλκιδικής χρονολογείται περίπου στα 300.000 χρόνια πριν. Θέσεις με ευρήματα 60.000 έως 30.000 χρόνων έχουν εντοπισθεί σε περιοχές της Θεσσαλίας, της Αργολίδας, της Ηπείρου, και υποδεικνύουν νομαδική ζωή ατόμων που ζούσαν από την αλιεία, το κυνήγι, την καρποσυλλογή. Σταδιακά, οι θέσεις με νεότερα ευρήματα αυξάνονται.

Ωστόσο, θα πρέπει να τονισθεί ότι, στην ελληνική χερσόνησο, τα νησιά και σε μεγάλο τμήμα της Βαλκανικής, δεν έχουν εντοπισθεί –μέχρι στιγμής τουλάχιστον– σπηλαιογραφίες με ζωγραφικό διάκοσμο, σε αντίθεση με περιοχές της δυτικής Ευρώπης, όπως η Γαλλία ή η Ισπανία, στις οποίες έχουν βρεθεί σπήλαια με πλούσιο ζωγραφικό διάκοσμο του 40000-20000 π.Χ. Τούτο προκαλεί τις συζητήσεις και τους προβληματισμούς των ειδικών, χωρίς ακόμα να μπορεί να δοθεί κάποια πειστική εξήγηση. Αντιθέτως, στον ελλαδικό χώρο, στην Καβάλα, την Κρήτη, την Άνδρο, τη Σύρο, την Αστυπάλαια και αλλού, έχουν εντοπισθεί υπαίθριες βραχογραφίες, καθώς και γραφήματα πάνω σε υλικά δομής, είτε των προϊστορικών –της τέταρτης περίπου χιλιετίας π.Χ.– είτε των ιστορικών χρόνων. Τα περισσότερα απ' αυτά έχουν γίνει με την τεχνική της επίκρουσης και έχουν παραστάσεις κυρίως θαλασσινές όπως πλοία, σπείρες, αλλά και αποτυπώματα πελμάτων και άλλα θέματα. Φυσικά, στο μέλλον, καινούρια ευρήματα ίσως διευρύνουν τις γνώσεις μας επί του πεδίου.

Έχουμε στοιχεία για το ποιες ήταν οι δραστηριότητές τους; Πώς ζούσαν αυτοί οι άνθρωποι;

Αυτοί οι νομάδες κυνηγοί και καρποσυλλέκτες μπήκαν, κάποια στιγμή, στη φάση της γεωργίας. Με βάση τα μέχρι τώρα ευρήματα, οι πρώτες γεωργικές εγκαταστάσεις εντοπίζονται, στον ευρύτερό μας χώρο, περίπου στο 7000 π.Χ., δηλαδή σχεδόν 9.000 χρόνια πριν, οπότε η ζωή των εδώ κατοικούντων αρχίζει να στηρίζεται στη γεωργία αλλά και στην εκτροφή ζώων – κυρίως αιγοπροβάτων. Η Θεσσαλία μοιάζει να έχει την τιμητική της την περίοδο αυτή, το ίδιο όμως και δεκάδες άλλα σημεία σε ολόκληρη την ελληνική χερσόνησο και σε νησιά, όπως η Κύπρος και η Κρήτη.

Τομή θα αποτελέσει η τρίτη χιλιετία π.Χ. λόγω του γεγονότος ότι γίνεται γνωστή η χρήση του μετάλλου και αρχίζει να αναπτύσσεται η μεταλλουργία στην περιοχή, με σημαντικότερο χρησιμοποιούμενο υλικό τον χαλκό. Τότε, μετά το 3000 περίπου π.Χ., αναπτύχθηκαν μεγάλοι πολιτισμοί στην περιοχή μας: ο μινωικός στην Κρήτη, περίπου από το 3000 έως το 1450 π.Χ.· ο μυκηναϊκός, από το 1700 έως το 1100 π.Χ.· ο κυκλαδικός, από το 3000 έως το 1100 π.Χ.· ο πολιτισμός του Χαλκού στη χαλκοφόρα Κύπρο, από το 2300 έως το 1000 π.Χ.

Η Γόνιμη Ημισέληνος, στην Εγγύς και Μέση Ανατολή, έδωσε τη Γεωργική Επανάσταση περί τη 13η με 12η χιλιετία π.Χ. Γιατί πήρε τόσο μεγάλο διάστημα, μέχρι το 7000 περίπου π.Χ., ώστε η επανάσταση αυτή να έρθει στην περιοχή μας, μια περιοχή τόσο κοντινή;
Η Ινδία, η Κίνα, η Ελλάδα ανήκουν στις περιοχές που, αναλογικά, μπήκαν γρήγορα στη Γεωργική Επανάσταση – πάντα μετά τις, ως φαίνεται, παγκοσμίως πρωτοπόρες περιοχές της Εγγύς και Μέσης Ανατολής. Στις πρωτοπόρες αυτές περιοχές, η γεωργία βρίσκεται ήδη σε πιο ώριμη φάση κάπου κοντά στο 11000 π.Χ., αν και πρόσφατα ευρήματα τείνουν να τοποθετήσουν την αρχή ακόμα ενωρίτερα. Γενικά, πιστεύεται ότι η ανθρωπότητα ξεκίνησε τη μακρά διαδικασία κατάκτησης της γεωργίας προς το τέλος της Εποχής των Παγετώνων, μετά το 15000 π.Χ., όταν οι θερμοκρασίες της γης άρχισαν να ανεβαίνουν πλέον αισθητά. Επί κάποιες χιλιάδες χρόνια, άνθρωποι πειραματίζονται προφανώς με τη γεωργία, έως ότου ασχοληθούν, τελικά, οριστικά με αυτή, εκεί

γύρω στο 11000 π.Χ., σε περιοχές της Εγγύς και Μέσης Ανατολής, όπως είπαμε. Η πραγματική απόσταση του χρόνου, δηλαδή, ανάμεσα στο 11000 και το 7000 π.Χ. δεν είναι τόσο μεγάλη όσο φαίνεται, αν μάλιστα υπολογίσει κανείς τη μικρή κινητικότητα των ανθρώπων τότε, άρα και τους αργούς ρυθμούς μετάδοσης γνώσης και κατακτήσεων. Εξάλλου, στο σημείο αυτό πρέπει να τονισθεί πως, κατά τη γνώμη ειδικών, η διάδοση της γεωργίας δεν έγινε αναγκαστικά με τη διάχυση της κατακτηθείσης γνώσεως εκ μέρους των πρωτοπόρων, αλλά συνέβη και ανεξάρτητα, ως τοπική κατάκτηση, σε διάφορα σημεία της γης. Για την Κεντρική Αμερική, τουλάχιστον, είμαστε βέβαιοι ως προς αυτό, γιατί η συγκεκριμένη περιοχή μπήκε στη γεωργία περί το 3000 π.Χ. χωρίς να έχει καμία επαφή με την Ευρασία και τις εκεί πραγματικότητες.

Πριν από τους πρώτους Έλληνες, ποια φύλα ξέρουμε ότι ήταν εγκατεστημένα στην περιοχή;

Γνωρίζουμε ελάχιστα για τους κατοίκους της περιοχής πριν τους Έλληνες. Εκείνο που συνάγεται από διάφορες ενδείξεις είναι ότι ήταν πολλά φύλα κατεσπαρμένα στον ευρύτερο χώρο, όπως Λέλεγες, Πελασγοί, Αίμονες, Δρύοπες κ.ά., και ότι στις γλώσσες τους συχνά υπήρχαν τα επιθήματα *νθ, δν, μν, σσ* ή *ττ*, που έχουν διασωθεί μέχρι σήμερα σε ονόματα φυτών και σε τοπωνύμια, για παράδειγμα «νάρκισσος», «Ζάκυνθος», «Κόρινθος», «Λάρυμνα», «Άμφισσα», «Τίρυνθα», «Λυκαβηττός» και λοιπά.

Ο όρος που συνήθως χρησιμοποιείται για την εμφάνιση των Ελλήνων στην ευρύτερη περιοχή είναι ότι αυτή συνέβη με «κάθοδο» κάποιων φύλων. Τι γνωρίζουμε για το θέμα αυτό;

Υπάρχουν πολλές θεωρίες για το πότε και πώς παρουσιάσθηκαν οι Έλληνες στην ελληνική χερσόνησο, για το αν δηλαδή προήλθαν από συγκεκριμένες αλλεπάλληλες καθόδους ή από μακρόσυρτες τοπικές δημογραφικές ζυμώσεις και μεταλλάξεις σε μια πραγματικότητα συνεχών μετακινήσεων και δημογραφικών αλλαγών και ωριμάνσεων, στον μακρό χρόνο. Σύμφωνα με την πλέον παραδεδομένη μέχρι σήμερα άποψη, οι Έλληνες εμφανίζονται σταδιακά, από την τρίτη χιλιετία π.Χ. και εξής, μέσω αλλεπάλληλων καθόδων ελληνικών φύλων που ήρθαν από βόρεια και βορειοανατολικά, στο πλαίσιο των μεγάλων μετακινήσεων ινδοευρωπαϊκών φύλων που υπολογίζεται ότι εκκινούν από την τέταρτη χιλιετία και εξής. Από ένα χρονικό σημείο πάντως και μετά, οι Έλληνες μοιάζει πως συναποτελούνταν από πολλά φύλα, όπως οι Μινύες, οι Λαπίθες, οι Μακεδνοί ή Μακεδόνες, οι Μολοσσοί, οι Δωριείς, οι Άβαντες, οι Αχαιοί, οι Αρκάδες, οι Ίωνες, οι Φωκείς, οι Βοιωτοί, οι Περραιβοί, οι Λοκροί, οι Αινιάνες, οι Θεσπρωτοί, οι Θεσσαλοί, οι Μάγνητες κ.ά., που μιλούσαν εκδοχές της ίδιας γλώσσας και ήταν εγκατεστημένοι σε διάφορα σημεία της ελληνικής χερσονήσου.

Καθώς συνήθως οι άνθρωποι θέλουν με τα ονόματα να νοηματοδοτήσουν πράγματα, ξέρουμε ποιο είναι το πρώτο εθνικό όνομα στην περιοχή μας;

Αρχικό εθνικό όνομα των Ελλήνων ενδεχομένως ήταν το όνομα «Δαναοί» – από την ινδοευρωπαϊκή ρίζα δαν που σημαίνει «νερό, σταγόνα», εξού και το όνομα «Δανάη» ή το όνομα ποταμών όπως «Ηριδανός» κ.λπ. Όπως επίσης το όνομα «Γραικοί», που εντοπίζεται, ως φαίνεται, αρχικά στην περιοχή της Ηπείρου.

Το ότι οι Έλληνες επί μακρόν ονόμαζαν τους εαυτούς τους «Γραικούς» αναφέρεται σε πολύ μεταγενέστερη ελληνική επιγραφή του 4ου αι. π.Χ., στην οποία αναγράφεται: «Ἕλληνες ὠνομάσθησαν, τὸ πρότερον Γραικοὶ καλούμενοι». Ο δε Αριστοτέλης, αναφερόμενος στη Δωδώνη της Ηπείρου και τους εκεί Σελλούς, γράφει πως στην περιοχή «ὤκουν οἱ Σελλοὶ καὶ οἱ καλούμενοι τότε μὲν Γραικοί, νῦν δὲ Ἕλληνες».

Από το «Γραικοί» προέρχεται ο λατινικός όρος «Graecus». Τον όρο αυτόν πήραν οι Ρωμαίοι από τους κατοίκους των πολυάριθμων ελληνικών αποικιών της Κάτω Ιταλίας και της Σικελίας που είχαν αρχίσει ήδη να δημιουργούνται από τον 8ο αι. π.Χ. – κυρίως από τους εκεί Ερετριείς και Βοιωτούς αποίκους που ήταν συνδεδεμένοι με την περιοχή Γραία του Ωρωπού και, εξ αυτού, ονόμαζαν τους εαυτούς τους «Γραίες» ή «Γραικούς». Από αυτό το λατινικό «Graecus», οι Έλληνες ονομάζονται έκτοτε στις ευρωπαϊκές γλώσσες «Greeks», «Grecs», «Greci», «Griechen» κ.λπ.

Μιας και τότε ήταν μία εποχή κατά την οποία κυρίαρχο ρόλο στη ζωή των ανθρώπων είχαν οι μύθοι, υπάρχει κάποιος μύθος που να συνδέεται με το όνομα «Έλληνας»;

Ο μύθος του Δευκαλίωνα, του γενάρχη των ανθρώπων –του άνδρα που, μαζί με την Πύρρα, σώθηκε από τον Κατακλυσμό–, λέει πολλά για τη μετακύλιση του όρου «Γραικός» στον όρο «Έλλην», καθώς και για τους όρους με τους οποίους προσδιορίζονταν τα τέσσερα μεγάλα ελληνικά φύλα –Αχαιοί, Δωριείς, Αιολείς, Ίωνες– και οι αντίστοιχες διάλεκτοί τους. Ο Απολλόδωρος, στον 2ο αι. π.Χ., εξηγεί πως από την ένωση της Πύρρας και του Δευκαλίωνα γεννήθηκε ο Έλλην και πως από τον Έλληνα γεννήθηκαν ο Δώρος, ο Ξούθος και ο Αίολος. Προσθέτει δε ότι, από το όνομά του, ο Έλλην ονόμασε «Έλληνες» τους μέχρι τότε αποκαλούμενους «Γραικούς».
Ο Ησίοδος, από την άλλη, στον 7ο αι. π.Χ., εξηγεί ότι γενάρχης των Γραικών ήταν ο Γραικός, γιος του Δία και της Πανδώρας, κόρης του Δευκαλίωνα. Και ότι από τη γενιά του Γραικού προέρχονταν ο Μάγνητας και ο Μακεδόνας. Μύθοι που, κατά τους ειδικούς, συνιστούν, κατά πάσα πιθανότητα, μεταγενέστερες κατασκευές των αρχαίων Ελλήνων, προκειμένου να ερμηνευθούν λησμονημένες ιστορικές αφετηρίες των ελληνικών αρχέγονων φύλων.

Οι μύθοι πλάθονταν για να εξηγήσουν τα πράγματα, αλλά και για να τους δώσουν μία συνέχεια. Μέσα από αυτό το πρίσμα, τι ισχύει με τους μύθους των Ελλήνων;

Μύθοι σαν κι αυτούς που μόλις αναφέραμε αποτελούσαν συνδετικό κρίκο για τους Έλληνες – ιδιαίτερα εκείνοι που συνδέονταν με τον Ηρακλή ή την Αργοναυτική Εκστρατεία. Η τελευταία παρουσιάζεται στον μύθο ως εάν να ήταν η πρώτη κοινή επιχείρηση των Ελλήνων, καθώς έλαβαν μέρος άνδρες από τη Βοιωτία, την Αττική, τη Θεσσαλία, τη Λακωνία, την Αιτωλία, τη Θράκη, την Αργολίδα. Πάντως, το πρώτο πανελλήνιο εγχείρημα φαίνεται πως ήταν η εκστρατεία στην Τροία και ο μακρός Τρωικός Πόλεμος που την ακολούθησε. Τούτο το εγχείρημα σήμερα πιστεύεται ότι δεν ήταν απλώς μύθος, αλλά ότι είχε ιστορική βάση και ότι πρέπει να συνέβη γύρω στο 1200 π.Χ. Κατά την εποχή εκείνη, οι Έλληνες συνασπίσθηκαν προκειμένου να κατακτήσουν την παραλιακή μικρασιατική αυτή πόλη, που βρισκόταν σε στρατηγικό σημείο ελέγχου των θαλασσίων περασμάτων και του εμπορίου της ευρύτερης περιοχής. Το εγχείρημα έληξε με νίκη των Ελλήνων, με αποτέλεσμα την ενίσχυση της παρουσίας τους σε ευρύτερες περιοχές του ανατολικού Αιγαίου και τη Μικράν Ασία.

Παρ' όλη τη μεγάλη σημασία των μύθων, υποθέτω ότι από μόνοι τους δεν θα μπορούσαν να έφερναν κοντά τους ανθρώπους της εποχής. Τι άλλο συνέδεε εκείνους τους πρώτους Έλληνες;

Μαζί με τους μύθους, μεγάλης σημασίας συνδετικό κρίκο συνιστούσε για τους Έλληνες η λατρεία κοινών θεών, καθώς και η προσέλευση σε ιερά και μαντεία προκειμένου να ζητήσουν χρησμούς και καθοδήγηση για τα μέλλοντα. Επίσης, οι αμφικτυονίες, η ένωση δηλαδή –αρχικά φυλών και αργότερα πόλεων– με κέντρο ένα ιερό, στο οποίο συναντώνταν εκπρόσωποι των διαφόρων τόπων για να συζητήσουν κοινά προβλήματα. Μετά τον 8ο αι. π.Χ., σε σημαντικό κρίκο εξελίχθηκαν οι Ολυμπιακοί Αγώνες. Και, φυσικά, ο μεγαλύτερος κρίκος σύνδεσης των Ελλήνων ήταν η γλώσσα τους.

Μιας και αναφέρατε τη γλώσσα, προφανώς είναι ό,τι πιο σημαντικό στην πορεία κάθε λαού. Για τους Έλληνες και τη γλώσσα τους τι θα λέγατε;

Η γλώσσα είναι τεράστιας σημασίας στοιχείο, δεν έχει όμως την ίδια βαρύτητα για όλους τους λαούς, μια και πολλοί από αυτούς μιλούν περισσότερο ή λιγότερο κοντινές εκδοχές της ίδιας γλώσσας, οπότε εκεί το βάρος διαφοροποίησης πέφτει, αναλόγως, περισσότερο στα υπόλοιπα πολιτισμικά στοιχεία. Στην περίπτωση των Ελλήνων, η γλώσσα τους, παρότι ινδοευρωπαϊκή, είναι στον κλάδο της μοναχική και, εξ αυτού, το πολιτισμικό βάρος της είναι, για τους ομιλούντες την, μεγαλύτερο.

Οπωσδήποτε το πιο κομβικό στοιχείο της Ιστορίας του Ελληνισμού είναι η συνέχεια της γλώσσας του. Το σκέλος αυτό είναι ιδιαίτερα σημαντικό εάν υπολογίσει κανείς ότι οι Έλληνες έχουν, παγκοσμίως, το ξεχωριστό προνόμιο –μαζί με τους Κινέζους, τους Ινδούς και, με κάποια υστέρηση χρόνου, τους Εβραίους– να μπορούν να παρακολουθήσουν, σε αδιάκοπη συνέχεια μέσα στον χρόνο, την πάντα ζώσα γλώσσα τους, γραπτά, επί τουλάχιστον 3.500 χρόνια. Μάλιστα, για την ελληνική γλώσσα η συνέχεια αυτή είναι, από πολλές πλευρές, πιο καθαρή από τις τρεις άλλες.

Το προνόμιο τούτο μας έγινε σαφές σχετικά πρόσφατα, το 1952, όταν ο ιδιοφυής Βρετανός ελληνομαθής αρχιτέκτονας Βέντρις (Michael Ventris) μαζί με τον φιλόλογο συμπατριώτη του Τσάντγουικ (John Chadwick) μπόρεσαν να διαβάσουν τις πήλινες πινακίδες των μυκηναϊκών ανακτόρων, των οποίων τα γραπτά σύμβολα δεν είχε καταφέρει κανείς να αποκωδικοποιήσει. Την άγνωστη, μέχρι τότε, αυτή γραφή την είχαν ονομάσει οι ειδικοί Γραμμική Β, σε αντιδιαστολή με την επίσης άγνωστη γραφή που είχε βρεθεί σε παλαιότερες πινακίδες –κυρίως στην Κρήτη και σε νησιά του Αιγαίου–, την οποία είχαν ονομάσει Γραμμική Α.

Τη Γραμμική Α δεν έχουμε μέχρι σήμερα καταφέρει να τη διαβάσουμε. Έχουν γίνει απόπειρες και έχουν προταθεί λύσεις, ωστόσο καμία δεν έχει γίνει ακόμη αποδεκτή από τη διεθνή ακαδημαϊκή κοινότητα. Οπότε περιμένουμε ελπίζοντας στη λύση του γρίφου.

Η ΣΥΝΕΧΕΙΑ ΤΗΣ ΕΛΛΗΝΙΚΗΣ ΓΛΩΣΣΑΣ

Παρόλο που μερικές φορές οι τοπικές διάλεκτοι απέκτησαν γόητρο ως λογοτεχνικές γλώσσες έξω από την περιοχή που μιλούνταν, ποτέ δεν υπήρξε στην ελληνική γλώσσα κάποια τάση για διάσπαση σε μια σειρά από γλώσσες που είτε δεν ήταν αμοιβαία κατανοητές σε όλα τα σημεία τους ή θεωρούνταν από τους ομιλητές τους ως ξεχωριστές γλωσσικές ενότητες [...].

Με αυτή την αδιάκοπη συνέχεια, που διαρκεί πάνω από τρισήμισι χιλιετηρίδες, ίσως να σχετίζεται και η βραδύτητα αλλαγής της ελληνικής γλώσσας. Ακόμα και σήμερα αναγνωρίζουμε πως πρόκειται για την ίδια γλώσσα στην οποία γράφτηκαν τα ομηρικά έπη μάλλον γύρω στα 700 π.Χ. [...].

Η συνέχεια του λεξιλογικού της αποθέματος είναι

> εντυπωσιακή – παρόλο που και εδώ τα πράγματα δεν είναι τόσο απλά, όσο φαίνονται με την πρώτη ματιά. Και παρά το γεγονός ότι υπήρξαν πολλές ανακατατάξεις των μορφολογικών σχημάτων, υπήρξε και μεγάλη συνοχή [...]. Το ρηματικό σύστημα, ειδικότερα, διατήρησε τα περισσότερα δομικά και πολλά από τα μορφολογικά του χαρακτηριστικά, ενώ στο ονοματικό σύστημα συντελέστηκαν περισσότερες και μεγάλης σημασίας ανακατατάξεις.
>
> Robert Browning, *Η ελληνική γλώσσα, μεσαιωνική και νέα*, εκδ. Παπαδήμα, Αθήνα 2014, σ. 12, 13.

Επειδή έχουν υπάρξει πολλές συζητήσεις μεταξύ των επιστημόνων, και για να γίνει ξεκάθαρο: η Γραμμική Β, που έχει αποκρυπτογραφηθεί, και η Γραμμική Α είναι ελληνικές γραφές ή όχι;

Και για τις δύο αυτές τις –μέχρι το 1952– άγνωστες γραφές έχουν γίνει επί μακρόν συζητήσεις και έχουν εκφρασθεί διάφορες εικασίες, με κύριο σημείο τριβής το εάν είναι ελληνικές ή όχι. Όπως είπαμε, η Γραμμική Β διαβάστηκε το 1952 από τον Βέντρις και αποδείχθηκε, πέραν πάσης αμφιβολίας, ότι είναι ελληνική. Και, μάλιστα, με συγκινητικά σημερινές ελληνικές λέξεις, όπως «άναξ», «ανάκτορον», «βουκόλος», «θυγάτηρ», «ίππος», «χαλκός», καθώς οι πινακίδες αυτές σχετίζονταν τόσο με τις ανάγκες διοίκησης όσο και με τις ανάγκες καταγραφής ανακτορικών αποθηκών. Μια και οι πινακίδες χρονολογούνται περί το 1400-1200 π.Χ., αυτό σημαίνει ότι η ελληνική γλώσσα ήταν τότε ήδη ώριμη ώστε να έχει

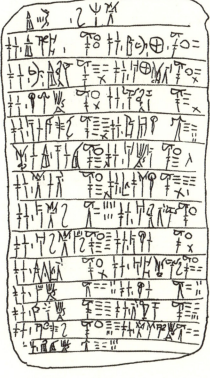
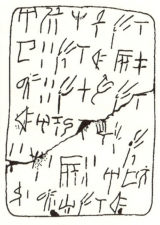

ΕΠΑΝΩ: Σχεδιογράφημα ενεπίγραφης πήλινης πινακίδας Γραμμικής Α, περ. 1450 π.Χ., Καστέλλι Χανίων.

ΑΡΙΣΤΕΡΑ: Σχεδιογράφημα σελιδόσχημης πήλινης πινακίδας Γραμμικής Β, περ. 13ος αι. π.Χ., από το ανάκτορο της Πύλου.

μπει σε στάδιο γραφής. Δηλαδή, οπωσδήποτε, είχε ήδη πίσω της μακρό χρόνο ύπαρξης και διαμόρφωσης.

Για τη Γραμμική Α, ωστόσο, το ερώτημα παραμένει, μια και, όπως είπαμε, η συγκεκριμένη γραφή δεν έχει γίνει δυνατόν μέχρι στιγμής να διαβαστεί. Αρκετοί είναι εκείνοι που πιστεύουν ότι,

Σχεδιογράφημα πήλινου δισκίου με ιερογλυφική γραφή, περ. 18ος αι. π.Χ., από το ανάκτορο της Κνωσσού.

αφού δεν μπορούμε να τη διαβάσουμε παρά το γεγονός ότι έχουμε πλέον γνώση από την ανάγνωση της Γραμμικής Β, αυτό δείχνει πως η γλώσσα των πινακίδων Γραμμικής Α δεν είναι ελληνική. Ίσως είναι έτσι. Παρ' όλα αυτά μένει να αποδειχθεί, γιατί θυμίζω ότι παρόμοιες εικασίες είχαν εκφρασθεί και για τη Γραμμική Β, που ωστόσο διαψεύσθηκαν μετά το επίτευγμα του Βέντρις.

Η μη αποκρυπτογράφηση της Γραμμικής Α τι κενά αφήνει στις γνώσεις μας για την εποχή εκείνη;

Το γεγονός ότι δεν έχει γίνει εφικτό να διαβαστεί η Γραμμική Α δεν μας επιτρέπει να καταλάβουμε εάν οι άνθρωποι που παρήγαγαν τον μεγάλο αιγαιακό πολιτισμό της τρίτης και δεύτερης χιλιετίας π.Χ., καθώς και εκείνοι που, στην ίδια ζώνη του χρόνου, παρήγαγαν τον σπουδαίο μινωικό πολιτισμό, ήταν Έλληνες ή όχι. Και, εάν δεν ήταν Έλληνες, τι ακριβώς ήταν.

Είπατε πριν ότι η ελληνική γλώσσα ήταν το 1400 π.Χ. «ήδη ώριμη ώστε να έχει μπει σε στάδιο γραφής». Αυτό σημαίνει ότι είχαν προηγηθεί άλλες γραφές που οδήγησαν σε αυτή την ωρίμανση;

Με βάση τα ευρήματα, η Γραμμική Α και η Γραμμική Β δεν είναι οι πρώτες γραφές που παρήχθησαν στον ελλαδικό χώρο. Από το 2000 μέχρι το 1750 π.Χ. περίπου, ξέρουμε ότι χρησιμοποιούνταν στην Κρήτη, σε σφραγίδες κυρίως, κάποιου τύπου ιερογλυφική γραφή. Ακολούθησε η Γραμμική Α, που χρησιμοποιήθηκε από το 1700 έως το 1400 π.Χ. περίπου, η Γραμμική Β, από το

1400 έως το 1200 π.Χ., η κυπρομινωική, από το 1500 έως το 1100 π.Χ. Από αυτές, δυστυχώς, έχει γίνει δυνατόν να διαβαστεί μόνον η Γραμμική Β. Και, μέχρι στιγμής, είναι η μόνη για την οποία γνωρίζουμε με βεβαιότητα ότι είναι ελληνική.

Το καθετί αποκτά το πραγματικό του μέγεθος αν το βάλουμε δίπλα σε ομοειδή πράγματα. Η ελληνική γλώσσα τι «μέγεθος» έχει δίπλα στις άλλες γλώσσες που μιλιούνται στην περιοχή, αλλά και γενικότερα;

Όπως είπαμε, η ελληνική γλώσσα έχει το προνόμιο να μπορεί να παρακολουθηθεί γραπτά από τουλάχιστον το 1400 π.Χ. μέχρι σήμερα. Το να είναι μία ζώσα γλώσσα γραπτή επί τόσο διάστημα είναι κάτι το εξαιρετικό, εάν σκεφθεί κανείς ότι χιλιάδες γλώσσες της γης υπήρξαν –και κάποιες παραμένουν– προφορικές, χωρίς να έχουν μπει καν στη διαδικασία γραφής.

Για να έχουμε μια αίσθηση των πραγμάτων, θα μπορούσαμε να αναφέρουμε παραδείγματα από τη γειτονιά μας, και μάλιστα πρόσφατα. Η βλαχική γλώσσα, λόγου χάριν, που ομιλούνταν μέχρι πρότινος από χιλιάδες άτομα στη νοτιοανατολική Ευρώπη –και, σε έναν βαθμό, ομιλείται ακόμα–, παραμένει μέχρι σήμερα, εν πολλοίς, προφορική γλώσσα, και ας επιχειρήθηκε να γραφεί στον 18ο αιώνα, δηλαδή μόλις πριν από διακόσια περίπου χρόνια, με πρωτοβουλία κάποιων λογίων της. Το ίδιο και η αλβανική, η γλώσσα ενός τόσο γειτονικού σε εμάς λαού. Αυτή, αν και θεωρείται αρχαία στη διαμόρφωσή της, παρέμεινε προφορική μέχρι πολύ πρόσφατα, ως το δεύτερο μισό του 19ου αιώνα, παρότι υπήρξαν κάποιες σποραδικές πρωιμότερες απόπειρες γραφής της στη Σικελία και αλλού. Περί το 1880, μία ομάδα Αλβανών λογίων, συναισθανόμενη το κενό, αποφάσισε να υιοθετηθεί για τη γραφή της αλβανικής το λατινικό αλφάβητο, με πρόσθετα όμως σημεία και σύμβολα, προκειμένου να εξυπηρετηθούν οι διάφοροι ήχοι της γλώσσας αυτής.

Αν η αλβανική παρέμεινε προφορική μέχρι σχεδόν τα τέλη του 19ου αιώνα, σε μία περιοχή όπου έθαλλαν, επί αιώνες και χιλιετίες, τόσες γραπτές γλώσσες με κορυφαία την πρωτοπόρα ελληνική, μπορεί κανείς να φαντασθεί την έκταση του φαινομένου στην παγκόσμια Ιστορία, σε όλα τα μήκη και τα πλάτη της γης. Η οποία γίνεται ακόμα πιο κατανοητή εάν λάβει κανείς υπ' όψιν το γεγονός ότι, σύμφωνα με την UNESCO, οι ομιλούμενες σήμερα γλώσσες του κόσμου είναι πάνω από 6.000, με πολλές από αυτές να παραμένουν προφορικές, χωρίς γραπτή αποτύπωση.

Όμως εδώ υπάρχει κάτι εντυπωσιακό. Αυτές οι τέσσερις ζώσες γλώσσες που μπορεί να τις παρακολουθήσει κάποιος γραπτά εδώ και χιλιάδες χρόνια, δηλαδή η κινεζική, η ινδική, η ελληνική και η εβραϊκή, δεν είναι οι πρώτες γλώσσες που γράφτηκαν στην Ιστορία της ανθρωπότητας.

Είναι σημαντικό στο σημείο αυτό να υπογραμμισθεί ότι ούτε η ελληνική ούτε οι άλλες τρεις γλώσσες θεωρούνται οι πρώτες γλώσσες που γράφηκαν. Με τα μέχρι σήμερα επιστημονικά δεδομένα, αρχαιότερη γραφή θεωρείται εκείνη των Σουμερίων και εκείνη των Αιγυπτίων, που προηγούνται όλων κατά περισσότερο από χίλια χρόνια. Ωστόσο οι αρχαίοι λαοί της Μεσοποταμίας έχουν χαθεί εδώ και χιλιάδες χρόνια και μαζί τους και η γλώσσα τους, οι δε Αιγύπτιοι, μετά την κατάληψη της χώρας τους από τους Άραβες τον 7ο αι. μ.Χ., υιοθέτησαν την αραβική γλώσσα, την οποία πλέον και ομιλούν.

Ως προς τις πολύ αρχαίες αυτές γλώσσες, δεν καλύπτεται δηλαδή, στη σύμβαση που αναφέραμε, το σκέλος της συνέχειας της γλώσσας μέχρι σήμερα.

Υπάρχει σχέση ανάμεσα στην ισχύ της γλώσσας και στην ισχύ του κράτους στην ανθρώπινη Ιστορία;

Υπάρχει και είναι μεγάλη. Προς κατανόησιν του γεγονότος, ας υπογραμμισθεί και μια άλλη παράμετρος. Σήμερα η ελληνική γλώσσα ομιλείται από περίπου 14 εκατομμύρια ανθρώπους σε έναν πλανήτη περίπου 8 δισεκατομμυρίων κατοίκων. Είναι σημαντική λόγω της ιστορίας της και του ειδικού της βάρους, αλλά πλέον ανήκει στις περιφερειακές γλώσσες της γης. Αντίθετα, στο παρελθόν και για περισσότερο από χίλια χρόνια, ήταν η γλώσσα επικοινωνίας, αναφοράς και παιδείας για μιαν ευρεία γεωγραφική περιοχή, από την Ιταλία και τη νοτιοανατολική Ευρώπη μέχρι την Εγγύς και Μέση Ανατολή, την ανατολική Μεσόγειο, τον Εύξεινο Πόντο, τη Μικράν Ασία και τη βόρεια Αφρική.

Σήμερα το προνόμιο αυτό το έχει η αγγλική γλώσσα και, μάλιστα, σε παγκόσμια διάσταση, όντας η πιο ισχυρή γλώσσα στον κόσμο. Μεγαλύτερη γλώσσα στον κόσμο είναι η κινεζική, την οποία, ως μητρική γλώσσα, ομιλούν εντυπωσιακά πολλοί άνθρωποι στη γη, ενώ ταυτοχρόνως είναι γλώσσα επικοινωνίας και παιδείας και για έναν αριθμό άλλων λαών της ανατολικής Ασίας κοντινών προς την Κίνα.

Ωστόσο, τα τελευταία 500 χρόνια, ισχυρότερες έχουν αναδειχθεί παγκοσμίως οι γλώσσες εκείνων των ευρωπαϊκών λαών –κυρίως δυτικών– που, από το 1400 μ.Χ. και μετά, επιδόθηκαν σε θαλασσινές και στεριανές εξερευνήσεις, έστησαν εμπορικές αυτοκρατορίες και, αργότερα, δημιούργησαν αποικίες μεταφέροντας τον πολιτισμό τους σε μακρινές περιοχές και ηπείρους. Έτσι, δίπλα στην πανίσχυρη αγγλική, δυνατές σήμερα είναι η ισπανική, η γαλλική, η πορτογαλική, η ρωσική και, κοντά τους, μια σειρά άλλων γλωσσών. Ωστόσο, εάν σκύψουμε στην ιστορία αυτών των ισχυρών σύγχρονων γλωσσών, θα δούμε ότι όχι μόνο δεν γράφονται από παλιά, αλλά ότι είναι γλώσσες που διαμορφώθηκαν, αναλογικά, πολύ πρόσφατα.

Προφανώς η Ευρώπη, αυτή η «χερσόνησος της Ασιατικής Ηπείρου», όπως την αποκάλεσε ο Νίτσε, είχε και άλλους κατοίκους εκείνα τα χρόνια. Ποιες γλώσσες μιλούσαν και τι έγινε με τις γλώσσες αυτές;

Σ' αυτήν τη «χερσόνησο της Ασιατικής Ηπείρου» έχουμε ενδιαφέρουσες εξελίξεις και ανατροπές μέσα στον χρόνο. Παραδείγματος χάριν, οι αρχαίοι κάτοικοι της Ιβηρικής Χερσονήσου, οι Ίβηρες, ήταν κατά βάσιν Κέλτες και ομιλούσαν κελτικές γλώσσες, ινδοευρωπαϊκής επίσης καταγωγής. Όταν, στον 2ο αι. π.Χ., κατακτήθηκε η περιοχή τους από τους Ρωμαίους, το επίπεδο του πολιτισμού τους ήταν τέτοιο, ώστε δεν άντεξαν στη ρωμαϊκή πολιτισμική υπεροχή και έχασαν τη γλώσσα τους υιοθετώντας τη λατινική. Γι' αυτό, τα ισπανικά και τα πορτογαλικά κατατάσσονται στις λατινογενείς γλώσσες. Το ίδιο συνέβη με τους προγόνους των σημερινών Γάλλων, τους Γαλάτες, που ήταν επίσης Κέλτες και ομιλούσαν, εξ αυτού, κελτικά. Με την κατάληψη της περιοχής τους από τους Ρωμαίους, τον 2ο αι. π.Χ., δεν μπόρεσαν –ούτε εκείνοι– να αντισταθούν στην πολιτισμική υπεροχή των κατακτητών και έχασαν τη γλώσσα τους υιοθετώντας τη λατινική. Γι' αυτό, τα σημερινά γαλλικά κατατάσσονται, επίσης, στις λατινογενείς γλώσσες.

Τα δύο παραδείγματα που αναφέρθηκαν εικονογραφούν εμφατικά τη δύναμη της ελληνικής γλώσσας, μια και αυτή, σε αντίθεση με τις παραπάνω, όχι μόνο δεν κινδύνευσε από τη λατινική, την εποχή της ανόδου των Ρωμαίων και της κατάληψης των ελληνικών περιοχών από αυτούς, παρά συνέβη ακριβώς το αντίστροφο. Και τούτο γιατί η πολιτισμική δύναμη των Ελλήνων ήταν τόσο βαθιά, που στη Ρώμη δεν θεωρούνταν κάποιος μορφωμένος και καλλιεργημένος εάν δεν γνώριζε, έγραφε και μελετούσε ελληνικά και Έλληνες συγγραφείς.

Ας σταθούμε για λίγο στην αγγλική, την ισχυρότερη γλώσσα της εποχής μας και σίγουρα των επόμενων δεκαετιών. Τι έχετε να πείτε συγκρίνοντάς την με την ελληνική από άποψη ισχύος;

Η σημερινή κυρίαρχη γλώσσα της γης, η αγγλική, είναι κατά πολύ νεότερη ακόμα και από την ισπανική και τη γαλλική. Πρόκειται για μια γλώσσα μόλις 1.500 περίπου ετών, καθώς άρχισε να διαμορφώνεται, στην ουσία, από τον 5ο και 6ο αι. μ.Χ. και εξής, όταν αλλεπάλληλες εισβολές και εγκαταστάσεις γερμανικών φύλων –Σαξόνων, Άγγλων, Ιούτων και, αργότερα, Δανών κυρίως Βίκινγκς– άλλαξαν άρδην τη δημογραφική σύνθεση της Βρετανίας και τη γλώσσα των ντόπιων κατοίκων της, των Βρετανών. Οι τελευταίοι, όντας Κέλτες, μιλούσαν κελτική γλώσσα, την οποία όμως εκ των πραγμάτων, με την έλευση των Γερμανών, έχασαν υιοθετώντας μορφές της γερμανικής γλώσσας. Έτσι, η σημερινή αγγλική κατατάσσεται στις γερμανικές γλώσσες, με στοιχεία επιρροών και από τα λατινικά, μια και οι Ρωμαίοι έλεγξαν μεγάλο τμήμα της Βρετανίας από τον 1ο έως και τον 4ο αι. μ.Χ., αλλά και από τα γαλλικά, με τα οποία είχαν επίσης, για μια περίοδο, μακρά επαφή.

Σε αντίθεση με την πορεία αυτή, η ελληνική γλώσσα παραμένει, επαναλαμβάνω, αδιάσπαστα ζώσα επί χιλιάδες χρόνια, με το γραπτό της μάλιστα σκέλος να είναι σχεδόν 3.500 ετών. Η σύγκριση είναι συντριπτική.

Από πού μπορούμε να πούμε ότι άντλησε δυνάμεις η ελληνική γλώσσα κατά την αρχαιότητα ώστε να διαμορφώσει αυτήν την εντυπωσιακή ισχύ;

Η δύναμη της ελληνικής γλώσσας προέκυψε μέσα από πραγματικότητες οι οποίες σχετίζονται με τις προκλήσεις που οι Έλληνες αντιμετώπισαν πολιτισμικά, ιδεολογικά, οικονομικά και πνευματικά στον μακρό χρόνο, και με τον τρόπο που ανταποκρίθηκαν σε αυτές.

Στους μυκηναϊκούς χρόνους, που ήδη αναφέραμε, δηλαδή περί το 1700-1100 π.Χ., οι Έλληνες ζούσαν στο

ΡΙΖΕΣ ΚΑΙ ΘΕΜΕΛΙΑ

πλαίσιο ανακτορικών κρατών διαμορφωμένων σε σημεία της σημερινής Θεσσαλίας, Βοιωτίας, Αττικής, Πελοποννήσου, τα οποία στηρίζονταν στη γεωργική παραγωγή. Μάλιστα, για τη βελτίωση της τελευταίας, διέθεταν την τεχνογνωσία ώστε να πραγματοποιήσουν εντυπωσιακά –σε παγκόσμια κλίμακα, στη ζώνη του χρόνου κατασκευής τους– τεχνικά έργα, όπως συνέβη με την αποξήρανση της λίμνης Κωπαΐδας στη Βοιωτία, το 1300 περίπου π.Χ.

Τα μυκηναϊκά ανακτορικά κράτη ήταν στεριανά, ωστόσο διέθεταν πλοία, μια και, ως φαίνεται, ο μυκηναϊκός κόσμος είχε ήδη εξοικειωθεί με τη θάλασσα. Τη θαλασσινή διάσταση των μυκηναϊκών κρατών τη γνωρίζουμε όχι μόνον από αρχαιολογικά ευρήματα στο Αιγαίο και στα μικρασιατικά παράλια, αλλά και από τον Όμηρο. Στην *Ιλιάδα* του –στην οποία περιγράφεται ο Τρωικός Πόλεμος, που χρονολογείται περί το 1200 π.Χ.– καταγράφει έναν προς έναν τους ελληνικούς τόπους που μετέσχαν στο εγχείρημα και τον αριθμό των πλοίων του καθενός εξ αυτών στον συνολικό εκστρατευτικό στόλο των Ελλήνων. Εξάλλου, στην ευρύτερη περιοχή, πολύ ενωρίτερα, ήδη από την τρίτη χιλιετία π.Χ., είχαν αναπτύξει τη ναυτιλία οι κάτοικοι των Κυκλάδων, κινούμενοι ανάμεσα στη Μικράν Ασία και την ελληνική χερσόνησο με πλοία των οποίων την πλεύση ήταν σε θέση να υποβοηθήσουν με βελτιώσεις στην καρίνα, στα ιστία κ.λπ.

Με τα πλοία αυτά οι Έλληνες έκαναν, κατά τη μυκηναϊκή περίοδο, εμπόριο στη λεκάνη της ανατολικής Μεσογείου, αλλά και προς τα δυτικά, με την Ιταλία, φτάνοντας μέχρι και την Ισπανία. Και δεν έμειναν μόνο στο εμπόριο, αλλά εγκαταστάθηκαν και σε νησιά του Αιγαίου, στα παράλια της Μικράς Ασίας, καθώς και στο μεγαλύτερο μέρος της Κρήτης. Την Κρήτη την κατέλαβαν περί το 1400 π.Χ., ενοποιώντας τον μινωικό με τον μυκηναϊκό πολιτισμό, με αποτέλεσμα τον λεγόμενο κρητομυκηναϊκό πολιτισμό. Το ίδιο συνέβη και με την Κύπρο, στην οποία ομιλείται η ελληνική χάρις στους Μυκηναίους που έφθασαν εκεί περί το 1400 π.Χ. Η επέκταση αυτή όχι μόνον ενίσχυσε την ελληνική γλώσσα, αλλά κατοχύρωσε τη βαθιά, όπως θα αποδειχθεί, σχέση των Ελλήνων με τη θάλασσα. Μια σχέση που, μαζί με τη γλώσσα, συγκροτεί τους δύο ισχυρότερους πυλώνες του ελληνικού πολιτισμού στη διάρκεια των 3.500 και πλέον ετών που ανιχνεύουμε εδώ. Δεν είναι τυχαίο ότι, και σήμερα, ο οικονομικός τομέας στον οποίο παγκοσμίως έχουμε την πρωτιά είναι η εμπορική μας ναυτιλία. Σύμφωνα με τα παγκόσμια στατιστικά δεδομένα, το 2019, η ελληνόκτητη εμπορική ναυτιλία βρισκόταν, για πολλοστή φορά, στην κορυφή, κατέχοντας μόνη της περίπου το 19% των εμπορικών πλοίων παγκοσμίως – κινούμενη στα πέρατα των αλμυρών υδάτων του πλανήτη, για τα οποία, από την αρχαιότητα και μέχρι σήμερα, χρησιμοποιεί τους ίδιους όρους προκειμένου να αποδώσει το μέγεθος και τα χαρακτηριστικά τους: «θάλασσα», «πόντος», «πέλαγος», «ωκεανός».

Ελληνική ναυτοσύνη και γλώσσα αντλούν πολλά από την περίοδο των Μυκηναίων και, φυσικά, από το εντυπωσιακό γεωφυσικό ανάγλυφο της περιοχής στην οποία οι άνθρωποι αυτοί αναπτύχθηκαν.

Η τόση ισχύς των πολιτισμών που άνθησαν στον ελλαδικό χώρο έχει, άραγε, και κάποια άλλη εξήγηση που δεν είναι τόσο προφανής;

Έχει, και μία από αυτές είναι το γεωφυσικό ανάγλυφο που μόλις αναφέραμε. Το γεωφυσικό ανάγλυφο και οι κλιματικές συντεταγμένες μιας περιοχής συνθέτουν τη βάση πάνω στην οποία πλάθεται η ζωή των ανθρώπων. Από την πλευρά αυτή, οι Έλληνες υπήρξαν και είναι τυχεροί, καθώς αναπτύχθηκαν σε μιαν εκπληκτικά ποικιλόμορφη περιοχή και σε μιαν εύκρατη ζώνη κλίματος από τις ευνοϊκότερες της γης. Η ελληνική χερσόνησος η τόσο ραδινή χαρακτηρίζεται από τα πολλά και τραχιά βουνά της, από κοιλάδες και πεδιάδες, αλλά, κυρίως, από την εγγύτητα της θάλασσας, που δεν βρίσκεται μακριά ακόμα και από την πιο απομακρυσμένη βουνοκορφή της ενδοχώρας. Δαντελωτά παράλια και χιλιάδες νησιά συγκροτούν το περίγραμμά της – ένα περίγραμμα ναυτοσύνης και ανοιχτών οριζόντων.

Τούτο το υπόβαθρο έχει προικίσει τον Ελληνισμό με ένα στοιχείο που δεν είναι αυτονόητο πως υπάρχει για κάθε λαό της γης: το στοιχείο της μεγάλης ποικιλίας δράσεων και επαγγελμάτων, μια και εδώ αναπτύχθηκαν ημινομάδες κτηνοτρόφοι των ψηλών βουνών, αγρότες και κτηνοτρόφοι των ημιορεινών, γεωργοί των κοιλάδων και των ήμερων πεδιάδων, ναύτες και αλιείς, καραβοκύρηδες και καραβομαραγκοί, βιοτέχνες και τεχνίτες, έμποροι των πόλεων και των κωμοπόλεων, επιστήμονες και στοχαστές, μουσικοί και καλλιτέχνες, λογοτέχνες και ποιητές.

Η ποικιλία των δραστηριοτήτων οπωσδήποτε έπαιξε

ρόλο και στον εμπλουτισμό της γλώσσας με έννοιες και όρους αναγκαίους για την επικοινωνία και την έκφραση σκέψεων και εμπειριών που πηγάζουν από τις δράσεις αυτές και συνδέονται με αυτές. Με την ουσία δηλαδή της καθημερινής ζωής.

Η περίοδος της ελληνικής Ιστορίας από το 1100 μέχρι περίπου το 800 π.Χ. ονομάζεται «σκοτεινοί αιώνες». Σε αντίθεση προφανώς με τη «φωτεινή» κλασική περίοδο που αρχίζει με τους Μηδικούς Πολέμους στις αρχές του 5ου αι. π.Χ. και φτάνει μέχρι τον θάνατο του Μεγάλου Αλεξάνδρου το 323 π.Χ. Τι συνέβη σε αυτούς τους αιώνες όσον αφορά την ελληνική γλώσσα και τον πλούτο της;

Η ελληνική γλώσσα απέκτησε, νωρίς ως φαίνεται, πλούτο όρων και εκφραστική δύναμη. Τούτο το εντοπίζουμε μέσα από μιαν αντινομία: οι εκατοντάδες πήλινες επιγραφές που έχουν βρεθεί στα μυκηναϊκά ανάκτορα είναι μεν ελληνικά κείμενα, αλλά χωρίς εξεζητημένες μορφές έκφρασης, μια και, στην πλειονότητά τους, αφορούν λογιστικές καταγραφές και στεγνές αποτυπώσεις διοικητικών δράσεων, φορολογικών ποσών και αποθηκευμένων προϊόντων.

Η πιστοποίηση του πλούτου και της δύναμης της ελληνικής γλώσσας γίνεται μέσα από μιαν άλλη διαδρομή που σχετίζεται με την πτώση του μυκηναϊκού κόσμου, περί το 1100 π.Χ., και τη διάνυση μιας περιόδου τριακοσίων περίπου ετών κατά την οποία μειώνονται σημαντικά τα διαθέσιμα σε εμάς στοιχεία, γι' αυτό και, συμβατικά, ονομάζεται «σκοτεινοί αιώνες». Κατά τους αιώνες αυτούς συμβαίνουν, ως φαίνεται, καίριες ανατροπές στις κοινωνίες των Ελλήνων – προφανώς μέσω έντονων πολιτικών διεργασιών και συγκρούσεων. Έτσι, μετά το 800 π.Χ. περίπου, οπότε τα στοιχεία μας αρχίζουν ξανά να αυξάνονται, γνωρίζουμε πως, τώρα πια, οι Έλληνες ζουν σε πόλεις-κράτη και γράφουν τη γλώσσα τους με κάτι καινοφανές, το αλφάβητο.

Με το εργαλείο αυτό καταγράφηκαν στον 6ο αι. π.Χ. η Ιλιάδα και η Οδύσσεια, τα ποιητικά έπη που, εμπνεόμενος από τον Τρωικό Πόλεμο, συνέθεσε ο Όμηρος πολύ ενωρίτερα, μάλλον στον 8ο αι. π.Χ., και τα οποία, στο μεσοδιάστημα, διατηρούνταν προφορικά περιμένοντας την καταγραφή τους. Στα έπη αυτά, η ελληνική γλώσσα φορά το πιο εντυπωσιακό της ένδυμα θαμπώνοντας μέχρι σήμερα τον μύστη της ομορφιάς της. Η ασύλληπτη δύναμη των εικόνων, η ακρίβεια των περιγραφών, οι αποχρώσεις στην αποτύπωση καταστάσεων και συναισθημάτων, ο πλούτος επιθέτων και προσδιορισμών εκτινάσσουν το επίπεδο της ελληνικής γλώσσας σε γαλαξίες εξωπραγματικής τελειότητας, θέτοντας ένα απλό ερώτημα: Ήταν άραγε η ελληνική γλώσσα τόσο πλούσια και πριν τους «σκοτεινούς χρόνους» και απλώς τυχαίνει να μην το γνωρίζουμε επειδή το περιεχόμενο των μυκηναϊκών πινακίδων που μας έχουν σωθεί ήταν τόσο στεγνό και επαγγελματικό; Ή μήπως ήταν φτωχή και ενδυναμώθηκε μέσα από τις κοινωνικές ζυμώσεις και συγκρούσεις των «σκοτεινών χρόνων», για τους οποίους τόσο λίγα γνωρίζουμε; Ερώτημα ενδιαφέρον που περιμένει απαντήσεις.

Η ανακάλυφη του αλφαβήτου μοιάζει να έχει μεγάλη αξία, αντίστοιχη με εκείνη της ανακάλυψης του τροχού. Δεν ξέρω εάν συμφωνείτε σε αυτό.

Πράγματι, η υιοθέτηση του αλφαβήτου είναι γεγονός μεγάλης σημασίας όχι μόνο για την ιστορία των Ελλήνων, αλλά και του κόσμου ολόκληρου. Το αλφάβητο υπήρξε, κατά πάσα πιθανότητα, εφεύρεση σημιτικών λαών της Μέσης Ανατολής, μάλλον των Φοινίκων, και πρέπει να πέρασε στους Έλληνες κάπου μέσα στους «σκοτεινούς αιώνες». Όπως συμβαίνει και σήμερα στις σημιτικές γλώσσες, το αλφάβητο αυτό ήταν, κατά κύριο λόγο, συμφωνογραφικό, δηλαδή έγραφε τα σύμφωνα αφήνοντας να εννοηθούν τα ενδιάμεσα φωνήεντα.

Αν, λοιπόν, οι Έλληνες πήραν το αλφάβητο από σημιτικούς λαούς, τότε σίγουρα έκαναν τη διαφορά, μια και φρόντισαν να το τελειοποιήσουν εμπλουτίζοντάς το με τα πολλά φωνήεντα της δικής τους γλώσσας – που τότε ήταν διαφορετικής μουσικότητας από τη σημερινή. Στην αρχαία εκφορά της ελληνικής γλώσσας υπήρχαν πολλές εκδοχές τονικότητας και διάρκειας του ίδιου φωνήεντος, που παρουσιαζόταν, σε σημεία των λέξεων, άλλοτε βραχύ, άλλοτε μακρόσυρτο, άλλοτε στρογγυλό, άλλοτε υγρό, άλλοτε με ήχο επαμφοτερίζοντα μεταξύ δύο. Έτσι, ο ήχος *ι* μπορεί να ακουγόταν η, ι, υ, οι, ει, υι, ο ήχος *ο* να ακουγόταν βραχύς ως ο ή μακρόσυρτος ως ω. Όλα αυτά, όπως και δικά τους σύμφωνα, αποτυπώθηκαν στο ελληνικό αλφάβητο, που έγινε έκτοτε –οπωσδήποτε από τον 8ο αι. π.Χ. και εξής– ο απαραίτητος πολιτισμικός σύντροφος των Ελλήνων, μέχρι σήμερα.

Το ελληνικό αλφάβητο λειτούργησε ως δάδα του ελληνικού πνεύματος και της ελληνικής γλώσσας και είχε τη δικιά του συμβολή στην Ιστορία της ανθρωπότητας, μια και αποτέλεσε τη βάση διαμόρφωσης επομένων αλφαβήτων: από τους Έλληνες αποίκους της Κάτω Ιταλίας πήραν οι Ετρούσκοι, στην κεντρική Ιταλία, τη βάση για το δικό τους αλφάβητο κατά τον 7ο αι. π.Χ. Από τους Έλληνες –και συγκεκριμένα τους Ευβοείς αποίκους της Κάτω Ιταλίας και το χαλκιδικό τους αλφάβητο– πήραν επίσης οι Ρωμαίοι το αλφάβητο κατά τον 7ο αι. π.Χ., διαμορφώνοντας το λατινικό, το οποίο είναι σήμερα το πιο διαδεδομένο στη γη.

Το ίδιο και οι Κόπτες της Αιγύπτου. Αυτοί, με βάση το ελληνικό αλφάβητο, διαμόρφωσαν το δικό τους, το κοπτικό, που χρησιμοποιείται μέχρι σήμερα στα θρησκευτικά τους βιβλία. Αλλά και οι Σλάβοι, των οποίων οι γλώσσες γράφηκαν, περί το 850 μ.Χ., στο κυριλλικό αλφάβητο, που επίσης στηρίζεται, κατά κύριο λόγο, στο ελληνικό. Τα αλφάβητα της Γεωργίας και της Αρμενίας σχετίζονται, και αυτά, με το ελληνικό.

Εξίσου ενδιαφέρουσα είναι η ιστορία γραφής της γερμανικής γλώσσας. Αυτή οφείλει πολλά σε έναν ελληνικής, μικρασιατικής καταγωγής Γερμανό επίσκοπο του 4ου αι. μ.Χ., τον Ουλφίλα, ο οποίος μετέφρασε τη Βίβλο στα γοτθικά επινοώντας αλφάβητο στη βάση του ελληνικού, λατινικού και ρουνικού αλφαβήτου.

Μια πολιτισμική σκυτάλη διόλου μικρή και διόλου δευτερεύουσα. Που δείχνει τη δύναμη και το ειδικό βάρος του ελληνικού αλφαβήτου.

ΤΟ ΕΛΛΗΝΙΚΟ ΑΛΦΑΒΗΤΟ

Οι Έλληνες, γύρω στον 10ο π.Χ. αιώνα, παίρνουν από τους Φοίνικες αυτή την (οικονομικότερη τής συλλαβογραφικής) συμφωνογραφική γραφή. Αλλά δεν στέκονται σ' αυτό. Επινοούν για πρώτη φορά στην ιστορία τής γραφής τη δήλωση των φωνηέντων, αυτών δηλαδή που αποτελούν τη βάση τής συλλαβής και τής γλώσσας γενικότερα. Επινοούν ακόμη μερικά σύμφωνα που χρειάζονται στην Ελληνική και φτάνουν έτσι στη δημιουργία *τής πρώτης πραγματικά αλφαβητικής γραφής, τού πρώτου αλφαβήτου*, όπου κάθε γράμμα δηλώνει και έναν φθόγγο [...]. Η επινόηση αυτή, καθόλου αυτονόητη, κάνει ώστε το αλφάβητο να αναγνωρίζεται διεθνώς ως ελληνική δημιουργία, όσο και αν την πρώτη ύλη δανείστηκαν οι Έλληνες από άλλους. [...]

Από όσα είπαμε προκύπτουν τα εξής: α) Οι Έλληνες είναι οι *πραγματικοί δημιουργοί τού πρώτου στον κόσμο αλφαβήτου, τού ελληνικού αλφαβήτου·* β) την πρώτη ύλη (έναν αριθμό γραμμάτων, σχήμα γραμμάτων, ονομασία) την πήραν οι Έλληνες από τη βορειοσημιτική συμφωνογραφική γραφή, ωστόσο δεν έμειναν παθητικά προσκολλημένοι σε αυτήν, αλλά εδημιούργησαν μέσα και πέρα από αυτήν το πρώτο πραγματικό αλφάβητο, που από αυτούς πέρασε –διά τής λατινικής του μορφής, που, όπως είπαμε, είναι ελληνική– σε ολόκληρο τον κόσμο· γ) η προέλευση τού βορειοσημιτικού συμφωνογραφικού συστήματος είναι εξαιρετικά αμφίβολη. Ανάμεσα στις επιδράσεις που έχει δεχθεί, πιθανότατα επηρεάστηκε και από τις μινωικές γραφές, μολονότι τόσο τα ιερογλυφικά όσο και η γραμμική γραφή Α δεν έχουν αναγνωσθεί και –κατά τις γνώμες πολλών μελετητών και τού ίδιου του Evans– μάλλον δεν περιέχουν ελληνική γλώσσα. Διαφορετική είναι η εκτίμηση τού γράφοντος για τη γλώσσα τής γραμμικής γραφής Α. Πιστεύω ότι το πιο φυσικό και αναμενόμενο θα ήταν ότι επιγραφές –για την ακρίβεια, πήλινες πινακίδες– τού ελλαδικού χώρου και των ελληνικών χρόνων περιέχουν και ελληνικά κείμενα.

> Γεώργιος Μπαμπινιώτης, *Δύο μικρά κείμενα του Πρύτανη του Πανεπιστημίου Αθηνών Καθ. Γ. Μπαμπινιώτη για την έκθεση «Ιστορία της Γραφής» και για τη συμβολή του ελληνικού αλφαβήτου στην εξέλιξη της γραφής*, Πανεπιστήμιο Αθηνών, Αθήνα 2002.

Η ορθογραφία των λέξεων στην ελληνική γλώσσα μοιάζει να έχει δομική σχέση με την έννοιά τους. Ισχύει αυτό και, αν ναι, πότε προέκυψε και με ποιο σκεπτικό;

Η ελληνική γλώσσα πράγματι στηρίζεται σε σύνθετες λέξεις με επιμέρους η καθεμία σημαινόμενα, που παραπέμπουν στη φιλοσοφία ζωής στη βάση της οποίας αυτές έχουν πλασθεί στον βαθύ χρόνο. Εξ αυτού, λόγω της συνθετικότητάς της, η ορθογραφία της ελληνικής γλώσσας παρουσιάζεται περίπλοκη, πλην όμως είναι εξαιρετικά καίρια, γιατί σε οδηγεί στο βάθος των λέξεων, αλλά και των εννοιών και σκέψεων που αυτές απεικονίζουν. Σήμερα, η ορθογραφία για εμάς τους Έλληνες είναι δύσκολη, ωστόσο στην αρχαιότητα δεν ήταν, μια και έγραφες όπως μιλούσες μεταφέροντας απλά τους ήχους της γλώσσας σου στον γραπτό λόγο, με τη βοήθεια του αλφαβήτου.

Η μουσικότητα της ελληνικής γλώσσας, στην αρχαία της εκφορά, στηριζόταν στη διάρκεια των φωνηέντων, καθώς και στην ένταση εκπνοής σε διάφορα σημεία του λόγου. Τύποι της ελληνικής που για εμάς σήμερα ομοηχούν και, εξ αυτού, απαιτούν συστηματική εκμάθηση για να γραφούν σωστά, μια και έχουν διαφορετική σημασία και αποδίδουν διαφορετικές έννοιες, τότε δεν δημιουργούσαν τέτοιο πρόβλημα στους χρήστες. Επί παραδείγματι, στον τύπο «η άλλη», το η, ως μακρό, ακουγόταν μακρόσυρτο τόσο στο άρθρο όσο και στην κατάληξη της αντωνυμίας, ενώ στον τύπο «οι άλλοι», το οι ακουγόταν, τόσο στο άρθρο όσο και στην κατάληξη, ανάμεσα στο ο και στο ι. Έτσι δεν υπήρχε περίπτωση να μπερδέψεις τον αρσενικό τύπο ονομαστικής πληθυντικού με τον θηλυκό τύπο ονομαστικής ενικού, γιατί προφορικά ηχούσαν διαφορετικά και, επομένως, η ίδια η γλώσσα σού υπαγόρευε τη σωστή γραφή τους. Κατά τον ίδιο τρόπο, τα διπλά σύμφωνα τα έγραφες σωστά γιατί έτσι τα πρόφερες. Έλεγες δηλαδή «άλλοι» με παρατεταμένο και έντονο το λ, και όχι σαν να ήταν με ένα λάμδα όπως κάνουμε σήμερα.

Όταν αργότερα, κατά τους ελληνιστικούς χρόνους, η γλώσσα άρχισε να χάνει τη μουσικότητα που στηριζόταν στη διάρκεια των φωνηέντων, και να κινείται προς εκείνη του τονισμού των λέξεων, χρειάστηκε να βρεθεί λύση για αυτό, αλλά και για την αποτύπωση της έντασης της εκπνοής. Τότε δημιουργήθηκαν τα πνεύματα, δηλαδή η ψιλή και η δασεία, καθώς και οι τόνοι, δηλαδή η οξεία, η βαρεία και η περισπωμένη. Πνεύματα και τόνοι καταργήθηκαν σχετικά πρόσφατα, προ σαράντα περίπου ετών, οπότε στη νέα ελληνική κρατήθηκε ένας μόνο τόνος, η οξεία.

Μετά τους Πρωτοέλληνες, τους Έλληνες και τους «σκοτεινούς χρόνους», έχουμε τους Έλληνες της κλασικής περιόδου. Ποια ήταν η τομή που χρειάσθηκε για να γίνει αυτό το πέρασμα;

Από το 800 περίπου π.Χ. και μετά, ο Ελληνισμός δεν θα υιοθετήσει μόνο το αλφάβητο, αλλά θα μπει στα μεγάλα μονοπάτια που έμελλε να τον κάνουν ξακουστό, αυτόν και τη γλώσσα του, σ' όλη τη γη. Αποφασιστικό βήμα στην κατεύθυνση αυτή αποτελεί ο περίφημος ελληνικός αποικισμός. Με αυτόν, ο Ελληνισμός, μετά τη γλώσσα και τη ναυτοσύνη του, αποκτά τον τρίτο πυλώνα του: τη διασπορά.

Ο δεύτερος –μετά την επέκταση των Μυκηναίων από τον 14ο αιώνα και εξής– ελληνικός αποικισμός της αρχαιότητας διήρκησε περίπου τετρακόσια χρόνια, χονδρικά από τον 9ο έως τον 5ο αι. π.Χ. Με την ολοκλήρωση του κύκλου του αποικισμού αυτού, υπολογίζεται ότι είχαν δημιουργηθεί 400 περίπου συνολικά ελληνικές αποικίες, από τη βόρεια Αφρική και την ανατολική Μεσόγειο μέχρι τη Μαύρη Θάλασσα –τον Εύξεινο Πόντο των Ελλήνων–, την Αδριατική, τη δυτική Μεσόγειο και το Γιβραλτάρ. Με τη δράση τους αυτή, οι Έλληνες αποτέλεσαν τους πρώτους οικιστές σπουδαίων σημερινών πόλεων, όπως η Νίκαια και η Μασσαλία της Γαλλίας, η Νάπολη και το Μπάρι της Ιταλίας, το Ντουμπρόβνικ της Κροατίας, η Ampurias, το αρχαίο ελληνικό Εμπόριον της Ισπανίας δηλαδή, και πάμπολλες άλλες.

Το φαινόμενο σχετίζεται τόσο με την επιθυμία των ελληνικών πόλεων να αυξήσουν τη δύναμη και την εμβέλειά τους μέσω της δημιουργίας θυγατρικών εγκαταστάσεων σε άλλα σημεία της Μεσογείου, όσο και με τις εσωτερικές ταραχές που ακόμα, ως φαίνεται, συνεχίζονταν στις κοινωνίες των Ελλήνων. Στη συνάφεια αυτή, λόγω των εντάσεων και των συγκρούσεων, σε διάφορες φάσεις των εξελίξεων, δυσαρεστημένες ομάδες αποφάσιζαν να εγκαταλείψουν την πόλη τους και να εγκατασταθούν αλλού δοκιμάζοντας την τύχη τους. Συνήθως επρόκειτο, απ' όσο είμαστε σε θέση να γνωρίζουμε, για ηττημένα αριστοκρατικά γένη που εκδιώκονταν από τους νικητές.

Τόσο οι μεν όσο και οι δε, κατά την αναχώρησή τους, εγκατέλειπαν τη μητρική τους πόλη, τη μητρόπολη, παίρνοντας μαζί τους ιερά αντικείμενα που θα καθαγίαζαν τον νέο τόπο εγκατάστασής τους συνδέοντάς τον, ταυτόχρονα, με μνήμες του γενέθλιου τόπου που μόλις αποχαιρετούσαν. Οι ομάδες αυτές αναχωρούσαν άλλοτε έχοντας πληροφορίες για κάποια περιοχή και άλλοτε στα τυφλά, προσδοκώντας να εντοπίσουν πρόσφορο τόπο κατά τη διαδρομή τους. Σύμμαχο στην αποκοτιά τους είχαν τη ναυτοσύνη τους και το καράβι τους – γιατί θαλασσινά έγιναν, κατά κύριο λόγο, οι αποικισμοί κατά τους αιώνες που αναφέραμε.

Οι Έλληνες βρέθηκαν, έτσι, να ζουν ενωρίς σε εκατοντάδες σημεία της Μεσογείου και του Ευξείνου Πόντου – με πυκνότερη συγκέντρωση στην ελληνική χερσόνησο και τα νησιά του Αιγαίου και του Ιονίου, στην Κάτω Ιταλία, στη Σικελία και στα παράλια της Μικράς Ασίας.

Οι τελευταίες περιοχές επρόκειτο να μετατραπούν σε προπύργια του Ελληνισμού για χιλιάδες χρόνια – με τη Μικράν Ασία να χάνεται για τους Έλληνες τρεις χιλιάδες χρόνια μετά, κατά το 1922 και τη Μικρασιατική Καταστροφή.

Είναι χαρακτηριστικό ότι, λόγω του πυκνότατου αποικισμού τον 8ο και 7ο αι. π.Χ., η Κάτω Ιταλία και η Σικελία αποκαλούνταν «Μεγάλη Ελλάδα» – χαρακτηρισμός που διατηρείται ακόμα σε χρήση στην Ιταλία, έστω και αν το ειδικό βάρος των εκεί Ελλήνων αναλογικά ατόνησε μετά τον 3ο αι. π.Χ. και την υποταγή τους στους ανερχόμενους και ισχυροποιούμενους Ρωμαίους. Κατά τον ίδιο τρόπο, οι αρχαίοι Έλληνες των παραλίων της Μικράς Ασίας, σε άμεση σύνδεση και οργανική σχέση με τον κύριο ελληνικό κορμό, θεωρούσαν αυτονόητα τον τόπο τους ως Ελλάδα, τον δε εαυτό τους ως τους πιο Έλληνες εξ όλων των Ελλήνων.

Παρόμοιου δυναμισμού ελληνική παρουσία καταγράφεται στον Εύξεινο Πόντο. Στην κλειστή αυτή, σαν λίμνη, θάλασσα, που αποτελεί συνέχεια του Αιγαίου Πελάγους προς βορράν, εκβάλλουν μεγάλοι ποταμοί, όπως ο Δούναβης, ο Δνείπερος, ο Δνείστερος, ο Δον, κάνοντας τα εδάφη ιδανικά για εγκατάσταση τόσο γεωργών όσο και ναυτικών και εμπόρων. Οι πολυάριθμες ελληνικές αποικίες έδωσαν εδώ το στίγμα επί αιώνες, με τους Έλληνες να κατοικούν σε όλο το περίγραμμα της θάλασσας αυτής – με ιδιαίτερη πύκνωση στις περιοχές της Κριμαίας και της Θάλασσας του Αζόφ. Πρόσφατα διάβασα ότι, τις τελευταίες δεκαετίες, η αρχαιολογική σκαπάνη έχει αποκαλύψει στη Θάλασσα του Αζόφ τουλάχιστον τριάντα θέσεις αρχαίων ελληνικών αποικιών, με φανερή τη ναυτική διάσταση των οικισμών τους. Τόσο πυκνή ήταν η εγκατάσταση των Ελλήνων στα μέρη αυτά! Εδώ εξάλλου, στα όρια μεταξύ Αιγαίου Πελάγους και Ευξείνου Πόντου, βρίσκεται η εμβληματικότερη αποικία των Ελλήνων, η πόλη που συνδέθηκε διαχρονικά όσο καμιά άλλη με την Ιστορία τους, η Κωνσταντινούπολη.

Η Ιστορία αλλά και η παράδοση τι μας λένε για την ίδρυση της Κωνσταντινούπολης;

Η Κωνσταντινούπολη αναπτύχθηκε στη θέση του Βυζαντίου, της πόλης που ιδρύθηκε, για πρώτη φορά, από Μεγαρείς τον 7ο αι. π.Χ. Ονομαζόταν για αιώνες «Βυζάντιο», από το όνομα του αρχηγού της ομάδας των πρώτων Μεγαρέων που εγκαταστάθηκαν εκεί, του Βύζαντα. Σύμφωνα με την παράδοση, ο Βύζας, προτού η ομάδα του εγκαταλείψει τα Μέγαρα και κινηθεί με πλοία προς το άγνωστο, επισκέφθηκε τους Δελφούς για να ζητήσει την καθοδήγηση του Απόλλωνα. Στο ερώτημα του Βύζαντα προς τα πού να κινηθούν, πού να εγκατασταθούν, ο Απόλλων, μέσω της Πυθίας, απάντησε: «Στον τόπο των τυφλών».

Καθόλου διαφωτισμένος από τις ασαφείς οδηγίες αλλά με εμπιστοσύνη στον θεό, ο Βύζας και οι σύντροφοί του πήραν δρόμο βόρειο. Γρήγορα βρέθηκαν να πλέουν σε ένα πανέμορφο θαλασσινό πέρασμα που κατέληγε σε στενό διάδρομο μετά τον οποίον ανοιγόταν μια μεγάλη θάλασσα. Έκθαμβος από την ομορφιά του τοπίου και την εξαιρετική θέση του σημείου, ο Βύζας αποφάσισε να αποβιβαστούν και να στήσουν, στο στόμιο αυτής της θαλάσσιας στενωπού, τον οικισμό τους. Όσο ευφυής κι αν ήταν ο Βύζας, ήταν δύσκολο –αφού χάρτης τότε δεν υπήρχε– να είχε κατανοήσει ότι η τοποθεσία αυτή ήταν κάτι παραπάνω από εξαιρετική. Ότι ήταν, γεωγραφικά, το καταπληκτικότερο σημείο για δημιουργία πόλης στον κόσμο, μια και βρισκόταν στην ένωση όχι μόνο δύο θαλασσών, του Ευξείνου Πόντου και του Αιγαίου Πελάγους, αλλά και στην ένωση δύο ηπείρων, της Ευρώπης και της Ασίας.

Δεν πέρασε πολύς καιρός, εξάλλου, που ο Βύζας, εξερευνώντας την περιοχή γύρω από την αποικία του, κατανόησε την οδηγία του Απόλλωνα και της Πυθίας, που τόσο τον είχε αρχικά προβληματίσει. Και τούτο γιατί παρατήρησε ότι συμπατριώτες του, ενώ είχαν πριν από τους ίδιους βρεθεί στην περιοχή, είχαν επιλέξει να εγκατασταθούν στη Χαλκηδόνα, στην απέναντι ακτή της Βιθυνίας, ένα υποδεέστερης σημασίας σημείο αυτής της καταπληκτικής περιοχής, αντί στον τόπο όπου εκείνος και οι σύντροφοί του εγκαταστάθηκαν. Περιχαρής γύρισε τότε στους συντρόφους του λέγοντάς τους ότι είχαν έρθει στο σωστό μέρος, αφού οι προηγηθέντες οικιστές της περιοχής ήταν τόσο τυφλοί, ώστε να μην κατανοήσουν την οφθαλμοφανώς προνομιακή θέση που η δικιά τους ομάδα είχε τη διορατικότητα να επιλέξει. Είχαν όντως έρθει σωστά. Στον «τόπο των τυφλών». Στον τόπο που τους είχαν υποδείξει η Πυθία και ο Απόλλων.

Το Βυζάντιο λειτούργησε επί μακρόν με το όνομα του πρώτου οικιστή του, του Βύζαντα. Η αλλαγή του ονόματος έγινε πολύ αργότερα, στα 330 μ.Χ., όταν ο Ρωμαίος αυτοκράτορας Κωνσταντίνος επέλεξε την πόλη αυτή ως πρωτεύουσα του ανατολικού τμήματος της Ρωμαϊκής Αυτοκρατορίας, η οποία, εκείνη την εποχή, αντιμετώπιζε εξωτερικούς κινδύνους και εσωτερικές διοικητικές μεταβολές. Της δυτικής πλευράς πρωτεύουσα ήταν, αυτονόητα, η Ρώμη. Στα ανατολικά, ωστόσο, ο Κωνσταντίνος –που εκείνη την εποχή ήταν μονοκράτορας–, με διεισδυτική ματιά αντίστοιχη εκείνης του Βύζαντα χίλια χρόνια πριν, δεν επέλεξε κάποια από τις υπέροχες πόλεις που η αυτοκρατορία του διέθετε –όπως τη Θεσσαλονίκη, την Αντιόχεια, την Αλεξάνδρεια και τόσες άλλες– παρά την πόλη του Βυζαντίου. Εκεί, στη σμίξη δύο ηπείρων και δύο θαλασσών. Η οποία και πήρε το όνομά του: «Κωνσταντίνου πόλις», Κωνσταντινούπολη. Με το όνομα αυτό πορεύτηκε η θρυλική αυτή πόλη επί 1.500 περίπου χρόνια, για να γίνει η Κωνσταντινίγιε των Οθωμανών και να μετονομαστεί, σχετικά πρόσφατα, σε Ιστάνμπουλ.

Για τους Έλληνες, μέχρι σήμερα μία είναι η πόλη, η Κωνσταντινούπολη. Και αυτονόητα αναφέρονται σε αυτή με μόνο το όνομα «Πόλη». Δεν χρειάζεται για τον Έλληνα επεξήγηση. Γιατί είπαμε: μία είναι η πόλη...

Αυτός ο ελληνικός αποικισμός που πραγματοποιήθηκε στην αρχαιότητα ποιες επιπτώσεις θεωρείτε ότι είχε για τους Έλληνες τότε και μετέπειτα;

Ο ελληνικός αποικισμός της αρχαιότητας είχε πολλαπλές επιπτώσεις στη ζωή των Ελλήνων. Κατά πρώτον, διαμόρφωσε τον τρίτο μετά τη γλώσσα και τη ναυτοσύνη πυλώνα της ζωής τους, που είναι η διασπορά. Η παράμετρος αυτή έγινε διαχρονική και τους συνοδεύει σε κάθε σχεδόν φάση της Ιστορίας τους, σε βαθμό που, στις μελέτες για το διασπορικό φαινόμενο, κατατάσσονται στις πρώτες θέσεις παγκοσμίως, μαζί με τους Εβραίους και λίγους ακόμη λαούς. Κατά δεύτερον, η κατασπορά τους σε ένα τόσο ευρύ γεωγραφικό τόξο και η επαφή τους με άλλους λαούς μόνο πολιτισμικά οφέλη μπορούσαν να φέρουν, δοθέντος, μάλιστα, και του γεγονότος ότι οι Έλληνες βρέθηκαν σε περιοχές στις οποίες οι ντόπιοι λαοί –εφόσον υπήρχαν– μειονεκτούσαν, κατά κανόνα, πολιτισμικά σε σχέση με τους ίδιους. Και βέβαια η διασπορά έπαιξε ρόλο στις πρωτοποριακές πολιτικές διεργασίες που οι Έλληνες έχουν να παρουσιάσουν την εποχή εκείνη.

Η παράμετρος αυτή, η πολιτική, είναι κορυφαίας σημασίας όχι μόνο για την ελληνική αλλά και την παγκόσμια Ιστορία. Και τούτο γιατί, σε έναν κόσμο που λειτουργούσε αλλού με αυτοκρατορίες και βασίλεια, σε καθεστώς απόλυτης μοναρχίας, και αλλού, σε πρωτόγονες περιοχές, με αρχέγονες πατριαρχικές φυλετικές πολιτικές δομές, οι Έλληνες ήταν σε θέση να παρουσιάσουν μια ποικιλία πολιτευμάτων και πολιτικών πρακτικών μοναδική στον κόσμο. Σε τούτο προφανώς συνέβαλαν, εκτός από τις πραγματικότητες της διασποράς τους, και οι εσωτερικές διεργασίες που επί αιώνες συνέβαιναν στις μητροπόλεις, καθώς και οι εντάσεις που οδήγησαν στις πόλεις-κράτη, αλλά και οι εντάσεις που επιχωρίαζαν σ' αυτές. Μέσα από όλα αυτά, θα μπορούσε κανείς να πει ότι δεν υπάρχει σχεδόν πολίτευμα το οποίο οι Έλληνες να μην υιοθέτησαν κατά τους αιώνες αυτούς, σε κάποιο σημείο ζωής και δράσης τους – από τη βασιλεία, την τυραννία, την αριστοκρατία, την ολιγαρχία μέχρι και τις μορφές αντιπροσωπευτικής ή άμεσης δημοκρατίας, που οι ίδιοι δημιούργησαν.

Διασπορά, ναυτοσύνη, άνοιγμα των οριζόντων, επαφή με πολλούς πολιτισμούς –άλλους ανώτερους, όπως στην περίπτωση της Αιγύπτου, άλλους κατώτερους των ίδιων–, εμπορικές δραστηριότητες ευρέος τόξου και κλίμακος, πολιτικές εμπειρίες πολύπλοκες, έπλασαν τις βάσεις του αρχαίου ελληνικού πολιτισμού, που, μέχρι σήμερα, επηρεάζει τη ζωή της ανθρωπότητας και αποτελεί αντικείμενο μελέτης και θαυμασμού. Με όχημα –μην το ξεχνάμε– την ελληνική γλώσσα.

Υπήρχε όμως όχι μόνο ποικιλία πολιτευμάτων, αλλά και ποικιλία πολιτικών πρακτικών ακόμα και μέσα στην ίδια τη δημοκρατία. Ισχύει αυτό και, εάν ναι, πώς το εξηγείτε;

Οι πολιτικές πραγματικότητες δεν ήταν, όντως, οι ίδιες στα διάφορα σημεία του Ελληνισμού. Οι σημερινοί μελετητές του δημοκρατικού πολιτεύματος συνήθως εστιάζουν στον αθηναϊκό τύπο άμεσης δημοκρατίας του 5ου αι. π.Χ., ο οποίος, πράγματι, περιελάμβανε εντυπωσιακές προβλέψεις ασφαλείας του πολιτεύματος, όπως, π.χ., τον οστρακισμό – δι' αναγραφής του ονόματος του εξοστρακιζομένου σε όστρακο. Την απομάκρυνση δηλαδή από την πόλη εκείνων των πολιτών που θα μπορούσαν δυνητικά, λόγω αύξησης της δύναμης και του κύρους τους, να γίνουν επίφοβοι για κατάληψη της εξουσίας και κατάλυση της δημοκρατίας. Αλλά και την κλήρωση. Η τελευταία στηριζόταν στη λογική ότι ο κάθε πολίτης πρέπει να είναι σε συνεχή εγρήγορση ως εάν ο ίδιος να έχει την ευθύνη της διοίκησης στα επιμέρους σημεία της – και, μάλιστα, να ξέρει ότι οποιαδήποτε στιγμή μπορεί να συμβεί πράγματι να την έχει. Έτσι, εκλεγόταν μεν ένας αριθμός ατόμων για μια σειρά αξιώματα, αλλά το ποιος θα έχει την ευθύνη των πραγμάτων αποφασιζόταν, κάθε φορά, με κλήρωση μεταξύ των εκλεγέντων. Και αυτή η διαδικασία τηρούνταν ακόμα και στις πιο δύσκολες στιγμές της Αθήνας, ως δείγμα εμπιστοσύνης στην κρίση και στον πατριωτισμό του κάθε Αθηναίου πολίτη.

Πολύ τολμηρό αλλά και παράτολμο αυτό. Και, πολιτικά, εξαιρετικά ενδιαφέρον.

Για να υπηρετήσει κανείς ένα τέτοιο πολιτικό σύστημα, θα έπρεπε να είναι ενήμερος περί τα πράγματα και καλλιεργημένος. Στην αρχαία Αθήνα, στην οποία αναφέρεστε, τα λαϊκότερα στρώματα μπορούσαν να μετάσχουν ισότιμα με τα άλλα; Είχαν την παιδεία που θα τους το επέτρεπε αυτό;

Το ερώτημα είναι καίριο γιατί, πίσω από όλα αυτά τα καινοφανή και μεγαλειώδη, εικάζεται ότι υπήρχε μια στιβαρή βάση μόρφωσης και καλλιέργειας των πολιτών. Και πράγματι, ως φαίνεται, σε μεγάλο βαθμό, στην αρχαία Αθήνα υπήρχε. Συχνά έχει τεθεί το ερώτημα εάν τα φτωχότερα αθηναϊκά στρώματα λάμβαναν κάποια παιδεία ή όχι και, επομένως, κατά πόσο μπορούσαν να ανταποκριθούν σε ένα τόσο απαιτητικό πολίτευμα όπως αυτό που είχε υιοθετηθεί από την πόλη τους.

Σχετικά πρόσφατα, η παρατηρητικότητα του Λάνγκτον (Merle K. Langdon), Αμερικανού αρχαιολόγου που διαβιούσε στην Αθήνα, έδωσε νέα στοιχεία που

προσφέρουν μιαν απάντηση στο εν λόγω ερώτημα. Ο Λάνγκντον, κατά τις περιηγήσεις του στον Υμηττό, παρατήρησε ότι πάνω σε βράχια και πετρώματα, σε διάφορα σημεία της διαδρομής, υπήρχαν εκατοντάδες χαραγμένες φράσεις, που γρήγορα κατάλαβε ότι ήταν της κλασικής εποχής, γραμμένες από χέρια κτηνοτρόφων και μελισσοκόμων του βουνού. Οι φράσεις αυτές είναι, ως επί το πλείστον, αλληλοκατηγόριες, βρισιές, απειλές και κατάρες, γραμμένες σε γλώσσα απλή, αδρή και λαϊκή.[*] Αλλά, πάντως, γραμμένες. Που σημαίνει ότι και ο απλός ξωμάχος της Αττικής μπορούσε εκείνη την εποχή να γράφει, άρα και να διαβάζει.
Στέρεα βάση της δημοκρατίας αυτή. Όντως.

Η δημοκρατία της αρχαίας Αθήνας είχε πολλές αρετές. Είχε κάποιες τρανταχτές αδυναμίες; Υπάρχει μία αμφισβήτηση της δημοκρατίας της αρχαίας Αθήνας από διάφορους θεωρητικούς στη σημερινή εποχή – αλλά και τότε ακόμα, στα μέσα του 5ου αιώνα, στο απόγειο του πολιτεύματος. Ποια είναι η γνώμη σας;

Η αθηναϊκή δημοκρατία αποδείχθηκε εύθραυστη και επιρρεπής στις ανθρώπινες αδυναμίες και επιπολαιότητες. Η έπαρση και η αίσθηση παντοδυναμίας που κυριάρχησαν στην πλούσια, μετά τους Περσικούς Πολέμους και τη συγκρότηση της Αθηναϊκής Συμμαχίας, Αθήνα οδήγησαν τη σπουδαία αυτή πόλη στην ύβρη και την καταστροφή. Στη μετατροπή, δηλαδή, της Αθηναϊκής Συμμαχίας

---

[*] Merle K. Langdon, «Herders' Graffiti», στο Άξων, *Studies in Honor of Ronald S. Stroud*, Ελληνική Επιγραφική Εταιρεία, Αθήνα 2015, σ. 49-58.

σε Ηγεμονία των Αθηναίων επί των συμμάχων τους, με ό,τι βαρύ αυτό μπορούσε να συνεπιφέρει – και συνεπέφερε. Ο δε δήμος της, αυτάρεσκος και κομπορρήμων, βρέθηκε να εμπιστεύεται ελκυστικούς δημαγωγούς όπως ο Αλκιβιάδης, να απορρίπτει σοβαρούς και υπεύθυνους πολίτες όπως ο Θουκυδίδης, και να επιλέγει τη μοιραία Σικελική Εκστρατεία και τη σύγκρουση με τη Σπάρτη. Όλα αυτά οδήγησαν, στην πραγματικότητα, στην αρχή του τέλους της θαυμαστής αυτής πόλης εξασθενίζοντάς την ανεπανόρθωτα, όπως αποδείχθηκε.

Μέσα απ' όλα αυτά που μας λέτε, νομίζω ότι προκύπτει ένα ερώτημα: Οι πολίτες της Αθήνας, στην κλασική εποχή, είχαν πλήρη αντίληψη του μεγαλείου της, πολιτιστικού και πνευματικού, το οποίο βίωναν και του οποίου ήταν, εν πολλοίς, μέτοχοι;

Ναι, είχαν συναίσθηση του μεγαλείου της πόλης τους κι αυτό φαίνεται από πολλά, από τους λόγους του Δημοσθένη για παράδειγμα, αλλά κυρίως από τον Επιτάφιο. Στο συγκλονιστικό αυτό κείμενο που μας έχει παραδώσει ο Θουκυδίδης, ο Περικλής τιμά, ενώπιον των Αθηναίων, τους συμπολίτες τους που έπεσαν στα πεδία των μαχών κατά το πρώτο έτος του Πελοποννησιακού Πολέμου. Στην ομιλία του ο μεγάλος Αθηναίος πολιτικός του 5ου αι. π.Χ., αντί να θρηνήσει τους νεκρούς, τους επαινεί για την πόλη στην οποία έζησαν και την οποία οι ίδιοι λάμπρυναν συμμετέχοντας, χάρις στο δημοκρατικό πολίτευμα, στις εξελίξεις της. Επαινώντας πόλη και πολίτες για ένα ένα τα χαρακτηριστικά που την έκαναν μεγάλη, ο Περικλής, γνωρίζοντας το επιρρεπές της ανθρώπινης φύσης στον αυτοθαυμασμό και την έπαρση, ισορροπεί τους επαίνους υπενθυμίζοντας, κάθε φορά, τα όρια εκείνα που μετατρέπουν το καλό και το ξεχωριστό σε σοφία ζωής και μέτρου. Η υπενθύμιση του μέτρου ήταν απαραίτητη για τους πολίτες μιας πόλης που είχε φτάσει σε τέτοιο σημείο υπεροχής και δύναμης. Μιας δύναμης που δεν οφειλόταν μόνο στις νίκες κατά των Μήδων και στην Αθηναϊκή Συμμαχία, αλλά και στο γεγονός ότι οι Αθηναίοι χαρακτηρίζονταν από εγρήγορση, ανησυχία και δράση. Και από κινητικότητα, μια και μέλη τους βρίσκονταν παντού για τις ανάγκες διοίκησης της Συμμαχίας, με αποτέλεσμα την άντληση ευρείας κλίμακας πληροφοριών για μεγάλες περιφέρειες, που έκαναν την πόλη τους ακόμα πιο αποτελεσματική και ισχυρή. Την ίδια ώρα που οι ναυτικοί της έφερναν ειδήσεις και πληροφορίες από Ανατολή και Δύση τροφοδοτώντας το απόθεμα γνώσης της φιλόδοξης αυτής πόλης.

Όλα αυτά, και πολλά άλλα, συνέθεταν τον κύκλο δύναμης και υπεροχής της Αθήνας – αλλά και της αλαζονείας της, όπως υπογραμμίσαμε και παραπάνω.

Η πολυπλοκότητα της πολιτικής δράσης των Ελλήνων και οι αντιθέσεις που αναπόφευκτα αυτή έφερε πιστεύετε ότι συνέβαλαν στη δύναμη της γλώσσας τους;

Η μεγάλη ωφελημένη από τις εξελίξεις αυτές ήταν, πράγματι, η ελληνική γλώσσα και, συναφώς, ο ελληνικός πολιτισμός. Αυτός, χάρις στην πολυπλοκότητα δράσεων και εμπειριών των Ελλήνων που τον παρήγαγαν, ήταν σε θέση να εμπλουτίσει, κατά τους κλασικούς πια χρόνους, την ήδη πλούσια γλώσσα του με τόσες έννοιες, όρους, λέξεις και σημαινόμενα, ώστε να θεωρείται μέχρι σήμερα από πολλούς η πιο πλούσια και ακριβόλογη εκφορά λόγου στην Ιστορία της ανθρωπότητας.

Στη γλώσσα αυτή συνεγράφησαν τα πονήματα του Θαλή, του Αναξίμανδρου, του Ηράκλειτου, του Αναξιμένη, του Αναξαγόρα, των μεγάλων δηλαδή Ιώνων φιλοσόφων του 7ου και 6ου αι. π.Χ. Αλλά και τα έργα και οι σκέψεις της Σαπφούς, του Πυθαγόρα, του Αισχύλου, του Σοφοκλή, του Θουκυδίδη, του Ιπποκράτη, του Ευριπίδη, του Πλάτωνα, του Αριστοτέλη, του Αρχιμήδη και τόσων άλλων. Γλώσσα της καθημερινής επαφής, της ποίησης και του θεάτρου, του έρωτα και του χωρισμού, του πανηγυριού και του θρήνου, των επιστημών και της φιλοσοφίας, του εμπορίου και της ναυτιλίας, της γεωργίας και της βιοτεχνίας, της επιστήμης και της διεθνούς επικοινωνίας. Ένας πολύτιμος θησαυρός που μας ακολουθεί μέχρι σήμερα.

Το ότι, για πολλούς αιώνες και όχι μόνο στη ζώνη της κλασικής αρχαιότητας, η ελληνική έγινε η γλώσσα μόρφωσης και επικοινωνίας της Μεσογείου και του Ευξείνου Πόντου —και μάλιστα πολύ βαθύτερα της παράκτιας ζώνης όπου ζούσαν Έλληνες ή που προσέγγιζαν Έλληνες έμποροι και ναυτικοί— είναι γεγονός μεγάλης σημασίας. Για πάνω από χίλια χρόνια, η ελληνική δεν ήταν μόνον η γλώσσα των Ελλήνων. Ήταν και η γλώσσα επικοινωνίας κάθε εμπορευομένου, κάθε οικονομικά δραστήριου, κάθε λογίου και κάθε κοινωνικά φιλόδοξου της Μεσογείου —ιδιαίτερα της κεντρικής και της ανατολικής— ανεξαρτήτως καταγωγής και μητρικής γλώσσας. Μέσω της γλώσσας, ο ελληνικός πολιτισμός ήταν σε θέση να διεισδύσει αποφασιστικά σε πολλούς άλλους πολιτισμούς και να πάρει από αυτούς. Αλλά, κυρίως, να δώσει. Να δώσει πολλά. Σε τέτοιον βαθμό, που όχι λίγοι εξ αυτών τελικά ελληνοποιήθηκαν ή έτειναν σοβαρά να ελληνοποιηθούν μέσα στον χρόνο. Η ελληνική γλώσσα και ο ελληνικός πολιτισμός είχαν, δηλαδή, τη δύναμη που έχουν σήμερα ο κραταιός αγγλοσαξονικός πολιτισμός και η αγγλική γλώσσα. Με, αναλογικά, παρόμοιες επιπτώσεις και αποτελέσματα, στη ζώνη δράσης και επιρροής τους.

Ποιο παράδειγμα επίδρασης του ελληνικού πολιτισμού σε μια περιοχή εκτός ελληνικής χερσονήσου και των γύρω περιοχών της θα επιλέγατε ως πλέον χαρακτηριστικό;

Θα ανέφερα πολλά, όπως, π.χ., εκείνο των Ελλήνων της Αζοφικής που επιβιώνει μέχρι σήμερα χάρις σε αλλεπάλληλες μετακινήσεις μες στον χρόνο, αλλά ας σταθώ σε εκείνο της Σικελίας και της Κάτω Ιταλίας. Εκεί η ελληνική παρουσία, που ακόμα δίνει το στίγμα της, υπήρξε κατά την αρχαιότητα τόσο καταλυτική, που αφομοίωσε στους κόλπους της ντόπιους πληθυσμούς που προϋπήρχαν στις περιοχές όπου οι Έλληνες εγκαταστάθηκαν. Ακόμη και στην κεντρική ζώνη της Ιταλίας, όπου η ελληνική παρουσία ήταν μικρή ή ανύπαρκτη, ο ελληνικός πολιτισμός ήταν τόσο διεισδυτικός, που έπαιζε καθοριστικό ρόλο στη ζωή των εκεί κατοικούντων φύλων, στην αισθητική, την οικονομία, τις τέχνες, τη θρησκεία και τον πολιτισμό τους – όπως συνέβη, παραδείγματος χάριν, με τους Ετρούσκους. Αλλά, σε μεγάλο βαθμό, και με τους Ρωμαίους, το φύλο εκείνο που, από τον 8ο αι. π.Χ., άρχισε να αναπτύσσεται στο κέντρο της Ιταλικής Χερσονήσου, το Λάτιο, και το οποίο θα έμπαινε αργότερα, κατά τον 4ο και 3ο αι. π.Χ., δυναμικά στον στίβο του πολιτισμού και της πολιτικής ισχύος της Μεσογείου – και όχι μόνον.

Η δύναμη του Ελληνισμού βρισκόταν στη δραστηριότητα, την τόλμη, τη δημιουργικότητα των Ελλήνων. Αλλά και στα πανιά και τα ιστία τους. Πρωτοπόροι ναυτικοί και έμποροι, οι Έλληνες βρίσκονταν παντού μεταφέροντας με τα πλοία τους προϊόντα και τέχνεργα της Μεσογείου και της Μαύρης Θάλασσας. Αλλά και τέχνεργα τόπων μακρινών, που έφταναν στεριανά στα λιμάνια προσέγγισής τους.

Στα φορτώματά τους περιλαμβάνονταν αγαθά κυρίως δικιάς τους παραγωγής, τέχνης και βιοτεχνίας: κρασί και γεωργικά προϊόντα, αμφορείς και κεραμουργήματα διακοσμημένα με τον δικό τους αναγνωρίσιμο πανέμορφο τρόπο, κοσμήματα και μεταλλικά αντικείμενα, αγάλματα και έργα τέχνης. Έργα που σήμερα αναδύονται κατά τη διάρκεια αρχαιολογικών ανασκαφών, από τον Καύκασο, την Ουκρανία και τα όρια των στεπών της Ασίας μέχρι τη βόρεια Αφρική, την Εγγύς και Μέση Ανατολή, το Ιράν, το Πακιστάν, το Αφγανιστάν, την Ινδία, τη Γαλλία και την Ισπανία. Αλλά και ακόμα βαθύτερα στην Ευρώπη, την Ασία και την Αφρική, όπου, με στεριανά καραβάνια ντόπιων εμπόρων, μεταφέρονταν ως πολύτιμο εμπόρευμα σε παζάρια και αγορές της ενδοχώρας. Όπως, επίσης, από τα εκατοντάδες αρχαία ναυάγια που εντοπίζονται κάθε τόσο στη Μεσόγειο και στη Μαύρη Θάλασσα από τους αρχαιολόγους της ενάλιας αρχαιολογίας – τα περισσότερα εκ των οποίων είναι ελληνικά, μια και τα ελληνικά πλοία ήταν τόσο πολλά στα πελάγη τις εποχές εκείνες.

Ξέρουμε αν οι Έλληνες, εκτός από όλα αυτά τα σπουδαία που αναφέρατε, είχαν σχέση και με εξερευνήσεις και αν κινήθηκαν πέρα από τη Μεσόγειο και τον Εύξεινο Πόντο;

Οι αρχαίοι Έλληνες υπήρξαν και πρωτοπόροι εξερευνητές. Στον 7ο αι. π.Χ., γνωρίζουμε πως ο Κωλαίος ο Σάμιος πέρασε με το πλοίο του το Γιβραλτάρ –τις Ηράκλειες Στήλες των αρχαίων Ελλήνων– και είδε μπροστά του τον Ατλαντικό Ωκεανό και τη διαμόρφωση των ακτών ένθεν κακείθεν των στενών. Λίγο αργότερα, στον 5ο αι. π.Χ., ένας ναυτικός από τη Μασσαλία, ο Ευθυμένης ο Μασσαλιώτης, πέρασε το Γιβραλτάρ και ακτοπλόησε στα παράλια της βορειοδυτικής Αφρικής φτάνοντας στις εκβολές ενός μεγάλου ποταμού που, από τις περιγραφές του, εικάζεται ότι ήταν ο Νίγηρας.

Από την ίδια πόλη ξεκίνησε εξάλλου, τον 4ο αι. π.Χ., και ο θαλασσοπόρος και γεωγράφος Πυθέας ο Μασσαλιώτης. Αυτός εγκατέλειψε την πατρίδα του Μασσαλία, την ελληνική αποικία των Φωκαέων στον νότο της σημερινής Γαλλίας, και, αφού διέσχισε τις Πύλες του Ηρακλέους, ακτοπλόησε στις σημερινές ακτές της Πορτογαλίας, της Γαλλίας, της Βρετανίας, φτάνοντας στα νησιά Εβρίδες και, κατά πάσα πιθανότητα, στα νησιά Φερόες και την Ισλανδία. Επιστρέφοντας περιέγραψε στους έκθαμβους συμπατριώτες του τους τόπους αυτούς, καθώς και φαινόμενα των παγωμένων τμημάτων τους, όπως, παραδείγματος χάριν, το γεγονός ότι δεν είχαν νύχτα παρά συνεχή ημέρα – μια και είχε, ως φαίνεται, βρεθεί εκεί κατά τους θερινούς μήνες, οπότε το εν λόγω φαινόμενο παρουσιάζεται στις περιοχές του γεωγραφικού αυτού ύψους. Καταπλήσσει δε, επιπλέον, το γεγονός ότι ο ικανότατος αυτός θαλασσοπόρος υπολόγισε, κατά μεγάλη προσέγγιση, την περίμετρο της Μεγάλης Βρετανίας.

Εντυπωσιακή είναι, επίσης, η περίπτωση του Ίππαλου, που έζησε και έδρασε τον 1ο αι. π.Χ. Έμπειρος ναυτικός, θαλασσοπόρος, εξερευνητής, γεωγράφος και μετεωρολόγος, ο Ίππαλος βρέθηκε στις περιοχές της Ερυθράς Θάλασσας, του Περσικού Κόλπου και του Ινδικού Ωκεανού. Στα ταξίδια του στην ευρύτερη περιοχή, παρατήρησε ότι η θαλασσινή προσέγγιση της Ινδίας από την Αραβική Χερσόνησο και την Ερυθρά Θάλασσα γινόταν ακτοπλοώντας, πράγμα που έκανε τους ναυτικούς να χάνουν κόπο, χρόνο και χρήμα. Παρατήρησε, επίσης, ότι η ναυτιλία στην περιοχή επηρεαζόταν πολύ από τους εποχικούς ανέμους του Ινδικού Ωκεανού, τους μουσώνες. Αποφάσισε, λοιπόν, να αφοσιωθεί στη μελέτη των μουσώνων σε σχέση με τη ναυτιλία και την κίνηση των πλοίων. Και το έκανε με τέτοια επιτυχία, ώστε οι άνεμοι αυτοί, για αιώνες, ονομάζονταν «ιππάλειοι άνεμοι».

Με βάση τη γνώση που απέκτησε σε σχέση με την περιοχή, τα ρεύματα και τους μουσώνες, θεωρούνταν στην αρχαιότητα βέβαιο ότι αυτός ήταν ο πρώτος που έφτασε στην Ινδία διασχίζοντας εγκάρσια τον Ινδικό

Ωκεανό, αντί να κινηθεί ακτοπλοώντας όπως συνέβαινε μέχρι τότε. Εξού και το τμήμα του Ινδικού Ωκεανού μεταξύ Ερυθράς Θάλασσας και Ινδίας ονομαζόταν για αιώνες «Ιππάλειο Πέλαγος». Για να συμπληρώσει μάλιστα το έργο του, ο Ίππαλος συνέθεσε χάρτη της Ερυθράς Θάλασσας με όλα τα λιμάνια και τα ναυτικού ενδιαφέροντος σημεία της περιοχής.

Ένας εντυπωσιακών ικανοτήτων Έλληνας ναυτικός της αρχαιότητας.

ΜΕΡΟΣ Β΄

Κλέη, αντοχές και θρίαμβοι

*Ο Ελληνισμός από την ελληνιστική περίοδο
έως το τέλος του Βυζαντίου*

*Ωσαννά σημαίνοντας ο ερχόμενος!
Σε χώρα μακρινή και αναμάρτητη τώρα πορεύομαι.*

Οδυσσέας Ελύτης, *Το Άξιον Εστί*,
ό.π., σ. 69.

περὶ τἀγαθοῦ — ἀγανόφρονος

ὅτι περὶ τἀγαθοῦ βιβλίον συντάξας Ἀριστοτέλης τὰς ἀγράφους τοῦ Πλάτωνος δόξας ἐν αὐτῷ κατατάττει. καὶ μέμνηται τοῦ συντάγματος Ἀριστοτέλης ἐν τῷ πρώτῳ περὶ ψυχῆς (2), ἐπονομάζων αὐτὸ περὶ φιλοσοφίας.

Ἀγάθυρσα πόλις Σικελίας, ὥς Πολύβιος. Steph. B.

Ἀγάθυρσοι ἔθνος ἐνδοτέρω τοῦ Αἵμου, ἢ ἀπὸ Ἀγαθύρσου τοῦ Ἡρακλέους, ἢ ὡς Πείσανδρος ἀπὸ τῶν θύρσων τοῦ Διονύσου. Steph. B.

Ἀγάθων ὄνομα κύριον. ἦν δὲ τραγικός, διεβέβλητο δὲ ἐπὶ μαλακίᾳ. Ἀριστοφάνης ⟨Ran. 83⟩ "Ἀγάθων πού ἐστιν; ἀπολιπών μ' ἀποίχεται. ποῖ γῆς ὁ τλήμων; ἐς μακάρων εὐωχίαν." οὗτος ὁ Ἀγάθων ἀγαθὸς ἦν τὸν τρόπον, ποθεινὸς τοῖς φίλοις καὶ τὴν τράπεζαν λαμπρός. φασὶ δὲ ὅτι καὶ Πλάτωνος συμπόσιον ἐν ἑστιάσει αὐτοῦ γέγραπται, πολλῶν ἅμα φιλοσόφων παραχθέντων.

κωμῳδοποιὸς Σωκράτους διδασκάλου. ἐκωμῳδεῖτο δὲ εἰς θηλύτητα.

ἀγαθῶν ἀγαθίδες. τάττεται ἡ παροιμία παρὰ τοῖς κωμικοῖς ἐπὶ τῶν πολλῶν ἀγαθῶν. καὶ ἀγαθῶν θάλασσα ἐπὶ πλήθους ἀγαθῶν, καὶ ἀγαθῶν μυρμηκιὰ ἐπὶ πλήθους εὐδαιμονίας, καὶ ἀγαθῶν σωρὸς ἐπὶ πλήθους ἀγαθῶν καὶ πολλῆς εὐδαιμονίας.

Ἀγαθώνειος αὔλησις ἡ μαλακὴ καὶ ἐκλελυμένη, ἢ ἡ μήτε χαλαρὰ μήτε πικρὰ ἀλλ' εὔκρατος καὶ ἡδίστη.

Ἀγαθώνιος (immo Ἀργανθώνιος) ὄνομα κύριον, ὃς ἐβασίλευσε τῆς Ταρτησοῦ.

ἀγαίομαι φθονοῦμαι. καὶ ἀγαῖος ὁ ἐπίφθονος.

ἀγακλειτός ὁ ἄγαν ἔνδοξος. καὶ ἀγακλειτή.

ἀγάλακτες ὁμογενεῖς, ὁμαίμιοι, ἀδελφοί. ἄλλοι δὲ τοὺς ἱερέων κοινωνοὺς καὶ συγγενεῖς. οἱ δὲ συντρόφους.

Ἀγαλειών (immo Αἰγάλεων) ὄνομα ὄρους. Thuc. 2 19.

ἀγάλλει ποιεῖ, σκευάζει, κοσμεῖ.

ἄγαλμα πᾶν ἐφ' ᾧ τις ἀγάλλεται. "καὶ δίδωσιν ἀργύριον, ἵνα ἐκποιήσῃ τὸ ἄγαλμα ἄκρας τέχνης, προσθεὶς τὸ μέγεθος καὶ προσειπὼν τῆς λίθου τὴν φύσιν."

ἄγαλμα Ἀθηνᾶς ἔστιν ἐν τῷ Ἀθηνᾶς, καὶ ἄγαλμα Ἀντιόχου ἐν τῷ βδέλυγμα τῆς ἐρημώσεως, καὶ ἄγαλμα Ἀπόλλωνος ἐν τῷ Ἀπόλλωνος, καὶ ἄγαλμα Διονύσου ἐν τῷ Αὐξέντιος.

ἀγάλματα τὰ τῶν θεῶν μιμήματα, καὶ πάντα τὰ κόσμου τινὸς μετέχοντα. Ὅμηρος ⟨Δ 144⟩ "βασιλῆι δὲ κεῖται ἄγαλμα." καὶ Ἡσίοδος τὸν ὅρμον ἄγαλμα καλεῖ. Πίνδαρος δὲ ⟨Nem. 10 125⟩ τὴν ἐπὶ τάφου στήλην οὕτω καλεῖ, Εὐριπίδης ⟨Alcest. 613⟩ τὸν ἐπὶ νεκροῖς κόσμον. καὶ ἐφ' ᾧ τις ἀγάλλεται. καὶ τὸ εἴδωλον, βρέτας, χάρμα, καλλονή, κόσμος, καύχημα, θαλλοί, ἀνδριάντες, ἐπιγραφαί. ἀγάλματα δὲ καὶ τὰς γραφὰς καὶ τοὺς ἀνδριάντας λέγουσιν. ἀγαλμάτιον δὲ ὑποκοριστικῶς.

ἀγαλματοποιοί, τουτέστι χειρουργοί, οὗτοι ἀκριβεῖς, Λύσιππος Πολύκλειτος Φειδίας. cf. v. χειρουργοί.

ἀγαλματοφορούμενος ἀγάλματα ἤτοι τύπους τῶν νοηθέντων φέρων ἐν ἑαυτῷ. οὕτω Φίλων.

ἀγάλλων ἑαυτὸν σεμνοποιῶν.

ἄγαμαι καρδίας ⟨A. Ach. 464⟩ ἀττικῶς ἀντὶ τοῦ θαυμάζω. Αἰλιανός "ἐπεὶ καὶ τὴν τοῦ Μενέλεω πρὸς τὸν τοῦ Πριάμου Πάριν οὔτε ἐπαινῶ οὔτε ἄγαμαι." (Philostrat. V. A. 4 23) "ἐγὼ δὲ ἄγαμαι καὶ τοὐσδε τοὺς ἄνδρας, οἳ δὲ Ἀκαρνᾶνα μέγιστον καὶ πρὸ τούτων· ὃ γὰρ πεισομένους ἐγίνωσκε, τούτων ἐπεθύμησε τοῖς ἀνδράσι κοινωνῆσαι."

Ἀγαμέμνων Ἀγαμέμνονος, ὦ Ἀγάμεμνον. καὶ Ἀγαμεμνόνειος οἶκος, καὶ Ἀγαμεμνονεία ναῦς.

ἀγάμενος θαυμάζων. "ἀγάμενοι τοῦτον τῆς εὐψυχίας ἐποχοῦσι τῷ ἵππῳ."

Ἀγαμήδης ὄνομα κύριον. καὶ θηλυκὸν Ἀγαμήδη.

ἄγαν ἐγκεῖσθαι τῷδε, οἷον αἰτιᾶσθαι καὶ ἀποτείνεσθαι.

ἀγάννιφον Ὅμηρος ⟨Α 420⟩ τὸ ὄρος τὸ λίαν χιονιζόμενον.

ἄγανον προπαροξυτόνως τὸ κατεαγὸς ξύλον, ἢ τὸ φρυγανῶδες καὶ ἕτοιμον πρὸς τὸ κατεαγῆναι· οἱ δὲ τὸ ἀπελέκητον. ἀγανὸν δὲ ὀξυτόνως καλὸν ἢ ἀγαθὸν ἢ ἱλαρόν· οἱ δὲ ἀθάνατον. καὶ ἀγανοφροσύνη. καὶ αὖθις ⟨AP 7 36⟩ "ὥς ἀν τοι ῥείῃ μὲν ἀγανὸς (immo ἀέννιος) Ἀτθίδι δέλτις κηρός, ὑπὸ στεφάνοις δ' αἰὲν ἔχοις πλοκάμους."

ἀγανόφρονος. "τό τε τῆς ἀγανόφρονος

Η εμφάνιση του κλασικού ελληνικού πολιτισμού ήταν αποτέλεσμα αργής ωρίμανσης. Το τέλος του, από άποψη διάρκειας, ήταν πιο σύντομο· Αντίθετα –και αυτό έχει ενδιαφέρον– το τέλος της κλασικής εποχής της αρχαίας Ελλάδας δεν σήμανε καθόλου και το τέλος της διείσδυσης και εμβέλειας της ελληνικής γλώσσας και του ελληνικού πολιτισμού. Τουναντίον, μέσα από απρόσμενες διαδρομές, θα μπορούσε να πει κανείς ότι, σε έναν μεγάλο βαθμό, ενισχύθηκαν. Και τούτο γιατί αν, περί το 400 π.Χ., οι Έλληνες ενεπλάκησαν, στον ιστορικό τους κορμό, σε μεγάλης κλίμακας εσωτερικούς πολέμους με αποτέλεσμα τη σταδιακή απώλεια ισχύος και δύναμης, ένα ελληνικό φύλο του βορρά, οι Μακεδόνες, έμελλε να κάνει τη διαφορά. Αυτοί οι «ψηλοί» Έλληνες (Μακεδνός = ψηλός / μάκ-ρος, μακ-ρός) κατέλαβαν, στον 4ο αι. π.Χ., τις νοτιότερες περιοχές, ενοποιώντας πρώτη φορά τους Έλληνες σε ένα βασίλειο, υπό την αρχηγία στιβαρών αρχηγών όπως ο Φίλιππος και ο γιος του Αλέξανδρος.

Ο τελευταίος, με τις εκστρατείες του στην Ασία, επεξέτεινε κατά πολύ την ελληνική γλώσσα και τον ελληνικό πολιτισμό, μια και, μετά τον πρόωρο θάνατό του το 323 π.Χ., η αυτοκρατορία του διαιρέθηκε σε ελληνιστικά βασίλεια με επικεφαλής Έλληνες ή ελληνομαθείς και ελληνότροπους διοικητές. Μέσω της διαδικασίας αυτής, η ελληνική γλώσσα και ο ελληνικός πολιτισμός επηρέασαν μακρινές περιοχές όπως το σημερινό Πακιστάν, το Αφγανιστάν ή το Ιράν, ενώ ενίσχυσαν ακόμη περισσότερο την επιρροή τους στη Μέση Ανατολή, την Αίγυπτο και τη Μικράν Ασία. Είναι η περίφημη ελληνιστική εποχή, μια εποχή θριάμβου και διάχυσης της ελληνικής γλώσσας. Και του ελληνικού πολιτισμού, γιατί, στους μακρινούς αυτούς τόπους, δεν άνθησε μόνον η ελληνική γλώσσα, αλλά λειτούργησαν γυμνάσια και φιλοσοφικές και ρητορικές σχολές, μια και οι εντόπιοι επεδίωκαν να ζουν κατά τον τρόπο των Ελλήνων.

Η διάχυση ήταν τόσο μεγάλη και τόσο έντονη, που έπαιξε ρόλο σε πλευρές και περιοχές απρόσμενες. Μεγάλη συζήτηση, παραδείγματος χάριν, γίνεται σήμερα και πολλά στοιχεία αποδεικνύουν ότι ο Βουδισμός, στον 4ο και τον 3ο αι. π.Χ., στη βόρεια Ινδία, επηρεάστηκε σημαντικά, τόσο στις φιλοσοφικές του αναζητήσεις όσο και στη θρησκευτική του τέχνη, από την ελληνική φιλοσοφία και τέχνη. Το ίδιο και ο εβραϊκός κόσμος, του οποίου οι λόγιοι, στους αιώνες προ και μετά Χριστόν, χρησιμοποιούσαν τόσο εκτεταμένα την ελληνική στον γραπτό και στον προφορικό τους λόγο, ώστε η εβραϊκή κοινωνία θεώρησε το φαινόμενο επικίνδυνο για τις παραδόσεις και την ύπαρξή της και χρειάστηκε να αντιδράσει για να το αναχαιτίσει.

Την έκταση του φαινομένου μαρτυρεί και η μετάφραση της Παλαιάς Διαθήκης από τα εβραϊκά στα ελληνικά κατά τον 3ο αι. π.Χ., η περίφημη Μετάφραση των Εβδομήκοντα. Η μετάφραση αυτή έγινε περί το 280 π.Χ. στην ελληνιστική Αλεξάνδρεια από 72 δίγλωσσους λογίους της πόλης. Όχι από Έλληνες που γνώριζαν την εβραϊκή, αλλά το αντίστροφο: από Εβραίους λογίους που γνώριζαν την ελληνική. Και τι επιπέδου και πλούτου ελληνικά γνώριζαν οι Εβραίοι αυτοί! Τέτοια που, όταν μεταφράζουν το *Άσμα Ασμάτων*, το τόσο ερωτικό ποίημα της Παλαιάς Διαθήκης, αποδίδουν τον άγρυπνο έρωτα της κοιμώμενης ερωτοχτυπημένης γυναίκας για τον καλό της με τους εξαίσιους στη λιτότητά τους ελληνικούς στίχους: «Ἐγὼ καθεύδω, καὶ ἡ καρδία μου ἀγρυπνεῖ [...]. Ὅτι τετρωμένη ἀγάπης εἰμὶ ἐγώ».

Κατά τον ίδιο τρόπο, την έκταση του φαινομένου δείχνουν οι χιλιάδες ελληνικές επιγραφές, καθώς και οι ελληνικού τύπου και κατασκευής ναοί, κτίσματα, ψηφιδωτά, τοιχογραφίες, αγάλματα, γραπτά μνημεία και κείμενα που αποκαλύπτει καθημερινά η αρχαιολογική σκαπάνη μέχρι και σήμερα σε ολόκληρη τη Μέση Ανατολή, την Αίγυπτο, τη Μικράν Ασία, τον Εύξεινο Πόντο – ακόμη και στον Καύκασο και την Κασπία Θάλασσα.

Αναφέρατε πριν ότι οι Έλληνες, τη μεγάλη χρονική περίοδο που έθεταν τις βάσεις του πολιτισμού τους, ήρθαν σε επαφή με διάφορους πολιτισμούς, μεταξύ των οποίων και ο ανώτερός τους αιγυπτιακός. Θα ήθελα να μας το διευκρινίζατε περισσότερο.

Ο αιγυπτιακός πολιτισμός υπήρξε ένας από τους εκπληκτικότερους –ίσως ο πιο εκτυφλωτικός– μεταξύ των πρωτοπόρων πολιτισμών της ανθρωπότητας, αυτών που έστησαν τις βάσεις του παγκόσμιου πολιτισμού ξεκινώντας πρώτοι τη Γεωργική Επανάσταση, με τα συνακόλουθα καινοτόμα πολιτισμικά της επιτεύγματα. Ο αιγυπτιακός πολιτισμός έλαμψε από την τέταρτη μέχρι την πρώτη χιλιετία π.Χ., μπαίνοντας, μετά από αυτό, σταδιακά στην ύφεση και στην κόπωσή του. Στη διάρκεια των χιλιετιών της πρωτοπορίας του, πολλοί τρύγησαν από τα επιτεύγματά του, μεταξύ των οποίων και οι Έλληνες. Εξάλλου οι Έλληνες, κατά τον 7ο αι. π.Χ., είχαν ιδρύσει στις βόρειες ακτές της Αιγύπτου αποικία, τη Ναύκρατιν, ευρισκόμενοι έτσι ακόμη πιο κοντά στις εμπειρίες που μπορούσε να προσφέρει σε έναν ξένο η Αίγυπτος.

Ωστόσο, την εποχή αυτή η Αίγυπτος δεν είναι πια ισχυρή και πρωτοπόρα όπως άλλοτε, ενώ οι Έλληνες, αντιστρόφως, βρίσκονται, όπως είδαμε, σε πορεία ανόδου και εκτίναξης. Η εντυπωσιακή ανάπτυξη του ελληνικού πολιτισμού κατά τον 6ο, 5ο και 4ο αι. π.Χ. και η αντίστοιχη υποχώρηση του δυναμισμού του αιγυπτιακού πολιτισμού ετοίμασαν την ανατροπή των πραγμάτων, την οποία και ολοκλήρωσε η κατάληψη της Αιγύπτου από τον Μέγα Αλέξανδρο και η εκεί δημιουργία ελληνιστικών βασιλείων. Στην Αίγυπτο, κατά την ελληνιστική περίοδο, βρήκε ο ελληνικός πολιτισμός λαμπρό υπόβαθρο ώστε να εκτιναχθεί σε ουρανομήκη επίπεδα. Τώρα πια και για πολλούς αιώνες –μέχρι και τον 8ο αι. μ.Χ.–, ο ελληνικός πολιτισμός θα είναι εκείνος που θα δίνει το στίγμα στη χώρα του Νείλου, με κέντρο της παρουσίας και των επιτευγμάτων του την πόλη που έκτισε ο Μέγας Αλέξανδρος το 331 π.Χ., την Αλεξάνδρεια, μια από τις σπουδαιότερες πόλεις της ανθρωπότητας.

Ο Φάρος της Αλεξανδρείας, ένα από τα επτά θαύματα του κόσμου, και η κιβωτός της γνώσης, η ξακουστή Βιβλιοθήκη της Αλεξανδρείας, ανθούν στο ελληνικό περιβάλλον που, εκ καταβολής, έχει η πόλη αυτή. Εδώ ο Ερατοσθένης, τον 3ο αι. π.Χ., μέτρησε με ακρίβεια την περίμετρο της γης με βάση την κλίση φωτός και σκιάς που έπεφτε σε δύο απομακρυσμένα μεταξύ τους πηγάδια· ο Ευκλείδης, κατά τον ίδιο αιώνα, συνέγραψε τα έργα που του έδωσαν το προσωνύμιο του πατέρα της γεωμετρίας· ο Ίππαρχος, τον 2ο αι. π.Χ., μέτρησε με ακρίβεια την απόσταση της γης από τη σελήνη· ο μηχανικός και γεωμέτρης Ήρων ο Αλεξανδρεύς, τον 1ο αι. μ.Χ., εφηύρε αυτόματες μηχανές και τέχνεργα, ανάμεσα στα οποία την αιολόσφαιρα, που εικάζεται ότι είναι η πρώτη μηχανή κίνησης με ατμό στην παγκόσμια Ιστορία, προάγγελος της ατμομηχανής· ο Κλαύδιος Πτολεμαίος, τον 2ο αι. μ.Χ., έκανε τις γεωγραφικές παρατηρήσεις του και συνέταξε τους σπουδαίους χάρτες του· εδώ, τον 4ο αι. μ.Χ., έζησε και έδρασε η προικισμένη φιλόσοφος, αστρονόμος και μαθηματικός Υπατία.

Όλα με ελληνικό πρόσημο και με όχημα —πάντα— την ελληνική γλώσσα και σκέψη. Την ίδια στιγμή που, στον 2ο αι. π.Χ., κάπου στην ελληνική Μεσόγειο, δημιουργούνταν το πιο προχωρημένο παγκοσμίως μηχανικό έργο της αρχαιότητας, ο μηχανισμός των Αντικυθήρων, ο πρώτος υπολογιστής με γρανάζια στη γη – οργανωμένος στη βάση της ελληνικής γλώσσας και των συντεταγμένων της. Και αυτός.

Όμως κάποια στιγμή, στην πορεία του, ο ελληνικός πολιτισμός συνάντησε αυτήν που μέχρι σήμερα μάλλον είναι η πιο κομβικής σημασίας αυτοκρατορία στην περιοχή, τη Ρωμαϊκή. Αυτή η συνάντηση πώς ήταν;

Η Δύση είχε, μετά τον 4ο αι. π.Χ., αντίστροφη πορεία σε σχέση με εκείνη της Αιγύπτου, στην οποία μόλις αναφερθήκαμε. Και τούτο για το γεγονός ότι, μετά τον αιώνα αυτόν, η δύναμη της Ρώμης αναπτύσσεται και είναι πια σε θέση να απειλήσει τους γύρω της λαούς – των Ελλήνων συμπεριλαμβανομένων. Θύματα της Ρώμης θα πέσουν γρήγορα οι ελληνικές περιοχές της Κάτω Ιταλίας και της Σικελίας, μετά δε τον 3ο αι. π.Χ., σταδιακά, οι ελληνικές αποικίες της Αδριατικής. Η ίδια η ελληνική χερσόνησος θα κατακτηθεί και θα βρεθεί υπό ρωμαϊκή διοίκηση από το 146 π.Χ. Οι περιοχές της Μέσης Ανατολής, η Αίγυπτος και η Μικρά Ασία θα έχουν την ίδια τύχη γύρω στο 100 και στο 50 π.Χ.

Με τις εξελίξεις αυτές, η Μεσόγειος ολόκληρη θα μετατραπεί σε «ρωμαϊκή λίμνη», μια και η Ρώμη κατέκτησε και τις βόρειες ακτές της Αφρικής, αφού πρώτα κατατρόπωσε τη μεγάλη αντίπαλό της Καρχηδόνα το 146 π.Χ. Εξάλλου η Ρώμη δεν αρκέστηκε στις μεσογειακές νίκες που περιγράψαμε, αλλά έγινε ευρωπαϊκή δύναμη επεκτεινόμενη προς βορράν και προς δυσμάς, στις περιοχές όπου σήμερα βρίσκονται η Ισπανία, η Πορτογαλία, η Γαλλία, η Αγγλία, η Αυστρία κ.λπ. Με την επέκτασή της αυτή –όπως και οι Έλληνες πριν από αιώνες– επηρέασε πολιτισμικά πολλούς λαούς, κάποιοι εκ των οποίων, όπως είδαμε σε άλλο σημείο της συζήτησής μας, έχασαν μέχρι και τη γλώσσα τους υιοθετώντας τη λατινική.

Και εδώ υπάρχει κάτι που αξίζει να υπογραμμισθεί: η επίδραση του ρωμαϊκού πολιτισμού ήταν πολύ μεγαλύτερη από την Ιταλική Χερσόνησο και προς δυσμάς, παρά από την Ιταλική Χερσόνησο και προς ανατολάς. Και τούτο γιατί, προς τα δυτικά και βόρεια της Ρώμης, οι κατακτηθέντες εντόπιοι λαοί βρίσκονταν σε πρώιμο επίπεδο πολιτισμού, με αποτέλεσμα την εκεί συντριπτική κυριαρχία του ρωμαϊκού πολιτισμού. Αντίθετα, ανατολικά της Ιταλικής Χερσονήσου, οι πολιτισμοί ήταν αρχαίοι και στιβαροί – με πρωτοπόρο, στη ζώνη χρόνου της ρωμαϊκής κατάκτησης, τον πολύπλευρο ελληνικό πολιτισμό. Πολιτισμοί που ούτε ήταν διατεθειμένοι να υποταγούν στη λατινική, τη γλώσσα των πολιτικών κυριάρχων, ούτε χρειάζονταν άλλη γλώσσα μόρφωσης και επικοινωνίας από αυτήν που ήδη είχαν: την ελληνική.

Η ιστορικής σημασίας συνάντηση της λατινικής με την ελληνική γλώσσα είναι εξαιρετικά ενδιαφέρουσα, γιατί τα αποτελέσματά της διαρκούν μέχρι τις μέρες μας. Τι συνέβη όταν συναντήθηκαν;

Πράγματι, αυτή η συνάντηση ήταν καίρια και σημαντική. Αναφερθήκαμε πριν στην αντοχή και διάρκεια της ελληνικής γλώσσας στην ανατολική πλευρά της Μεσογείου. Τούτο όμως δεν σημαίνει ότι λατινικές λέξεις δεν μπήκαν στο λεξιλόγιο των λαών της περιοχής αυτής – ακόμα και στην κραταιότερη όλων των γλωσσών της εποχής, την ελληνική. Ωστόσο, η αντίθετη ροή αποδείχθηκε πως ήταν, στο κύλισμα του χρόνου, σαφώς ισχυρότερη: πάμπολλες ελληνικές λέξεις έχουν εισαχθεί στη λατινική γλώσσα – όχι μόνο μετά την κατάκτηση των ελληνικών περιοχών από τους Ρωμαίους, αλλά και πριν, κατά τους μακρούς αιώνες ανάπτυξης της Ρώμης, όταν αυτή, από το 700 περίπου π.Χ., στην περιοχή του Λάτιο, πλαθόταν ως αρχικός θύλακας αβέβαιου βηματισμού, σε στενή επαφή με τους ισχυρούς πολιτισμικά Έλληνες του νότου. Γι' αυτό και οι ελληνικές λέξεις που εισήχθησαν στο λατινικό λεξιλόγιο σχετίζονται, σε μεγάλο βαθμό, με υψηλές διεργασίες του πολιτισμού και αφορούν την αισθητική, τη φιλοσοφία, το θέατρο, την πολιτική, τη θρησκεία, την ποίηση, τις τέχνες, την ιατρική, τα μαθηματικά, τη μουσική. Κατά τον τρόπον αυτόν, αργότερα, μαζί με την ισχύ της λατινικής γλώσσας στη Δύση, μεταφέρθηκαν πολλές ελληνικές λέξεις στις ευρωπαϊκές γλώσσες. Και βρίσκονται σε χρήση μέχρι σήμερα ως κληροδότημα του μεγάλου και πολυποίκιλου πολιτισμικού φαινομένου που καλείται «ελληνορωμαϊκός πολιτισμός».

Οι Ρωμαίοι δεν έπαψαν να θαυμάζουν και να μελετούν τον ελληνικό πολιτισμό. Ωστόσο, ανάμεσα στους σύγχρονούς τους Έλληνες τους υποταγμένους στη ρωμαϊκή δύναμη, διέκριναν και άτομα κενόδοξα και κομπορρήμονα που προέβαλλαν το κλέος των αρχαίων προγόνων τους προκειμένου να φανούν σημαντικά, ενώ δεν ήταν. Γι' αυτά, δημιούργησαν έναν όρο απαξιωτικό, τον όρο «Greaculus», Γραικύλος δηλαδή. Με τον ίδιο όρο χαρακτήριζαν και εκείνους εκ των Ρωμαίων που παρίσταναν τους Έλληνες και τους ελληνίζοντες προκειμένου να κερδίσουν αξία, ενώ δεν είχαν.

Κατ' αρχάς, έχει μεγάλο ενδιαφέρον το γεγονός ότι τον όρο «Graeculus» τον χρησιμοποίησε ένας βαθιά φιλέλληνας, πολύ σημαντικός Ρωμαίος, ο Κικέρων.

Πιστεύετε ότι τα αρνητικά χαρακτηριστικά που περιείχε τότε ο όρος φτάνουν μέχρι τις μέρες μας;
Προκαταλήψεις και στερεότυπα αρνητικά σε σχέση με τους σύγχρονους Έλληνες υπάρχουν, σε έναν βαθμό, στον δυτικό κόσμο μέχρι σήμερα, αλλού περισσότερο αλλού λιγότερο, χωρίς να έχει, ωστόσο, υποχωρήσει ο θαυμασμός για την αρχαία Ελλάδα και τα επιτεύγματά της.

Στο σημείο αυτό, πάντως, αξίζει να τονισθεί ο θαυμασμός για τους αρχαίους Έλληνες και τα επιτεύγματά τους που εκφράζεται έντονα σήμερα ανάμεσα στους λαούς της ανατολικής Ασίας – ιδιαίτερα τους Κινέζους, τους Ιάπωνες και τους Κορεάτες, που έχουν παράδοση σεβασμού στη φιλοσοφία και τους σοφούς. Στους λαούς αυτούς, η ιδιαίτερη εκτίμηση για τους αρχαίους Έλληνες δεν συνοδεύεται από αρνητικές προκαταλήψεις για τους σύγχρονους απογόνους τους. Το ίδιο, εξάλλου, συμβαίνει με τους λαούς της Εγγύς και Μέσης Ανατολής. Και, φυσικά, της Ρωσίας, στην οποία διαχρονικά υπάρχουν θερμά αισθήματα για την ελληνική πλευρά – περισσότερο λόγω Ορθοδοξίας και Βυζαντίου και λιγότερο λόγω της κλασικής αρχαιότητας.

Επιστρέφοντας στη συνάντηση ελληνικού και ρωμαϊκού πολιτισμού, εκείνη την εποχή, στον 1ο αι. μ.Χ., συμβαίνει, σε ρωμαϊκή επαρχία, ένα εξαιρετικά επιδραστικό γεγονός της ανθρώπινης Ιστορίας, η γέννηση του Χριστιανισμού. Έπαιξε κάποιο ρόλο ο Ελληνισμός και ο ελληνικός πολιτισμός στον Χριστιανισμό;
Κατά την περίοδο ισχύος της Ρώμης –η ύψιστη ακμή της

οποίας εντοπίζεται μεταξύ περίπου του 150 π.Χ. και του 250 μ.Χ.– η λατινική γλώσσα επηρεάζει πιο πολύ προς τα δυτικά. Αντίθετα, προς τα ανατολικά, παρ' όλη την είσοδο της λατινικής, τίποτε δεν διαταράσσει, όπως είπαμε, την πρωτοκαθεδρία της ελληνικής γλώσσας, που έχει, μάλιστα, πρόσφατα χαλυβδωθεί από την παρουσία των ελληνιστικών βασιλείων. Τούτο είναι αξιομνημόνευτο γεγονός που θα συνεπιφέρει μεγάλης κλίμακας εξελίξεις στους αιώνες που θα ακολουθήσουν.

Ας πάρουμε, στο σημείο αυτό, το παράδειγμα του Χριστιανισμού που αναφέρατε. Ενώ ο Χριστός ήταν Εβραίος με το εβραϊκό όνομα Γιεχόσουα, η θρησκεία που δημιούργησε στη ρωμαϊκή επαρχία της Παλαιστίνης, κατά τον 1ο αι. μ.Χ., ονομάστηκε «Χριστιανισμός» από το «Χριστός», το ελληνικό όνομα με το οποίο έγινε γνωστός μετά τον θάνατό του. Τούτο προέρχεται από το ελληνικό ρήμα «χρίζω» – μια κι ο Ιησούς, ο Γιεχόσουα δηλαδή, ως «Υιός του Θεού», είχε, σύμφωνα με τους οπαδούς του, χρισθεί βασιλεύς από τον Θεό, τον πατέρα του.

Ενόσω ο Ιησούς ζούσε, πριν εκτελεσθεί από τους Ρωμαίους, ακροατές του ήταν οι συντοπίτες του Εβραίοι, προς τους οποίους απευθυνόταν στην κοινή τους γλώσσα, τα εβραϊκά, τα αραμαϊκά. Μετά τον θάνατό του, ωστόσο, οι μαθητές του θέλησαν να διαδώσουν τη διδασκαλία του όσο το δυνατόν ευρύτερα ξεκινώντας, σε επάλληλους κύκλους, από τις κοντινότερες σε αυτούς περιοχές της Μέσης Ανατολής, τη Μικράν Ασία, την Ελλάδα, την Αίγυπτο – όλες επαρχίες ρωμαϊκές. Όπως θα κάναμε εμείς σήμερα στη θέση τους υιοθετώντας την

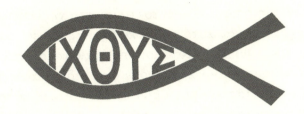

αγγλική, έτσι κι εκείνοι, προκειμένου να γίνουν κατανοητοί από το δυνατόν περισσότερους ανθρώπους, υιοθέτησαν για τη διάδοση της νέας θρησκείας όχι τη λατινική, όπως θα περίμενε κανείς, αλλά την ελληνική. Γιατί αυτή ήταν η κύρια γλώσσα επικοινωνίας στις περιοχές όπου θα κινούνταν – με ιδιαίτερα αποτελεσματικό στο έργο αυτό τον υψηλής μόρφωσης και βαθιάς ελληνομάθειας Παύλο, που έκανε, ακριβώς γι' αυτό, και τη διαφορά. Είναι δε ενδεικτικό ότι ένα από τα κύρια σύμβολα του Χριστιανισμού, κατά τους πρώτους του αιώνες και πριν την υιοθέτηση του σταυρού, ήταν το ακρωνύμιο ΙΧΘΥΣ τοποθετημένο εντός πλαισίου περιγράμματος ιχθύος. Όπου ΙΧΘΥΣ, τα αρχικά των λέξεων της φράσης «Ιησούς Χριστός Θεού Υιός Σωτήρ». Στα ελληνικά, φυσικά.

Καθώς εξελίσσεται, ωριμάζει και οργανώνεται η νέα θρησκεία, οι όροι που υιοθετούνται από αυτήν είναι ελληνικοί: ο χώρος συνάθροισης και προσευχής ονομάζεται «εκκλησία»· η ιερή διαδικασία εμβάπτισης στο νερό, «βάπτισμα»· η απόκλιση από τη σωστή θρησκευτική άποψη, «αίρεση»· η κεφαλή εκκλησιαστικής διοίκησης, «Πατριάρχης»· η διαδικασία ομαδικής απότισης τιμής προς τον Θεό, «λειτουργία»· οι μουσικοί στίχοι που απευθύνονται προς αυτόν, «ψαλμοί» και «ύμνοι»· ο πιστός που ταξιδεύει κηρύσσοντας τη νέα θρησκεία, «απόστολος»· ο πιστός που μυεί τον άλλον στα της θρησκείας, «κατηχητής», και αυτό που ο κατηχητής κάνει, «κατήχηση» κ.λπ. Φυσικό ήταν, λοιπόν, όταν οι μαθητές του Ιησού αποφάσισαν να γράψουν όσα ο δάσκαλός τους έπραξε και είπε, αν και Εβραίοι οι ίδιοι και κάτοικοι ρωμαϊκής επαρχίας, να μην επιλέξουν για να συντάξουν το έργο τους την εβραϊκή ή τη λατινική, αλλά την ελληνική. Τα δε πονήματά τους αυτά ονομάσθηκαν, επίσης αυτονοήτως, με όρο ελληνικό, «Ευαγγέλια», μια και έφερναν το «ευχάριστο άγγελμα» στους ανθρώπους.

Οι όροι αυτοί –και πολλοί περισσότεροι– υιοθετήθηκαν αργότερα από λαούς που έγιναν χριστιανικοί, ως «église», «ecclesia», «heresy», «hymn», «psalm», «Évangile», «liturgy», «baptism», «Patriarch», «apostle», «catechismo» κ.λπ. Και τους έγιναν τόσο οικείοι, που τους θεωρούν δικούς τους μη γνωρίζοντας –και μη φανταζόμενοι καν, πολλές φορές– την ελληνική τους προέλευση.

Όλα αυτά δείχνουν ότι υπήρχε κάτι βαθύ, ισχυρό, το οποίο διευκόλυνε στο να επικρατήσει η χρήση της ελληνικής γλώσσας στη χριστιανική διδασκαλία. Ποιο ήταν αυτό;

Στην υιοθέτηση της ελληνικής από τον Χριστιανισμό των πρώτων αιώνων δεν συνέβαλε μόνον η εμπεδωμένη διάδοση της γλώσσας αυτής στις περιοχές της πρώτης του διαμόρφωσης. Συνέβαλε και το γεγονός ότι η ελληνική, κατά τους ελληνιστικούς χρόνους, χάρις στην ευρύτατη χρήση της και από μη Έλληνες –και μάλιστα από λογίους υψηλότατης στάθμης και βαθύτατης γνώσης της ελληνικής, όπως, π.χ., οι Εβδομήκοντα της Αλεξανδρείας που αναφέραμε–, είχε ενιαιοποιηθεί. Είχε μετεξελιχθεί σε απλούστερης μορφής, αλλά καθόλου λιγότερο πλούσιας και σαγηνευτικής υφής και δυνατοτήτων, γλώσσα: σε αυτό που ονομάζεται «ελληνική κοινή» ή «αλεξανδρινή κοινή» ή, απλά, «κοινή».

Αυτή η ελληνική κοινή συνοδεύει, στην πραγματικότητα, μέχρι σήμερα και εμάς τους σύγχρονους Έλληνες. Γι' αυτό και είμαστε σε θέση, με όχι μεγάλο κόπο, κι ας έχουν κυλήσει περισσότερα από χίλια χρόνια περαιτέρω εξέλιξης της γλώσσας μας, να κατανοούμε με σχετική ευκολία τα Ευαγγέλια και τους ψαλμούς της Εκκλησίας, που γράφτηκαν σε αυτήν τη νεότερη μορφή της ελληνικής πολλούς αιώνες πριν. Να κατανοούμε επικλήσεις και καλέσματα, όπως «Δεῦτε τελευταῖον ἀσπασμόν», «Τὰς κεφαλὰς ἡμῶν τῷ Κυρίῳ κλίνωμεν», «Κύριε ὁ Θεὸς ἡμῶν, δόξῃ καὶ τιμῇ στεφάνωσον αὐτούς». Ἢ σπαρακτικούς θρήνους και υποβλητικούς ύμνους, όπως «Αἱ γενεαὶ πᾶσαι ὕμνον τῇ Ταφῇ σου, προσφέρουσι, Χριστέ μου», «Ὦ γλυκύ μου ἔαρ, γλυκύτατόν μου Τέκνον, ποῦ ἔδυ σου τὸ κάλλος;», «Τῇ ὑπερμάχῳ στρατηγῷ τὰ νικητήρια, ὡς λυτρωθεῖσα τῶν δεινῶν εὐχαριστήρια...».

Πλούτος με ρίζες βαθιές στο στόμα, στ' αυτιά, στο μυαλό και στην καρδιά μας. Η απόλυτη πολιτισμική μας συνέχεια. Εμείς.

Πέρα από την ελληνική γλώσσα, ο ελληνικός πολιτισμός καθ' εαυτόν έπαιξε κάποιο ρόλο στην εξάπλωση του Χριστιανισμού;

Ο Χριστιανισμός δεν ανδρώθηκε, κατά τους αιώνες της διαμόρφωσής του, μόνον από την ελληνική γλώσσα, αλλά και από τον ελληνικό πολιτισμό. Και μάλιστα από το θρησκευτικό σύμπαν των Ελλήνων με τους πολλούς θεούς τους, τους ημίθεους, τους ναούς, τα μυστήρια, τα σύμβολα, τις τελετουργίες, τις ψαλμωδίες, τις αποτυπώσεις των θεών τους σε τοιχογραφίες, ψηφιδωτά κι αγάλματα.

Έτσι, γρήγορα, η εβραϊκής καταγωγής ανεικονική μονοθεϊστική σύλληψη του Χριστιανισμού έδωσε τη θέση της σε απεικονίσεις του θείου, σε πλήθος αγίων, οσίων και μαρτύρων, αλλά και σε μυστήρια και σε μεγάλο αριθμό άλλων συλλήψεων και πρακτικών των Ελλήνων.

Με τον τρόπον αυτόν, ο Χριστιανισμός απομακρύνθηκε από τις εβραϊκές του ρίζες και έγειρε προς τον Ελληνισμό, με συνέπεια τις πάμπολλες αιρέσεις που, στο μέλλον, θα τον συνοδεύουν αενάως – μέχρι σήμερα. Αιρέσεις που άλλες προσπαθούν να επιστρέψει ο Χριστιανισμός κοντύτερα προς στις αρχικές του εβραϊκές ρίζες, ενώ άλλες ενσωματώνουν διάφορα στοιχεία ελληνικής, στην ουσία, προέλευσης σε αυτόν.

Η μη υιοθέτηση της λατινικής από τη νέα θρησκεία είναι πράγματι εντυπωσιακή ως στοιχείο. Τι εξέλιξη είχε το γεγονός αυτό;

Η μη υιοθέτηση της λατινικής από τη νέα θρησκεία εικονογραφεί καλύτερα από καθετί άλλο την υπεροχή της ελληνικής γλώσσας σε σχέση με τη λατινική, την επίσημη γλώσσα διοίκησης στις περιοχές της ανατολικής Μεσογείου την εποχή εκείνη. Χαρακτηριστικό στο σημείο αυτό είναι το γεγονός ότι τα Ευαγγέλια, που γράφτηκαν κατά τον 1ο αι. μ.Χ., κρίθηκε αναγκαίο να μεταφραστούν στα λατινικά μόλις τον 4ο αι. μ.Χ., σε μια μετάφραση που είναι γνωστή ως Vulgata. Και έγινε επιτακτικό να γίνει η μετάφραση αυτή μόνον όταν ο Χριστιανισμός άρχισε να αποκτά ικανό αριθμό πιστών στην ίδια την Ιταλική Χερσόνησο και δυτικότερα αυτής. Δηλαδή στις περιοχές στις οποίες η ελληνική γλώσσα ήταν λιγότερο ισχυρή και δεν μπορούσε να καλύψει τις ανάγκες των πιστών για ενημέρωση στα θέματα της νέας θρησκείας, μια και σε αυτές η επικρατούσα γλώσσα επικοινωνίας είχε γίνει, από καιρού πλέον, η λατινική.

Εσείς, ως ιστορικός, βλέπετε ένα γεγονός που να περιγράφει συνολικά και ανάγλυφα αυτή τη σχέση μεταξύ ελληνικής γλώσσας, λατινικής γλώσσας και Χριστιανισμού;

Θα αναφέρω ένα γεγονός που περιγράφει γλαφυρά, πιστεύω, τη σύνδεση των τριών αυτών στοιχείων, δηλαδή τη σχέση ελληνικής γλώσσας, λατινικής γλώσσας και Χριστιανισμού. Γύρω στο 320 μ.Χ., ο Ρωμαίος αυτοκράτορας Κωνσταντίνος παρατήρησε πως, στο ανατολικό τμήμα της αυτοκρατορίας του, ο Χριστιανισμός είχε κερδίσει πολλούς οπαδούς παρουσιάζοντας χαρακτηριστικά ανερχόμενης θρησκείας. Μη όντας Χριστιανός ο ίδιος, επεδίωξε, για λόγους πολιτικούς, να ενημερωθεί περαιτέρω για τη θρησκεία αυτή συνομιλώντας με σημαίνοντα στελέχη της. Καθώς ο 4ος αιώνας χαρακτηριζόταν από την ανάπτυξη πολλών αιρέσεων στους κόλπους του Χριστιανισμού, κατά τις συζητήσεις αυτές ο Κωνσταντίνος αντελήφθη ότι, μεταξύ των Χριστιανών, υπήρχαν σοβαρές αποκλίσεις απόψεων επί κεντρικών θεμάτων της νέας αυτής θρησκείας.

Αποφάσισε, λοιπόν, να αναλάβει δράση και πρωτοβουλία. Με δικιά του υποστήριξη, οργανώθηκε, το 325 μ.Χ., στην πόλη Νίκαια της Βιθυνίας, στη Μικράν Ασία, συνάντηση των πλέον σημαντικών στελεχών της θρησκείας αυτής – περισσότερων των 250 επισκόπων, με τη συνοδεία και τους συνεργάτες τους. Με δικά του, κρατικά έξοδα, σύνεδροι από τη Συρία, την Ελλάδα, τη Μικράν Ασία, την Παλαιστίνη, την Αίγυπτο, την Ιταλία κ.λπ. κατέφθασαν στη Νίκαια, όπου και φιλοξενήθηκαν –επίσης με κρατικά έξοδα– και συσκέφθηκαν επί μακρόν, σε ειδικό χώρο, με στόχο να ξεκαθαρίσουν το δογματικό πεδίο και να συντάξουν το Σύμβολο της Χριστιανικής Πίστεως.

Κατά την εναρκτήρια ημέρα των εργασιών της συνόδου, ο Κωνσταντίνος προσήλθε στον χώρο και απηύθυνε στους συνέδρους χαιρετισμό. Ο αυτοκράτορας, ως Ρωμαίος ηγέτης, χαιρέτισε τους συνέδρους λατινιστί, οι εργασίες της συνόδου, ωστόσο, που ακολούθησαν έγιναν σε μία γλώσσα, την ελληνική. Θεωρήθηκε δηλαδή αυτονόητο ότι οι εκατοντάδες των συνέδρων, με τις τόσες μητρικές γλώσσες και προελεύσεις, γνώριζαν την ελληνική και ότι η κύρια κοινή γλώσσα επικοινωνίας τους δεν θα μπορούσε να είναι άλλη από αυτήν. Εξάλλου, στη συγκεκριμένη σύνοδο, οι εκ Δύσεως προερχόμενοι σύνεδροι ήταν ελάχιστοι, δεδομένου του ειδικού βάρους της Ανατολής στα του Χριστιανισμού.

Δεν είναι να αναρωτιέται, λοιπόν, κανείς σε ποια γλώσσα συντάχθηκε το Σύμβολο της Πίστεως. Στα ελληνικά, φυσικά! Και επειδή στην Α΄ Σύνοδο συντάχθηκαν τα επτά πρώτα μόνον άρθρα του Συμβόλου, ακολούθησαν άλλες τρεις σύνοδοι μέχρι να μπει τελεία και παύλα στο εγχείρημα - που ολοκληρώθηκε με την Δ' Σύνοδο, τη Σύνοδο της Χαλκηδόνας, το 451 μ.Χ., παρά το γεγονός ότι τα υπόλοιπα πέντε άρθρα είχαν ήδη συνταχθεί κατά τη Β' Οικουμενική Σύνοδο. Αξίζει να επισημανθεί ότι, στα 126 χρόνια που μεσολάβησαν, τίποτε δεν άλλαξε σε σχέση με τη δύναμη και το ειδικό βάρος της ελληνικής γλώσσας. Εξ αυτού, η επεξεργασία συνέχισε αδιάλειπτα να γίνεται στα ελληνικά, το δε τελικό αποτέλεσμα δόθηκε το 451 μ.Χ. προς αποστήθισιν στους απανταχού Χριστιανούς - στα ελληνικά, φυσικά!

Τούτο δεν αποτελεί μόνον ύμνο στη διάρκεια ισχύος της ελληνικής γλώσσας, αλλά και στις δυνατότητες ακριβολογίας που ο πλούτος της και η δομή της επέτρεπαν. Και τούτο γιατί, δεδομένων των τεράστιων εντάσεων και συγκρούσεων που υπήρχαν στον Χριστιανισμό περί τα θέματα δόγματος, η διατύπωση του Συμβόλου έπρεπε να είναι εξαιρετικά λεπτή και ακριβής. Κάτι το οποίο διασφάλιζε, και με το παραπάνω, η ελληνική γλώσσα - σε ένα κείμενο από τα πιο επεξεργασμένα στην Ιστορία της ανθρωπότητας, όπου ένα κόμμα ή ένα και να έμπαινε σε λάθος θέση θα μπορούσε να πυροδοτήσει συγκρούσεις, σχίσματα και αιρέσεις. Όπως, πολύ αργότερα, συνέβη με το Σχίσμα του 1054 και το filioque - σε σχέση δηλαδή με το εάν το Άγιο Πνεύμα προέρχεται μόνον από τον Πατέρα, όπως υποστήριζε η Ανατολική Εκκλησία, ή και από τον Υιό, άποψη την οποία υιοθετούσε η Δυτική Εκκλησία.

Αναφερθήκατε πριν στο Σχίσμα του 1054, ένα παγκόσμιας σημασίας γεγονός που οι επιπτώσεις του διαρκούν μέχρι σήμερα, πάνω από εννέα αιώνες. Υπήρξε και τότε καθοριστική η παρουσία της ελληνικότητας και της ελληνικής γλώσσας;

Η αναφορά στο Σχίσμα του 1054 δίνει αφορμή να τονίσουμε εδώ άλλο ένα εντυπωσιακό στοιχείο που πιστοποιεί τη μακρά διάρκεια ισχύος της ελληνικής γλώσσας στα εκκλησιαστικά πράγματα του Χριστιανισμού.

Κατά την ώρα του Σχίσματος και μέσα σε βαρύτατο κλίμα σύγκρουσης και αμοιβαίας εκτόξευσης κατηγοριών, η Δυτική και η Ανατολική Εκκλησία χρειάστηκε να επιλέξουν τους όρους με τους οποίους θα αυτοπροσδιορίζονταν, από εδώ και στο εξής, ως δύο ξεχωριστές πλέον οντότητες του Χριστιανισμού. Η μία, η Ανατολική, επέλεξε να ονομάζει τον εαυτό της «Ορθόδοξη» – εκ του «ορθά δοκώ», έχω την ορθή άποψη. Δεδομένων των όσων έχουμε πει, το ότι η Ανατολική Εκκλησία επέλεξε έναν ελληνικό όρο για να προσδιορίσει τον εαυτό της δεν εκπλήττει. Εκείνο που εκπλήττει είναι ότι η λατινόφωνη Δυτική Εκκλησία, στην ώρα του Σχίσματος, αντί για όρο λατινικό, επέλεξε επίσης για τον εαυτό της όρο ελληνικό: τον όρο «Καθολικός», αυτός δηλαδή που αντιπροσωπεύει το όλον, το σύνολο, τον οποίο και άντλησε από το «εις μίαν, Αγίαν, Καθολικήν και Αποστολικήν Εκκλησίαν» του αρχέτυπου ελληνικού κειμένου του Συμβόλου της Πίστεως του 451 μ.Χ.

Χαρακτηριστικό, εξάλλου, είναι το γεγονός ότι η Ανατολική Ορθόδοξη Εκκλησία ονομάζεται παγκοσμίως και «Ελληνορθόδοξη», Greek Orthodox. Τούτο συμβαίνει λόγω του γεγονότος ότι και τα τέσσερα ιστορικά πατριαρχεία της Ανατολής, δηλαδή τα Αλεξανδρείας, Ιεροσολύμων, Αντιοχείας και Κωνσταντινουπόλεως, από την ίδρυσή τους κατά τους πρώτους αιώνες του Χριστιανισμού μέχρι και σήμερα, είναι ελληνόφωνα – με την εξαίρεση του Πατριαρχείου Αντιοχείας, που, αναλογικά πρόσφατα, έχει υιοθετήσει την αραβική γλώσσα.

Οπότε, μέσα από αυτήν την ιστορική διαδικασία η οποία περιέχει «πολλή ελληνικότητα», περάσαμε στη Βυζαντινή Αυτοκρατορία, το πρώην ανατολικό μισό της Ρωμαϊκής Αυτοκρατορίας.

Όλα τα παραπάνω μπορούν να βοηθήσουν να κατανοήσουμε το πώς η Ανατολική Ρωμαϊκή Αυτοκρατορία έπαψε, από ένα σημείο και πέρα, να είναι στην πραγματικότητα ρωμαϊκή. Σε βαθμό που, κατά τον 16ο αιώνα, δημιουργήθηκε από Γερμανούς λογίους νέος όρος για να περιγραφεί αυτή –η «Ελληνική», όπως αποκαλούνταν κατά κανόνα μέχρι τότε από τους Δυτικούς, Αυτοκρατορία–, ως «Βυζαντινή Αυτοκρατορία». Με τον όρο αυτόν, οι Δυτικοί λόγιοι παρέπεμπαν στην πόλη Βυζάντιον, δηλαδή στις ελληνικές ρίζες της Κωνσταντινούπολης, άρα και του κράτους που σχετιζόταν με αυτήν. Και τούτο γιατί ενώ η Ανατολική Ρωμαϊκή Αυτοκρατορία, όταν ιδρύθηκε στον 4ο αι. μ.Χ., χρησιμοποιούσε λατινικά σε διοικητικό επίπεδο και ήταν παγανιστική, τρεις περίπου αιώνες μετά χρησιμοποιεί ελληνικά σε διοικητικό επίπεδο και είναι χριστιανική.

Το τεράστιο πολιτισμικό αυτό άλμα δεν έγινε αιφνίδια, αλλά φυσιολογικά μέσα στον χρόνο, και δεν είναι ανεξήγητο, μια και σχετίζεται με τα όσα λέγαμε λίγο πριν: το ότι δηλαδή, σε επίπεδο καθημερινής ζωής, σε ολόκληρη την ανατολική πλευρά της αυτοκρατορίας και τους εκεί λαούς της, η γλώσσα κοινής συνεννόησης και εκπαίδευσης παρέμεινε, επί μακρούς αιώνες, αταλάντευτα η ελληνική, χωρίς ποτέ η λατινική γλώσσα του κυριάρχου να κερδίσει τη θέση αυτή.

Χαρακτηριστικά, στο σημείο αυτό να αναφέρω ένα στοιχείο: εδώ και καιρό, οι ερευνητές της Μονάδας Ψηφιακής Αποτύπωσης του Δημόσιου και Ιδιωτικού Βίου των Βυζαντινών του Τμήματος Ιστορίας και Αρχαιολογίας του Πανεπιστημίου Αθηνών, στο οποίο εργάζομαι, καταγράφουν ελληνικές επιγραφές από όλα τα μέρη της Βυζαντινής Αυτοκρατορίας που παρήχθησαν μεταξύ του 1ου και του 15ου αι. μ.Χ. Μέχρι στιγμής, έχουν καταγράψει 40.000 ελληνικές επιγραφές. Και συνεχίζουν...

Η πραγματικότητα αυτή ανάγκασε, με την πάροδο του χρόνου, τη διοίκηση να χρησιμοποιεί όλο και περισσότερο την ελληνική προκειμένου να μπορεί να επικοινωνεί με τους υπηκόους της, εγκαταλείποντας σταδιακά τη χρήση της λατινικής – ακόμη και για τη σύνταξη νόμων, στην οποία, λόγω μακράς παράδοσης του ρωμαϊκού δικαίου, η χρήση της λατινικής ήταν πιο παρατεταμένη, με τη συνοδεία επιτομών νόμων στην ελληνική. Περί τον 7ο αιώνα, η διοίκηση της Ανατολικής Ρωμαϊκής Αυτοκρατορίας χρησιμοποιεί πλέον αποκλειστικά την ελληνική, σταδιακά δε ούτε οι ίδιοι οι αυτοκράτορες δεν γνωρίζουν πια τη λατινική.

ΠΕΡΙΟΔΟΙ ΙΣΤΟΡΙΑΣ ΤΗΣ ΕΛΛΗΝΙΚΗΣ ΓΛΩΣΣΑΣ

Αν δει κανείς τυπικά-ποσοτικά τη διάρκεια των περιόδων τής ελληνικής γλώσσας (Αρχαία Ελληνική 1400-300 π.Χ., Αλεξανδρινή Κοινή 300 π.Χ.-6ος μ.Χ. αιώνας, Μεσαιωνική 6ος-18ος αιώνας, Νέα Ελληνική 19ος αι. και εξής), διαπιστώνει ότι συγκριτικά μεγαλύτερη διάρκεια εμφανίζει η Μεσαιωνική Ελληνική (12 αιώνες), ακολουθεί η Αλεξανδρινή Κοινή (9 αιώνες), έπονται δε η Αρχαία Ελληνική (7 αιώνες, λόγω τού χάσματος ανάμεσα στο 1200-720 π.Χ.) και η Νέα Ελληνική (2 τελευταίοι αιώνες). Ωστόσο, και αυτή η εικόνα δεν είναι απόλυτα ικανοποιητική και αληθής από γλωσσικής πλευράς. Η νέα ελληνική γλώσσα, στα βασικά χαρακτηριστικά τής δομής της (τα φωνολογικά και, λιγότερο, τα μορφοσυντακτικά), ανάγεται στους χρόνους τής Αλεξανδρινής Κοινής, το αργότερο δε μέχρι και την πρώιμη ιδίως βυζαντινή περίοδο (6ο-12ο αιώνα) και τη βυζαντινή (12ο-15ο αιώνα) έχει πλήρως διαμορφωθεί. Το να αναγάγεις, λοιπόν, τη νεοελληνική γλώσσα στους δύο τελευταίους αιώνες είναι ιστορικά (με όριο τη δημιουργία τού νεοελληνικού κράτους) σωστό, όμως καθαρώς γλωσσικά και γλωσσολογικά πάσχει, αφού οι απαρχές τής Νεοελληνικής ανάγονται ουσιαστικά στους πρώτους μεταχριστιανικούς αιώνες.

Άρα, η αναφορά στις περιόδους τής ελληνικής γλώσσας είναι αναγκαία μεν, αλλά συμβατική και συχνά συγκαλυπτική τής γλωσσικής πραγματικότητας.

Γεώργιος Μπαμπινιώτης, *Λεξικό της Νέας Ελληνικής Γλώσσας*, εκδ. Κέντρο Λεξικολογίας, β΄ αναθεωρημένη έκδοση, Αθήνα 2004, σ. 18.

ΜΑΡΙΑ ΕΥΘΥΜΙΟΥ

Παρ' όλα αυτά, όμως, οι αυτοκράτορες του Βυζαντίου χρησιμοποιούσαν όλοι, μέχρι τέλους, τον προσδιορισμό «Ρωμαίος αυτοκράτορας». Γιατί συνέβαινε αυτό; Οι αυτοκράτορες του Βυζαντίου χρησιμοποιούσαν, ανελλιπώς και μέχρι τέλους, για τον εαυτό τους τον προσδιορισμό «αυτοκράτωρ Ρωμαίων». Τούτο δεν σχετίζεται πια με την ουσία του όρου, αλλά με τη διεκδίκηση της γεωπολιτικής κληρονομιάς της Ρωμαϊκής Αυτοκρατορίας, η οποία και είχε καταλυθεί ολότελα, στο δυτικό της σκέλος, από τα χτυπήματα των «βαρβάρων», στον 5ο και τον 6ο ήδη αι. μ.Χ.

Καθώς, μετά τον 6ο αιώνα, το μόνο τμήμα της Ρωμαϊκής Αυτοκρατορίας που παρέμεινε όρθιο, για χίλια περίπου ακόμα χρόνια, ήταν το ανατολικό, φιλόδοξοι βασιλείς και πολέμαρχοι που αναδύθηκαν μέσα από τα ερείπια της Δυτικής Ρωμαϊκής Αυτοκρατορίας έσπευσαν να προσθέσουν στον τίτλο τους επίσης τον όρο «αυτοκράτωρ Ρωμαίων», ούτως ώστε να νομιμοποιήσουν τις βλέψεις τους για έλεγχο της εκτεταμένης περιοχής που βρισκόταν άλλοτε υπό την κυριαρχία της Ρώμης. Υπονοώντας, άφατα αλλά απειλητικά, ότι έχουν δικαίωμα και στο επιζών και θάλλον ανατολικό της τμήμα, το Βυζάντιο. Έτσι, όταν ο Φράγκος βασιλιάς Καρλομάγνος, έχοντας καταλάβει μεγάλα τμήματα της Ευρώπης, στέφθηκε αυτοκράτωρ από τον Πάπα το 800 μ.Χ., ονόμασε την αυτοκρατορία του «Ρωμαϊκή». Αργότερα δε προστέθηκε στον τίτλο αυτό και ο προσδιορισμός «Αγία Ρωμαϊκή» και «του Γερμανικού Έθνους», μια και οι Φράγκοι ήταν φύλο γερμανικό.

Κατά τον ίδιο τρόπο, αιώνες μετά, οι αυτοκράτορες

της Γερμανίας αυτοαποκαλούνταν «κάιζερ» –που είναι παραφθορά της λέξης «καίσαρ»–, διεκδικώντας έτσι και αυτοί, εμμέσως πλην σαφώς, την κληρονομιά της Ρωμαϊκής Αυτοκρατορίας σε Ανατολή και Δύση. Για τους ίδιους λόγους, οι αυτοκράτορες της μακρινής Ρωσίας αποκαλούσαν τον εαυτό τους, επί τετρακόσια χρόνια, «τσάρο» – που είναι επίσης σλαβική παραφθορά της λέξης «καίσαρ», από το «τσέζαρ» = «τσαρ».

Αφού αυτοί οι ηγεμόνες, χωρίς μάλιστα να έχουν σχέση με τη Ρωμαϊκή Αυτοκρατορία, ιδιοποιούνταν τον όρο «Ρωμαίος αυτοκράτωρ» για τα γεωπολιτικά τους σχέδια, δεν υπήρχε περίπτωση ο αυτοκράτορας του Βυζαντίου να τον αποποιηθεί. Αν το έπραττε αυτό, θα ήταν σαν να δήλωνε παραίτηση παραχωρώντας χώρο σε δυνητικούς εχθρούς και αντιπάλους. Τη στιγμή που, εάν υπήρχε στη γη κάποιος ηγεμόνας που είχε πραγματικά σχέση με τη Ρωμαϊκή Αυτοκρατορία, ήταν αυτός. Αυτός που –αντίθετα από την καταρρεύσασα Δυτική Ρωμαϊκή Αυτοκρατορία– διοικούσε, χωρίς διακοπή στον χρόνο, μιαν ευρεία θάλλουσα περιοχή της παλιάς ένδοξης Ρωμαϊκής Αυτοκρατορίας. Που κατενίκησε δεκάδες εχθρών που κατά καιρούς της επιτέθηκαν· που έλεγχε, στην ίδια την Ιταλική Χερσόνησο, τη Ραβέννα μέχρι το 751 μ.Χ. και το Μπάρι μέχρι το 1071 μ.Χ.· που εξακολουθούσε να έχει στρατό και θεσμούς σε συνεχή λειτουργία, καθώς και έναν μεγάλο αριθμό οικονομικά σημαντικών πόλεων και λιμανιών. Και που εξακολουθούσε –αυτό κι αν συνιστούσε συνέχεια– να έχει αδιαλείπτως, επί περισσότερα από χίλια έτη, ως έδρα της αυτοκρατορίας του, την ίδια την πρωτεύουσα του Ανατολικού Ρωμαϊκού κράτους, τη θρυλική Κωνσταντινούπολη. Μια από τις μεγαλύτερες και καταπληκτικότερες πόλεις του κόσμου, μια πόλη ξακουστής ομορφιάς και δύναμης – κλάσεις σημαντικότερη από το θλιβερό Άαχεν, την ασήμαντη πρωτεύουσα του Καρλομάγνου, ή τη Μόσχα, τη μεσαιωνική πρωτεύουσα των Ρώσων ηγεμόνων.

Στην εποχή του Βυζαντίου είναι μάλλον που αρχίζει ιστορικά να δημιουργείται ένα θολό τοπίο σε σχέση με τους όρους «Ρωμιός» και «Έλληνας» και το τι σήμαινε ο καθένας. Μοιάζει δευτερεύον θέμα, αλλά σίγουρα καταδεικνύει κάποια πράγματα και έχει σημασία να το αποσαφηνίσουμε.

Το θέμα των εννοιών που κατά καιρούς έχουν λάβει οι όροι «Έλληνας», «Γραικός», «Ρωμιός» ενδιαφέρει τον Νεοέλληνα και βρίσκεται στο κέντρο θερμών και, πολλές φορές, φορτισμένων ιδεολογικά συζητήσεων. Πρόσφατα, το Τμήμα Ιστορίας και Αρχαιολογίας του Πανεπιστημίου Αθηνών είχε την ευχάριστη έκπληξη να δει το βιβλίο που εξέδωσε πάνω στο θέμα, παρότι ογκώδες και εξειδικευμένο, στα ευπώλητα της ελληνικής κίνησης βιβλίου.*
Το γεγονός είναι συγκινητικό και δείχνει επιθυμία εμβάθυνσης της αυτογνωσίας μας ως λαού.

Ας πάρουμε με τη σειρά τους όρους που αναφέρατε. Από τη λέξη «Ρωμαίος», οι Έλληνες κάτοικοι της Βυζαντινής Αυτοκρατορίας —αλλά και, αργότερα, της Οθω-

---

* Όλγα Κατσιαρδή-Hering κ.ά. (επιμ.), *Έλλην, Ρωμηός, Γραικός. Συλλογικοί προσδιορισμοί και ταυτότητες*, εκδ. Ευρασία / Τμήμα Ιστορίας και Αρχαιολογίας του Εθνικού και Καποδιστριακού Πανεπιστημίου Αθηνών, Αθήνα 2018.

μανικής Αυτοκρατορίας, που διαδέχθηκε το Βυζάντιο– ονομάζονταν, για αιώνες, «Ρωμιοί», όρος που συνοδεύει μέχρι σήμερα τον Ελληνισμό και τη Ρωμιοσύνη. Ο όρος αυτός πήρε διαφορετικές αποχρώσεις μέσα στον χρόνο προσδιορίζοντας, κατά καιρούς, ευρύτερες ομάδες της ανατολικής Μεσογείου, αλλά, τελικά, επικράτησε η έννοια του «Έλληνα», τον οποίο και, σχεδόν αποκλειστικά από ένα σημείο πλέον και μετά, προσδιόριζε κάθε φορά.

Η λέξη «Έλλην» δεν είχε καθόλου χαθεί στη διάρκεια του Βυζαντίου, αφού πάντα οι λόγιοί του –ακόμα και οι μοναχοί του– μελετούσαν, και μάλιστα επισταμένως, τα αρχαία ελληνικά κείμενα. Το πράγμα έγινε ακόμα πιο εμφανές κατά τους τελευταίους αιώνες του Βυζαντίου, οπότε η λέξη «Έλλην» χρησιμοποιήθηκε ευρέως ως όρος εθνικού αυτοπροσδιορισμού όχι μόνον από λογίους, αλλά και από τους διοικούντες. Στους απλούς καθημερινούς ωστόσο ανθρώπους, ο όρος είχε επί μακρόν παραμερισθεί, μια και η Εκκλησία τον χρησιμοποιούσε αρνητικά, για να προσδιορίσει τον οπαδό της αρχαίας ελληνικής θρησκείας και του δωδεκάθεου. Κάτι με το οποίο, ως ένθερμοι Χριστιανοί οπαδοί του μονοθεϊσμού, επ' ουδενί δεν ήθελαν να ταυτιστούν.

Οι ξένοι, πάντως, ονόμαζαν σταθερά, και μάλιστα συχνά συλλήβδην, τους κατοίκους της Βυζαντινής Αυτοκρατορίας «Γραικούς» –«Greci», «Greeks», «Grecs», «Griechen»–, συντηρώντας τον αρχαίο όρο που επρόκειτο αργότερα, κατά τις διαδικασίες δημιουργίας του ελληνικού εθνικού κράτους, να επαναχρησιμοποιηθεί από τους Έλληνες λογίους του 18ου και 19ου αιώνα.

Κατ' επέκταση όλων αυτών, τι μπορούμε να πούμε για την ελληνική γραμματεία και παιδεία στους βυζαντινούς αιώνες;

Αυτοί οι «Ρωμαίοι» Έλληνες είναι φορείς συνέχειας της ελληνικής κοινής και, με αυτήν στα χείλη, συνομιλούν, σκέπτονται, θρηνούν, καβγαδίζουν, διασκεδάζουν, ερωτεύονται, βρίζουν, συγγράφουν. Αν και στην περίοδο του Βυζαντίου άνθηση είχαν τα θεολογικά βιβλία και πονήματα, οι λόγιοι του Βυζαντίου, οι πιο εμβριθείς του ευρωπαϊκού Μεσαίωνα, μελετούσαν τα κείμενα των αρχαίων Ελλήνων συγγραφέων, των οποίων τα έργα φύλασσαν, έκριναν, σχολίαζαν.

Έτσι, το 863 μ.Χ., ιδρύθηκε στην Κωνσταντινούπολη το Πανεπιστήμιο της Μαγναύρας, το οποίο θεωρείται άμεση συνέχεια του Πανδιδακτηρίου του 5ου αιώνα και, εξ αυτού, το πρώτο πανεπιστήμιο της Ευρώπης. Εδώ διδάσκονταν γραμματική, αστρονομία, φιλοσοφία, ρητορική, γεωμετρία, μουσική. Διευθυντής του ήταν ο Λέων ο Μαθηματικός, εξέχων λόγιος της εποχής. Ανάμεσα στους δασκάλους του συγκαταλεγόταν και ο θρυλικός Φώτιος, μετέπειτα Πατριάρχης, που θεωρούνταν —και ήταν— ο εμβριθέστερος κλασικός φιλόλογος του Μεσαίωνα σε Ανατολή και Δύση, με βαθιά γνώση της αρχαίας ελληνικής γραμματείας και σκέψης. Επίσης ο Κύριλλος, ο διαφωτιστής των Σλάβων.

Στον επόμενο αιώνα, τον 10ο αι. μ.Χ., συγγράφεται το περίφημο *Λεξικό του Σουίδα* ή *Λεξικό της Σούδας*, μια αξιόλογη προσπάθεια συναγωγής και κωδικοποίησης της μέχρι τότε καταγραφείσης ανθρώπινης γνώσης. Περίπου τότε, τον 11ο αιώνα, ο ιδιοφυής φιλόσοφος, θεολόγος και φιλόλογος Μιχαήλ Ψελλός, ο homo universalis του Βυζαντίου, μπαίνει δυναμικά στον στίβο της βυζαντινής διανόησης προσφέροντας αξιολογότατο έργο πάνω στον Πλάτωνα και τον Αριστοτέλη, αλλά και σε θέματα αστρονομίας, μαθηματικών, γεωμετρίας, μουσικής, ιατρικής. Λίγο αργότερα, τον 12ο αιώνα, η Άννα η Κομνηνή, εσώκλειστη σε μοναστήρι, μας αφήνει την πολύτιμη *Αλεξιάδα* της, από την οποία τόσο πολλές πληροφορίες αντλούμε για την περίοδο των Κομνηνών. Και φυσικά, στον 14ο και 15ο αιώνα, θα εμφανισθούν οι περίφημοι αρχαιογνώστες στοχαστές της πρωτοπόρας Παλαιολόγειας Βυζαντινής Αναγέννησης, όπως ο Βησσαρίων, ο Γεώργιος Πλήθων Γεμιστός και άλλοι. Αυτοί, διαφεύγοντας στην Ιταλία με την επέλαση των Τούρκων, θα έχουν μεγάλη συνεισφορά στην Ιταλική Αναγέννηση. Η οποία, με τη σειρά της, έμελλε ν' αλλάξει την Ευρώπη – και τον κόσμο όλο.

Πολύτιμο και συναρπαστικό πολιτισμικό γαϊτανάκι. Χωρίς αμφιβολία.

Θα χαρακτηρίζατε το Βυζάντιο ως προπύργιο στις επιθέσεις που, για πολλούς αιώνες, δέχθηκε η Ευρώπη από την πλευρά της Ασίας; Και την Κωνσταντινούπολη ως λίκνο πολιτισμού της Ευρώπης για αυτήν την περίοδο;

Το Βυζάντιο έλαμψε στην εποχή του ξεχωρίζοντας, για μακρύ διάστημα, σε Ανατολή και Δύση. Αντιμετώπισε με επιτυχία εχθρούς που δεν μπόρεσε να αντιμετωπίσει το δυτικό τμήμα της Ρωμαϊκής Αυτοκρατορίας, μετατρέποντας τον εαυτό του σε κυματοθραύστη άγριων φυλών του βορρά και της ασιατικής στέπας. Απέκρουσε επανειλημμένα τις επιθέσεις των Αράβων στην Κωνσταντινούπολη και τους εξεδίωξε από την Κρήτη και την Κύπρο περιορίζοντας τα κέρδη του Ισλάμ στην ανατολική Μεσόγειο. Παρέμεινε όρθιο επί 1.100 χρόνια – διάστημα αξιοθαύμαστο και από τα σπάνια στην παγκόσμια Ιστορία. Παρήγαγε εκκλησιαστική μουσική, εικονογραφία, αγιογραφία και υμνωδίες από τις υποβλητικότερες στον κόσμο. Έκτισε κάστρα, τείχη και εκκλησίες υψηλής τεχνικής, συμβολισμού και αισθητικής, με αποκορύφωμα ένα παγκόσμιο αρχιτεκτονικό αριστούργημα: τον Ναό της του Θεού Σοφίας στην Κωνσταντινούπολη. Παρήγαγε πλούσιο νομοθετικό έργο συνεχίζοντας τη λαμπρή ρωμαϊκή παράδοση στον τομέα αυτόν. Περιέθαλψε φτωχούς και αρρώστους μέσω αξιόλογων συστημάτων πρόνοιας που εφάρμοσε.

Πράγματι, ιδιαίτερης μνείας χρήζει το σύστημα περίθαλψης ασθενών, για το οποίο το Βυζάντιο μελετάται μέχρι σήμερα διεθνώς. Σχετίζεται με τη συνέχιση από μέρους του της καλλιέργειας της ιατρικής, που είχε ανθήσει κατά την ελληνική και ρωμαϊκή αρχαιότητα στην ευρύτερη περιοχή. Έτσι, το Βυζάντιο έχει να παρουσιάσει αξιόλογα έργα ιατρικής, ικανούς ιατρούς, θεραπευτικές αγωγές, έργα ανατομίας κ.λπ. Σπουδαιότερο, όμως, απ' όλα είναι το γεγονός ότι έβαλε ψηλά στις προτεραιότητές του την περίθαλψη των ασθενών δημιουργώντας κλινικές μέσα σε μοναστήρια, γνωστές ως «ξενώνες». Πρότυπο ξενώνα θεωρείται εκείνος της Μονής Παντοκράτορος της Κωνσταντινούπολης, που ιδρύθηκε τον 12ο αιώνα από τον αυτοκράτορα Ιωάννη

Κομνηνό. Ο ξενώνας αυτός διέθετε 50 κλίνες, επάρκεια ιατρών και νοσηλευτικού προσωπικού και τέσσερα τμήματα: Παθολογικό, Χειρουργικό, Γυναικολογικό, Οφθαλμολογικό. Διέθετε επίσης φαρμακείο, καθώς και ιατρική βιβλιοθήκη. Δεν είναι μικρές οι επιδόσεις αυτές – για εκείνη την εποχή.

Αναφερθήκατε στον ναό της Αγίας Σοφίας, στην Κωνσταντινούπολη. Για ποιον λόγο αυτός έχει τόσο μεγάλη σημασία, τότε και τώρα;

Η Αγια-Σοφιά κτίσθηκε το 537 στη βάση σχεδίων δύο μεγάλων αρχιτεκτόνων, του Ανθέμιου και του Ισίδωρου. Οι λύσεις που αυτοί έδωσαν σε δυσκολότατα αρχιτεκτονικά προβλήματα επέτρεψαν τη διαμόρφωση τεράστιου εσωτερικού χώρου χωρητικότητας χιλιάδων ατόμων, στεγασμένου από θόλο 54 μέτρων με 40 παράθυρα στη βάση του. Το φως που μπαίνει από τα παράθυρα αυτά –αλλά και από τα ακόμη 140 που ο ναός έχει σε άλλα του σημεία– αναδείκνυε, με τρόπο ονειρικό, τα ασύγκριτης ομορφιάς και τέχνης επιτοίχια χρυσοποίκιλτα ψηφιδωτά, δημιουργώντας υπερβατική ατμόσφαιρα, σε ένα από τα καταπληκτικότερα θρησκευτικά κτίσματα στην Ιστορία της ανθρωπότητας.

Με τον ναό αυτόν, το Βυζάντιο προίκισε την πρωτεύουσά του με το εμβληματικότερο κτίριό της· υπογράμμισε τη θρησκευτική του υπεροχή εντός του χριστιανικού κόσμου της εποχής· απέδειξε τη δύναμη του Χριστιανισμού απέναντι στους αλλόθρησκους γείτονές του· αύξησε το κύρος του σε εχθρούς και σε φίλους· επικύρωσε την κυριαρχία της χριστιανικής θρησκείας στα εδάφη του· ενίσχυσε τη θέση των πατριαρχών και των αυτοκρατόρων του· χαλύβδωσε το φρόνημα, την πίστη και τη νομιμοφροσύνη των υπηκόων του. Συνάμα απέδειξε, πέραν πάσης αμφιβολίας, την κυριαρχία της ελληνικής γλώσσας στην Ανατολική Ρωμαϊκή Αυτοκρατορία, μια και όλες οι επιγραφές σε αγιογραφίες ή άλλα σημεία του πιο επίσημου ναού της αυτοκρατορίας γράφτηκαν στη γλώσσα αυτή. Και μόνον.

Σε αυτόν τον απαράμιλλης ομορφιάς και τέχνης ναό, επί χίλια σχεδόν χρόνια και μέχρι την Άλωση της Πόλης τον Μάιο του 1453, προσευχήθηκαν χιλιάδες πιστών και αναπέμφθηκαν χριστιανικοί ύμνοι θεσπέσιοι, γραμμένοι στην ποιητικότερη εκδοχή της ελληνικής κοινής των αιώνων αυτών. Παρ' όλες τις καταστροφές που ο ναός υπέστη μετά την Άλωση και τη χρήση του ως τεμένους, η μετατροπή του σε μουσείο από τον Μουσταφά Κεμάλ, στη δεκαετία του 1930, επέτρεψε την επαναφορά της ομορφιάς όσων ψηφιδωτών είχαν διασωθεί από το αμμοκονίαμα με το οποίο είχαν καλυφθεί στο διάστημα κατά το οποίο ο ναός λειτουργούσε ως τζαμί.

Παρ' όλες τις φθορές, παρ' όλες τις καταστροφές, η Αγια-Σοφιά διατηρεί τη μοναδικότητά της. Και τούτο γιατί, όπως συμβαίνει με κάθε εμβληματικό θρησκευτικό μνημείο της γης, είναι διαποτισμένη ανεξίτηλα και εις τον αιώνα τον άπαντα με τη συγκίνηση των πιστών που, μέσα στους αιώνες, ακούμπησαν στην ομορφιά και στο μήνυμά της, καθώς και με τη δύναμη του πολιτισμού που τη δημιούργησε. Που, στην περίπτωση της Αγια-Σοφιάς, είναι, κατά κύριο λόγο, χριστιανικός και ελληνικός. Του 6ου αι. μ.Χ. Αλλά και του σήμερα. Γιατί η βαθύτερη πολιτισμική πλευρά των πραγμάτων παραμένει καρτερικά επίμονη μέσα στον χρόνο. Και, σιωπηλά, υποδόρια, δεν ξεθωριάζει ποτέ. Ό,τι κι αν συμβεί.

Μιλήσαμε μέχρι τώρα για λογίους, φιλοσόφους, ιερείς, βασιλείς. Ο καθημερινός άνθρωπος του Βυζαντίου μάς είναι, εν πολλοίς, άγνωστος. Ξέρουμε κάποια πράγματα γι' αυτόν;

Πληροφορίες για τη ζωή και τον κόσμο του καθημερινού ανθρώπου του Βυζαντίου αντλούμε εμμέσως από πρωτογενείς πηγές και εικαστικές αποτυπώσεις της εποχής. Επίσης, από λόγια πονήματα, όπως, π.χ., την *Εξάβιβλο*, το σημαντικότερο νομικό πόνημα της ιστορίας του Νέου Ελληνισμού και ένα από τα πιο μακροχρόνια χρησιμοποιηθέντα στην Ευρώπη, μια και ήταν σε συνεχή και ευρεία χρήση στον ελληνικό κόσμο από τον 14ο μέχρι και τον 19ο αιώνα! Το θρυλικό αυτό έργο συγγράφηκε στην κοινωνικά ταραγμένη Θεσσαλονίκη του 14ου αιώνα από τον λόγιο νομικό Κωνσταντίνο Αρμενόπουλο, ο οποίος είχε την έμπνευση να καταγράψει και να συστηματοποιήσει δοκιμασμένους νόμους αλλά και πλευρές του εθιμικού δικαίου, προς βελτίωσιν της λειτουργίας της κοινωνίας του.

Όσον δε αφορά τη γλώσσα του λαού, η δημώδης λεγόμενη βυζαντινή ποίηση έχει πολλά να μας προσφέρει, δείχνοντας την εγγύτητα της σημερινής μας γλώσσας με εκείνη των εποχών στις οποίες αναφερόμαστε. Έτσι, επί παραδείγματι, σε δημώδες ποίημα του 12ου αιώνα, ο ποιητής, καταρώμενος τα γράμματα, μέμφεται τον εαυτό του για το γεγονός ότι, πειθόμενος στις παραινέσεις

ΚΩΝΣΤΑΝΤΙΝΟΥ
ΑΡΜΕΝΟΠΟΥΛΟΥ
ΚΡΙΤΟΥ ΘΕΣΣΑΛΟΝΙΚΗΣ

Πρόχειρον, τὸ λεγόμενον ἡ Ἑξάβιβλος εἰς κοινὴν γλῶσσαν Μεταφρασθεῖσα, προσετέθη δὲ καὶ παρά

ΑΛΕΞΙΟΥ ΣΠΑΝΟΥ τοῦ ἐξ ΙΩΑΝΝΙΝΩΝ,

Καὶ τὸ περὶ τῶν Συνοικεσίων Ἐγχειρίδιον, ὅ,τε κατ᾿ ἀλφάβητον Πίναξ.

Προτροπῇ τοῦ Πανιερωτάτου καὶ Σεβασμιωτάτου Μητροπολίτου Ἡρακλείας,

ΚΥΡΙΟΥ ΚΥΡΙΟΥ ΓΕΡΑΣΙΜΟΥ

Οὗ καὶ τοῖς ἀναλώμασι τὰ πρῶτα τετύπωται.

Τὰ νῦν αὐξυνθεῖσα μετά τινων Ἀποστολικῶν, Συνοδικῶν τε, καὶ Πατερικῶν Κανόνων τῶν ἐν χρήσει, καὶ πλέον ὠφελίμων εἰς τὸ αὐτὸ κοινὸν ἡμέτερον ἰδίωμα μεταφρασθέντων.

αψϟγ'. ΕΝΕΤΙΗΣΙΝ, 1793.

Ἐν τῇ Τυπογραφίᾳ τοῦ ποτὲ Δημητρίου Θεοδοσίου, Νῦν δὲ Πάνου Θεοδοσίου τοῦ ἐξ Ἰωαννίνων.

CON LICENZA DE' SUPERIORI.

Η Εξάβιβλος του Κωνσταντίνου Αρμενόπουλου.
Σε έκδοση του 1793, στη Βενετία.

του πατέρα του, σπούδασε νομίζοντας ότι μετά θα ζούσε μιαν άνετη οικονομικά ζωή. Πράγμα που, στην πράξη, αποδείχθηκε ότι δεν ήταν καθόλου έτσι: «Από μικρόθεν μ' έλεγεν ο γέρων ο πατήρ μου· / Παιδίν μου, μάθε γράμματα και ωσάν εσέναν έχει. / Βλέπεις τον δείνα, τέκνον μου, πεζός περιεπάτει, / και τώρα διπλοεντέλινος και παχυμουλαράτος. / Αυτός, όταν εμάνθανε, υπόδησιν ουκ είχε / και τώρα, βλέπεις τον, φορεί τα μακρομύτικά του [: αρχοντικά παπούτσια]. / [...] Και έμαθον τα γραμματικά μετά πολλού τού κόπου. / Αφού δε τάχα γέγονα γραμματικός τεχνίτης, / επιθυμώ και το ψωμίν και του ψωμιού την μάνναν, / υβρίζω τα γραμματικά, λέγω μετά δακρύων· / Ανάθεμαν τα γράμματα, Χριστέ, και οπού τα θέλει».

Πότε θεωρείτε ότι άρχισε η κόπωση και η αντίστροφη πορεία της Βυζαντινής Αυτοκρατορίας;

Η αντιστροφή των πραγμάτων για το επί μακρόν υπερέχον Βυζάντιο έρχεται κατά τον 11ο αιώνα. Τότε η Βυζαντινή Αυτοκρατορία μπαίνει σε αργή αλλά σταθερή κάθοδο, την ίδια στιγμή που η πολιτισμικά και οικονομικά καθυστερημένη, μέχρι τότε, Δύση κινείται σε αργή αλλά σταθερή άνοδο. Οι δύο πορείες θα διασταυρωθούν περί το 1400, οπότε πλέον το Βυζάντιο, κατερχόμενο, θα βρίσκεται πίσω από τις εξελίξεις, ενώ η Δύση θα μπαίνει στη δυναμική φάση που θα την εκτινάξει στα ύψη – και στον έλεγχο της γης.

Πριν, όμως, από αυτήν την αναμέτρηση, το Βυζάντιο είχε ζήσει τις μεγάλες ανατροπές που είχαν φέρει, στα ανατολικά του, η γέννηση και η εξέλιξη του Ισλάμ.

Η άνοδος του Ισλάμ επρόκειτο να παίξει ρόλο πολλαπλό, μια και θα στερούσε από το Βυζάντιο πολύτιμα εδάφη στη Μέση Ανατολή και θα κινητοποιούσε τα θρησκευτικά και πολεμικά του αντανακλαστικά στο έπακρον, την ίδια ώρα που θα οδηγούσε σε μεγάλης κλίμακας πολιτισμικές ανταλλαγές σε κάθε πεδίο, από την αρχιτεκτονική και τη φιλοσοφία μέχρι την ιατρική και την ποίηση. Αρκεί κανείς να δει το εκπληκτικό Μεγάλο Τέμενος των Ομεϋαδών της Δαμασκού, κτισμένο στον 8ο αιώνα από Βυζαντινούς μηχανικούς, αρχιτέκτονες και τεχνίτες ψηφιδωτών, για να κατανοήσει την έκταση του φαινομένου.

Στηριζόμενος –λόγω των πολλών ελληνομαθών που έγιναν οπαδοί της νέας θρησκείας– στη δυνατότητα μελέτης των αρχαίων ελληνικών κειμένων, ο αραβικός κόσμος παρήγαγε τον δικό του μεγαλειώδη αραβικό πολιτισμό. Αυτός διέγραψε μια εκτυφλωτική πορεία από τον 8ο έως τον 10ο αιώνα, μπαίνοντας σταδιακά σε κάθοδο τον ίδιο αιώνα που μπήκε και το Βυζάντιο στη δικιά του, στον 11ο αιώνα. Λες και άρχισε να παραμερίζει και αυτός, για να κάνει χώρο στην ανερχόμενη Δύση. Που, και αυτή, για την άνοδό της, θα στηριχθεί, από την Αναγέννηση κιόλας, στα αρχαία ελληνικά γράμματα και την αρχαία ελληνική επιστήμη. Σε γερές και δοκιμασμένες στον χρόνο βάσεις, δηλαδή. Γραμμένες, εδώ και χιλιάδες χρόνια, σε μια λαμπρή, απαράμιλλη γλώσσα: την ελληνική.

Η Βυζαντινή Αυτοκρατορία ήταν η μόνη που στάθηκε όρθια και ακμάζουσα στη διάρκεια των σκοτεινών χρόνων της Δύσης. Μέσα από αυτό το ιστορικό δεδομένο, πώς κρίνετε τη συνάντηση Βυζαντίου και Δύσης κατά τους αιώνες που ακολούθησαν;

Η διασταύρωση του Βυζαντίου με τη Δύση είχε άλλα χαρακτηριστικά και άλλες βάσεις. Του ίδιου θρησκεύματος και των ίδιων περίπου ελληνορωμαϊκών καταβολών, οι δύο πλευρές είχαν ευκαιρίες επαφών μέσα στους αιώνες. Αλλά και ευκαιρίες συγκρούσεων, πολιτικών και θρησκευτικών – με αποκορύφωμα το Σχίσμα των Εκκλησιών του 1054, ένα σχίσμα που επέφερε όχι μόνο θρησκευτική, αλλά και ψυχική αποξένωση μεταξύ τους.

Κατά τη σταδιακή τους άνοδο μετά τον 11ο αιώνα, οι Δυτικοί βρήκαν την ευκαιρία, μέσα από γεγονότα της Δ΄ Σταυροφορίας, να καταλάβουν το 1204 και για εξήντα χρόνια την Κωνσταντινούπολη και να διοικήσουν, για πολλούς αιώνες, μεγάλες νησιωτικές και παράλιες περιοχές του Βυζαντίου: την Αττική, τη Βοιωτία, την Εύβοια, τα Ιόνια νησιά, μεγάλα τμήματα της Πελοποννήσου, την Κρήτη, την Κύπρο και τα νησιά του Αιγαίου. Ανάμεσα σ' αυτούς τους Δυτικούς, κυριότεροι ήσαν οι Βενετοί, οι Γενοβέζοι, οι Καταλανοί, διάφορα σταυροφορικά τάγματα, καθώς και φεουδαρχικοί οίκοι – της Γαλλίας, κυρίως.

Κατά τη διάρκεια των αιώνων της Λατινοκρατίας, ο Ελληνισμός επηρεάστηκε, σε όχι μικρό βαθμό, από τον πολιτισμό και τη γλώσσα των κυριάρχων, με αποτέλεσμα να μπουν στο λεξιλόγιό του πολλές ευρωπαϊκές λέξεις, κυρίως ιταλικές. Επηρεάσε επίσης και επηρεάστηκε σε πλευρές της τέχνης και της λογοτεχνίας, με χαρακτηριστικό προϊόν το αγαπητό στη Δύση έμμετρο μυθιστόρημα, καθώς και το έμμετρο θέατρο. Ανάμεσά τους, το κρητικό λογοτεχνικό αριστούργημα του Βιτσέντζου Κορνάρου *Ερωτόκριτος*, ένα θαύμα χρήσεως ελληνικού λόγου του 17ου αιώνα. Ή το έργο του μεγάλου Κρητικού ζωγράφου Δομήνικου Θεοτοκόπουλου, του απαράμιλλου «Έλληνα» El Greco, κατά τον 16ο αιώνα.

Για του λόγου το αληθές, ας δούμε το επίπεδο των ελληνικών σε ένα απόσπασμα από το έμμετρο μυθιστόρημα, του 14ου μάλλον αιώνα, *Βέλθανδρος και Χρυσάντζα*, στο σημείο που η Χρυσάντζα θρηνεί τον θάνατο του αγαπημένου της: «Βέλθανδρε, φως μου, μάτια μου, ψυχή μου και καρδιά μου / νεκρόν και πώς σε θεωρώ, άπνουν και πώς σε βλέπω / αντί στρωμάτων τε λαμπρών βασιλικής τε κλίνης / και πέπλον μαργαρόστρωτον οις έδει σε σκεπάζειν / κείσαι εις άμμον ποταμού ούτως γεγυμνωμένος. / Πού του πατρός σου ο κλαυθμός, πού και του αδελφού σου / των συγγενών σου των λαμπρών πού και των μεγιστάνων, / οι δούλοι και δουλίδες σου να κλαύσουν, να θρηνήσουν;». Ή το λαϊκό κανάκεμα που επικαλείται και τον «Σπάνια», τον βασιλιά της Ισπανίας δηλαδή: «Του παιδιού μου εγώ τον γάμο / Μάη κι Απρίλη θα τον κάμω. / Θα καλέσω νιους και γέρους / τ' ς αρχοντιάς τούς καλυτέρους. / Θα καλέσω και τον Σπάνια / για ν' αλλάξει τα στεφάνια. / Και τη Ρήγαινα την ίδια / για ν' αλλάξει δακτυλίδια».

Πολιτισμικές ωσμώσεις λαγαρές και συναρπαστικές. Στη λατινοκρατούμενη ανατολική Μεσόγειο...

Η πανίσχυρη μέσα στους αιώνες ελληνική γλώσσα συνέχιζε να παίζει κεντρικό ρόλο σε όλα αυτά τα γεγονότα;

Η ισχύς της ελληνικής γλώσσας, η τόσο ανθεκτική στον χρόνο, θα αρχίσει, μετά τον 8ο αιώνα, να χάνει, αργά αλλά σταθερά, τη δύναμή της. Το αρχικό κτύπημα θα προέλθει από την επέκταση του Ισλάμ και την υποχώρηση του Βυζαντίου από τα εδάφη της Μέσης Ανατολής και την Αίγυπτο, οπότε η αραβική θα είναι αυτή που, σταδιακά, θα επικρατήσει πλέον εκεί. Μετά το 1000, τα κύρια κτυπήματα θα προέλθουν από δύο πλευρές: τους επεκτεινόμενους μουσουλμάνους Τούρκους, από τα ανατολικά, και τους ενισχυόμενους Χριστιανούς Καθολικούς Δυτικούς, από τα δυτικά.

Και οι δύο θα επιτεθούν εναντίον του Βυζαντίου, θα αποσπάσουν ευρέα εδάφη του και θα εγκαθιδρύσουν νέους θεσμούς και πραγματικότητες που θα λειτουργήσουν, ανάμεσα στ' άλλα, προς όφελος των δικών τους πολιτισμικών συντεταγμένων. Η ιταλική γλώσσα, όπως είπαμε, θα γίνει τμήμα της καθημερινότητας των Ελλήνων στις περιοχές ελέγχου από ιταλικές πόλεις, με αποτέλεσμα την είσοδο ιταλικών λέξεων στην ελληνική. Αντιστοίχως, η κατάκτηση όλο και περισσότερων εδαφών του Βυζαντίου από τους Τούρκους θα λειτουργήσει υπέρ της τουρκικής γλώσσας, με αποτέλεσμα την είσοδο, αυτήν τη φορά, τουρκικών λέξεων στην ελληνική.

Πρώτοι κατέλαβαν μεγάλο τμήμα της Μικράς Ασίας οι Σελτζούκοι Τούρκοι, μετά τη νίκη τους κατά του βυζαντινού στρατού στη μάχη του Ματζικέρτ, το 1071. Θα ακολουθήσουν οι Οθωμανοί Τούρκοι. Αυτοί, μετά το

1300, θα καταλάβουν τη Μικράν Ασία και, σταδιακά, ολόκληρη τη Βαλκανική μέχρι και την Ουγγαρία, την ανατολική Μεσόγειο, τη βόρεια Αφρική, τη Μέση Ανατολή και τον Εύξεινο Πόντο.

Η έλευση και εγκατάσταση των Οθωμανών Τούρκων στα ευρωπαϊκά εδάφη του Βυζαντίου πώς έγινε, κατ' αρχάς, αντιληπτή ως γεγονός από τους τότε κατοίκους του Βυζαντίου;

Εκπλήττει σήμερα το γεγονός ότι, κατά την ώρα της προέλασης των Οθωμανών τον 14ο και 15ο αιώνα, οι πολιτισμικές ωσμώσεις που είχαν αναπτυχθεί με τους κυρίαρχους Δυτικούς δεν θα εμποδίσουν τη βυζαντινή κοινωνία να είναι, στην πλειοψηφία της, «ανθενωτική», να προτιμά δηλαδή, μέσα στο αδιέξοδό της, την κατίσχυση των επελαυνόντων Τούρκων παρά των επεκτεινομένων Δυτικών.

Η σταθερή αυτή στάση της βυζαντινής κοινωνίας σχετιζόταν, σε έναν βαθμό, με το γεγονός ότι, στις λατινοκρατούμενες περιοχές, η Ορθόδοξη Εκκλησία αντιμετωπιζόταν από τους Καθολικούς Δυτικούς κυριάρχους, κατά κανόνα, με περιφρόνηση και αποκλεισμούς, ενώ, αντίθετα, στις τουρκοκρατούμενες περιοχές εξακολουθούσε να λειτουργεί χωρίς να βλαφθεί η εκκλησιαστική της ιεραρχία. Για να γίνει το γεγονός βαρύτερο, η περιφρονητική στάση των ισχυρών, πλέον, Δυτικών συνοδευόταν από απαίτηση Ένωσης των δύο Εκκλησιών στη βάση των προταγμάτων της Δυτικής και όχι της Ορθόδοξης Εκκλησίας. Τούτο ο μέσος Βυζαντινός το εξελάμβανε ως μέγιστη προσβολή, την οποία δεν ήταν διατεθειμένος να δεχθεί. Εξού και στο δίλημμα «Τούρκος ή Φράγκος» απαντούσε αταλάντευτα, επί δύο περίπου αιώνες και μέχρι την πτώση της Κωνσταντινούπολης, με φράσεις του τύπου «Κάλλιο του Τούρκου το σπαθί, παρά του Φράγκου το ψωμί» ή «Κρείττον εμπεσείν εις χείρας Τούρκων ή Φράγκων».

Αυτή η περίοδος, όπως και η περίοδος του ίδιου του Σχίσματος, διαμόρφωσε αισθήματα απώθησης, δυσπιστίας και αντιπαλότητας των Ορθοδόξων απέναντι στους Καθολικούς και τη Δύση – και αντίστροφα. Αισθήματα που, σε έναν βαθμό και υπό περίπλοκες ιδεολογικές διαδρομές, συνοδεύουν τον Έλληνα μέχρι σήμερα, παρ' όλη τη στενή πολιτική και διπλωματική σύνδεσή του, κατά τα τελευταία διακόσια χρόνια, με τη Δύση. Την ίδια ώρα που οι Τούρκοι –και το Ισλάμ– διεμβόλιζαν την Ευρώπη και εγκαθίσταντο στη νοτιοανατολική πλευρά της.

ΜΕΡΟΣ Γ΄

Αντιμετωπίζοντας ανακατατάξεις και προκλήσεις

Ο Ελληνισμός από το τέλος του Βυζαντίου έως το 1821

Αιέν αιέν και νυν και νυν τα πουλιά κελαηδούν
ΑΞΙΟΝ ΕΣΤΙ το τίμημα.

Οδυσσέας Ελύτης, *Το Άξιον Εστί*,
ό.π., σ. 70.

Η πρώτη ελληνική εφημερίδα, η «Εφημερίς», εκδόθηκε στη Βιέννη το 1790. Εκδότες, οι Κοζανίτες αδελφοί Μαρκίδες Πούλιου.

Στη χιλιόχρονη Βυζαντινή Αυτοκρατορία, σε ποιο σημείο άρχισε η μετάβαση από τον σημαντικό Μεσαιωνικό Ελληνισμό στον Νέο Ελληνισμό;

Η συζήτηση για το πότε θα μπορούσε να τοποθετηθεί η αρχή της Ιστορίας του Νέου Ελληνισμού σχετίζεται με τα όσα μόλις ελέχθησαν, και απασχόλησε τους Έλληνες ιστορικούς του 19ου και του 20ού αιώνα. Για μακρύ διάστημα, φαινόταν αυτονόητο ότι η τομή ανάμεσα στον Μεσαιωνικό Ελληνισμό, δηλαδή το Βυζάντιο, και τον Νέο Ελληνισμό θα έπρεπε να τοποθετηθεί στο χρονικό σημείο της πτώσης της Κωνσταντινούπολης, το 1453.

Η πτώση της Βασιλεύουσας υπήρξε, πράγματι, γεγονός συνταρακτικό, μια και «Η Πόλις ήτον το σπαθί, η Πόλις το κοντάρι / Η Πόλις ήτον το κλειδί της Ρωμανίας όλης / Κι εκλείδωνεν κι εσφάλιζεν όλην την Ρωμανίαν / Κι όλον το Αρχιπέλαγος εσφικτοκλείδωνέν το». Ωστόσο, εξαρχής υπήρχε η ένσταση ότι, παρ' όλη την τεράστια σημασία της, η πτώση της Κωνσταντινούπολης από τους Οθωμανούς Τούρκους δεν σηματοδοτούσε πραγματικά τομή, μια και τα πολιτισμικά, δημογραφικά, ιδεολογικά και πολιτικά φαινόμενα είχαν μακρά επώαση και ωρίμαση από προηγούμενους αιώνες. Έτσι, ως εναλλακτικές χρονολογίες συζητήθηκαν το έτος 1071 –οπότε ένα σημαντικό χαρακτηριστικό της ζωής του Νέου Ελληνισμού, η μακρά, όπως αποδείχθηκε, συνύπαρξη με τους Τούρκους, δρομολογήθηκε με τη μάχη του Ματζικέρτ και την κατάληψη μεγάλου τμήματος της Μικράς Ασίας από τους Σελτζούκους Τούρκους– ή το έτος 1204. Τότε, το 1204, η Κωνσταντινούπολη κατελήφθη για 60 έτη από τους σταυροφόρους της Δ΄ Σταυροφορίας, με αποτέλεσμα τη δημιουργία δυτικών κρατιδίων σε μικρές και μεγάλες περιοχές της σημερινής Ελλάδας και τη στενή σύνδεση των Ελλήνων με τη Δύση, επί πολλούς αιώνες.

Τελικά, έχει γίνει ευρέως δεκτή η χρονολογία 1204, χάρις στη συμβολή σημαντικών ιστορικών του 19ου και του 20ού αιώνα όπως οι Κ. Παπαρρηγόπουλος, Κ. Άμαντος, Απ. Βακαλόπουλος, καθώς και φιλολόγων όπως ο Κ.Θ. Δημαράς, οι οποίοι επεσήμαναν την εγγύτητα της ελληνικής γλώσσας του 13ου αιώνα με τη σημερινή εκδοχή της.

Υπήρξαν, ωστόσο, και ιστορικοί που αμφισβήτησαν τη βιολογική συνέχεια του Ελληνισμού, όπως ο Γερμανός Γιάκομπ Φίλιπ Φαλμεράυερ, κατά τον 19ο αιώνα.

Το ερώτημα σχετίζεται, εν μέρει, με τη δημογραφική παράμετρο και τις ανατροπές που η περίοδος, σε πολλά επίπεδα, επέφερε.

Στο σημείο αυτό, είναι σημαντικό να υπενθυμίσουμε ότι ο Ελληνισμός, κατά τη διάρκεια πολλών αιώνων, χάρις στην πολιτισμική δύναμη που εκθέσαμε, είχε το προνόμιο να προσελκύει και να ενσωματώνει στους κόλπους του περισσότερα άτομα από όσα δικά του αφομοιώνονταν σε αλλότρια περιβάλλοντα. Ήταν τέτοια η αφομοιωτική δύναμη του Ελληνισμού, που οι αρχαίοι Έλληνες έλεγαν τη φράση «Έλληνες καλούνται οί τῆς παιδεύσεως τῆς ἡμετέρας μετέχοντες», ακριβώς γιατί η αφομοίωση προς την ελληνικότητα, μέσω της ελληνικής παιδείας και του ελληνικού πολιτισμού, είχε γίνει αναμενόμενη κανονικότητα σε έναν ευρύ γεωγραφικό κύκλο της Μεσογείου και του Ευξείνου Πόντου, επί πολλούς αιώνες.

Για να έρθουμε στη θεωρία του Φαλμεράυερ (Jacob Philip Fallmerayer), του Γερμανού ιστορικού του 19ου αιώνα, πρέπει να πούμε ότι πράγματι προκάλεσε έντονες αντιδράσεις κατά την περίοδο διαμόρφωσης του ελληνικού εθνικού κράτους, συνταράσσοντας τον όπου γης Ελληνισμό. Ο λόγος ήταν ότι ο Φαλμεράυερ αμφισβήτησε, όπως είπατε, τη βιολογική συνέχεια του Ελληνισμού υποστηρίζοντας ότι το νήμα της συνέχειας είχε χαθεί από τις πυκνές καθόδους Σλάβων από τον 6ο έως τον 8ο αι. μ.Χ., –ιδίως στην Πελοπόννησο– για να επιβαρυνθεί στη συνέχεια ακόμη περισσότερο από την κάθοδο Αλβανών προς τον νότο της Βαλκανικής, στα ελληνικά εδάφη.

Στη θεωρία αυτή αντέδρασαν ξένοι και Έλληνες επιστήμονες του 19ου αιώνα, με κορυφαίο τον ιστορικό Κωνσταντίνο Παπαρρηγόπουλο. Ο τελευταίος συνέθεσε τη μνημειώδη του *Ιστορία του Ελληνικού Έθνους* προκειμένου να καταδείξει τη συνέχεια του Ελληνισμού – την οποία, πάντως, ο φωτισμένος ιστορικός τοποθετεί κατά κύριο λόγο πολιτισμικά και όχι βιολογικά, μια και πολιτισμική και όχι βιολογική είναι η κύρια παράμετρος συνέχειας των εθνών. Το θέμα είναι τόσο καίριο, που, σχετικά πρόσφατα, ο Καθηγητής Ιστορίας του Πανεπιστημίου Θεσσαλονίκης Απόστολος Βακαλόπουλος, στον πρώτο τόμο της πολύτομης εμβληματικής του *Ιστορίας του Νέου Ελληνισμού*, θεώρησε σκόπιμο, πριν αρχίσει την πραγμάτευση του θέματός του, να αναφερθεί εκτενώς στις ανθρώπινες ομάδες που –πέραν, φυσικά, των ίδιων των Ελλήνων– έπαιξαν δημογραφικό ρόλο στη διαμόρφωση του Νέου Ελληνισμού. Κυρίως στους Σλάβους, τους Αλβανούς και τους Βλάχους.*

Με ελάχιστα, ούτως ή άλλως, εξαρχής τα απτά ιστορικά στοιχεία, πολλοί μελετητές καταλήγουν στο συμπέρασμα ότι ναι μεν σλαβικές ομάδες έφτασαν στην Πελοπόννησο κατά τους αιώνες που είπαμε, ωστόσο τα άτομα αυτά δεν αναπτύχθηκαν εν κενώ αλλά δίπλα σε ελληνικές κοινότητες ισχυρές πολιτισμικά, οι οποίες και θα πρέπει να ήταν, συγκριτικά, πολυπληθείς, μια και αφομοίωσαν τις σλαβικές αυτές ομάδες μέσα στον χρόνο. Είναι, εξάλλου, ενδεικτικό ότι οι Σλάβοι, εκτός από τοπωνύμια, δεν άφησαν ισχυρό πολιτισμικό αποτύπωμα στον Νέο Ελληνισμό, καθώς, αναλογικά, λίγες λέξεις τους έχουν μπει στο ελληνικό λεξιλόγιο, ενώ, αντίστροφα, πολύ περισσότερες ελληνικές λέξεις και όροι έχουν μπει στις σλαβικές γλώσσες. Ως φαίνεται, λοιπόν, άλλες ομάδες εκ των Σλάβων που είχαν μετακινηθεί νοτιότερα αφομοιώθηκαν από τους Έλληνες, άλλες δε μετακινήθη-

---

* Απόστολος Βακαλόπουλος, *Ιστορία του Νέου Ελληνισμού*, τ. Α΄, Θεσσαλονίκη 1974, σ. 15-46.

καν ξανά, μια και, κατά τις εποχές εκείνες, η συνεχής μετακίνηση ήταν ακόμα στη φύση τους.

Όμως, μέσα στους πρόσφατους αναλογικά αιώνες, εκτός από τους Τούρκους, φαίνεται να έχουμε σχέση και σύζευξη και με τους Αλβανούς. Επίσης, αντίστοιχη σχέση παρατηρείται και με άλλες ομάδες, όπως οι Βλάχοι. Ως ιστορικός, θεωρείτε ότι ισχύει αυτό;

Το θέμα των Αλβανών που θίγετε, όπως και εκείνο των Βλάχων –των Αρωμούνων δηλαδή, όπως είναι ο διεθνής όρος– είναι πράγματι άξιο πραγμάτευσης.

Οι Βλάχοι, οι λατινόφωνοι αυτοί κάτοικοι ορεινών περιοχών της Βαλκανικής και της ελληνικής χερσονήσου, έπαιξαν ρόλο στη νεότερη ελληνική και βαλκανική Ιστορία – με την ελληνική πλευρά να έχει και πάλι την τύχη να αποτελεί πόλο αφομοίωσής τους, παρά το αντίστροφο. Η αφομοίωση επετεύχθη μέσω του μακρόχρονου συγχρωτισμού Ελλήνων και Αρωμούνων στα ορεινά μονοπάτια και στις εμπορικές ατραπούς στις οποίες και οι δύο επί αιώνες κινούνταν. Αλλά κυρίως μέσω των σχολείων. Των ελληνικών φυσικά σχολείων, μια και οι Βλάχοι –που, όπως έχουμε ήδη πει, είχαν προφορική μόνο γλώσσα, αλλά τάση στη μόρφωση και την προκοπή– στράφηκαν σταθερά προς την ελληνική εκπαίδευση κατά τη διάρκεια της Τουρκοκρατίας. Έτσι, με λίγες εξαιρέσεις, οι Αρωμούνοι της ευρύτερης περιοχής μας αποδείχθηκαν, μέσα στους αιώνες, συνδεδεμένοι, κατά κανόνα, με τους Έλληνες. Εξ αυτού, δεν είναι τυχαίο ότι πολλοί Έλληνες εθνικοί ευεργέτες του 19ου αιώνα ήταν αρωμουνικής καταγωγής, όπως ο Αρσάκης, ο Σίνας, ο

Δούμπας, ο Αβέρωφ, ο Στουρνάρης, ο Τοσίτσας και πολλοί άλλοι.

Οι Αλβανοί συγκροτούν και αυτοί ένα σημαντικό κεφάλαιο ως προς το θέμα. Από τον 13ο έως και τον 15ο αιώνα, γνωρίζουμε ότι αλβανικές ομάδες και φάρες κινήθηκαν αυτοβούλως προς τον νότο. Άλλοι κλήθηκαν από ηγεμόνες να κατεβούν και να εγκατασταθούν προκειμένου να βοηθήσουν στις αγροτοκαλλιέργειες αλλά και να βελτιώσουν την τοπική άμυνα νοτιότερων περιοχών που είχαν δει τους πληθυσμούς τους να μειώνονται λόγω αλλεπάλληλων πολέμων, καταστροφών και επιδημιών. Από αυτούς προέρχονται, σε ανάμειξη με τους ντόπιους κατοίκους, οι Έλληνες Αρβανίτες μας. Στην περίπτωση των Αρβανιτών, η συνύπαρξη εξελίχθηκε μέσα στους αιώνες σε αυτονόητη ταύτιση, με αποτέλεσμα οι, συνήθως δίγλωσσοι, Αρβανίτες Έλληνες να έχουν παίξει ρόλο, ως ένθερμοι πατριώτες, σε όλες τις πτυχές της ζωής του Νέου Ελληνισμού.

Όσον αφορά τους Τούρκους, με αυτούς η ανάμειξη είχε αντίστροφη πορεία. Τούτο συνδέεται με τον απαράβατο κανόνα συμβίωσης των Οθωμανών σύμφωνα με τον οποίο απαγορευόταν, επί ποινή θανάτου, η ένωση «απίστου» με «πιστή» (οπότε το θρήσκευμα των τυχόν τέκνων θα κινούνταν αναγκαστικά προς την πλευρά του θρησκεύματος του «απίστου» ανδρός), ενώ ενθαρρυνόταν το αντίθετο, δηλαδή η ένωση «πιστού» με «άπιστη». Και πράγματι, οι γάμοι τέτοιου τύπου ήταν πολλοί κατά τους αιώνες της οθωμανικής κυριαρχίας. Στην περίπτωση αυτή, όπως ήταν φυσικό, τα τέκνα γίνονταν υποχρεωτικά «πιστά» όπως ο πατέρας, δηλαδή Μουσουλμάνοι.

ΡΙΖΕΣ ΚΑΙ ΘΕΜΕΛΙΑ

Το αποτέλεσμα είναι οι σημερινοί Τούρκοι να παρουσιάζουν τεράστιας κλίμακας ανάμειξη με τους «άπιστους» λαούς τους οποίους υπέταξαν, ενώ, στην αντίστροφη πλευρά, η ανάμειξη υπήρξε σαφώς μικρότερη.

Όμως κάπου εδώ δεν θα πρέπει να κοιτάξουμε και τη σχέση που υπάρχει από την αρχαιότητα μεταξύ Ελλήνων και Εβραίων; Άλλωστε η παρουσία τους ήταν σημαντική στα Βαλκάνια.

Σωστά, υπάρχει και η παράμετρος των Εβραίων, με τους οποίους ο Ελληνισμός συνυπάρχει, μέσα από πολλές διαδρομές, από την αρχαιότητα. Καθόλου τυχαίο, μια και οι δύο είναι αρχαίοι λαοί, με ειδική –ο καθένας για άλλους λόγους– πολιτισμική βαρύτητα σε παγκόσμιο επίπεδο, που αναπτύχθηκαν στην ίδια ευρεία γεωγραφική περιοχή, την ανατολική Μεσόγειο.

Αρχαιολογικά ευρήματα αποδεικνύουν ότι Εβραίοι κατοικούσαν στη Δήλο, στην Κόρινθο και αλλού από την αρχαιότητα, η δε παρουσία τους συνεχίστηκε αδιάλειπτα σε περιοχές της Βυζαντινής Αυτοκρατορίας μέχρι και την κατάκτηση της τελευταίας από τους Οθωμανούς. Οι Εβραίοι αυτοί μιλούσαν ελληνικά, ενώ διατηρούσαν τη θρησκεία των προγόνων τους, εξ αυτού και ονομάζονταν «Ρωμανιώτες» Εβραίοι – από τη λέξη «Ρωμαίος», «Ρωμιός», ελληνόφωνος. Δεν ήταν δημογραφικά πολλοί, οι κοινότητές τους ωστόσο είχαν ειδικό βάρος, καθώς έπαιζαν σημαντικό ρόλο στις περιοχές όπου ζούσαν και δραστηριοποιούνταν ως τεχνίτες, έμποροι κ.λπ.

Οι Σεφαραδίτες αποτελούν άλλη ομάδα Εβραίων, που ήρθε στους νεότερους χρόνους προς τα μέρη μας –προς την ανατολική Μεσόγειο δηλαδή-, το δε χαρακτηριστικό τους ήταν ότι μιλούσαν ισπανοεβραϊκά, εξού και ο όρος «Σεφαραδίτες», από τη λέξη «Sepharad» που θα πει «Ισπανία» στα εβραϊκά. Αυτοί προέρχονταν από το μεγάλο κύμα Εβραίων που αναγκάστηκε να εγκαταλείψει την Ισπανία το 1492, όταν οι Ισπανοί βασιλείς Φερδινάνδος και Ισαβέλλα, μετά την κατάληψη της Γρανάδας και τη νίκη τους επί των Αράβων, διέταξαν την επί ποινή θανάτου εκδίωξη των πολυάριθμων Εβραίων του βασιλείου τους. Από αυτούς τους ισπανόφωνους Εβραίους, μερικές δεκάδες χιλιάδες ήρθαν στην Οθωμανική Αυτοκρατορία και εγκαταστάθηκαν σε μεγάλες πόλεις, όπως στην Κωνσταντινούπολη, την Αδριανούπολη, τη Λάρισα, τα Σκόπια, τη Σόφια και αλλού.

Η πόλη όπου εγκαταστάθηκαν μαζικότερα ήταν η Θεσσαλονίκη. Αυτή, από τον 16ο μέχρι και τα μέσα του 20ού αιώνα, διέθετε έναν εντυπωσιακό αριθμό Εβραίων κατοίκων -κατά περιόδους, σαφώς πλειοψηφικό-, που μιλούσαν ισπανικά και αποκαλούσαν τη Θεσσαλονίκη «Madre d'Israel», Μητέρα των Εβραίων δηλαδή. Και χάθηκαν μαζικά το 1943, όταν οι ναζί οργάνωσαν τον εξολοθρεμό τους μεταφέροντάς τους στα ναζιστικά στρατόπεδα εξόντωσης της Πολωνίας.

Σήμερα, μετά το Ολοκαύτωμα του Β΄ Παγκοσμίου Πολέμου και τη μεταπολεμική μετανάστευση Εβραίων προς το κράτος του Ισραήλ, οι εν Ελλάδι Εβραίοι υπολογίζονται σε πέντε περίπου χιλιάδες και κατοικούν, κατά κύριο λόγο, στην πρωτεύουσα της χώρας, την Αθήνα, και λιγότερο σε πόλεις όπως η Θεσσαλονίκη, η Λάρισα, τα Ιωάννινα, ο Βόλος κ.ά.

Σε αυτήν την ταραγμένη Βαλκανική Χερσόνησο, πώς θα περιγράφατε με λίγα λόγια την παρουσία του Νέου Ελληνισμού;

Είναι σημαντικό να υπογραμμίσουμε ότι, κατά τη διάρκεια των μακρών αιώνων του Νέου Ελληνισμού μέχρι και τις αρχές του 20ού αιώνα, οι Έλληνες συγκροτούσαν μια εξαιρετικά διαχυμένη –τόσο σε γεωγραφικό εύρος όσο και σε αριθμό– ανθρώπινη ομάδα στη Βαλκανική, με ό,τι αυτό σημαίνει για τη δημογραφική εικόνα των επιμέρους περιοχών της Χερσονήσου του Αίμου.

Η διάχυση των Ελλήνων κατά τους αιώνες αυτούς ήταν τόσο εντυπωσιακή, ώστε η εθνική τους επανάσταση άρχισε, στις 22 Φεβρουαρίου 1821, από τη Βλαχία και τη Μολδαβία – περιοχές που πλέον συγκροτούν το εθνικό κράτος που λέγεται Ρουμανία. Και εάν σήμερα αυτό μάς προκαλεί έκπληξη, τότε, το 1821, δεν εξέπληξε ούτε δημιούργησε απορία, μια και η παρουσία Ελλήνων εμπόρων, ναυτικών, καραβομαραγκών, καπετάνιων, λογιστών, φορτωτών, καραγωγέων, επιχειρηματιών, λογίων, δασκάλων, γραμματικών, αγιογράφων, κτιστών, ιερέων στην περιοχή ήταν επιβλητική, το ίδιο και η παρουσία Φαναριωτών. Οι τελευταίοι, ως σώμα Χριστιανών Ορθοδόξων Ελλήνων υψηλής μόρφωσης και ικανοτήτων, κάλυπταν τις ανάγκες διοίκησης της περιοχής για λογαριασμό της Οθωμανικής Αυτοκρατορίας διοριζόμενοι από την Πύλη ως ηγεμόνες των δύο αυτών αυτόνομων ηγεμονιών – στα σύνορα με τη Ρωσία, τη μεγάλη ομόδοξη δύναμη του βορρά. Αυτά ήταν τα δεδομένα που έκαναν τη Φιλική Εταιρεία και τον Αλέξανδρο Υψηλάντη να πάρουν την απόφαση να κτυπήσουν τους Οθωμανούς –για την ελληνική εθνική υπόθεση, μην ξεχνάμε!– σε αυτές τις περιοχές του Ευξείνου Πόντου.

Μετά το χριστιανικό Βυζάντιο, η επικράτηση των Τούρκων στην περιοχή πώς ακριβώς λειτούργησε σε σχέση με τα θρησκεύματα;

Η σταδιακή κατίσχυση των Τούρκων θα συνοδευθεί από ένα σημαντικό γεγονός: την αλλαγή θρησκεύματος χιλιάδων Χριστιανών αλλά και Εβραίων κατοίκων των υπό τουρκικό έλεγχο περιοχών προς το Ισλάμ. Το φαινόμενο είχε καταγραφεί ήδη στην υπό σελτζουκικό έλεγχο Μικράν Ασία του 12ου και 13ου αιώνα, για να συνεχισθεί, στην ευρύτερη περιοχή, κατά τους αιώνες οθωμανικής κυριαρχίας που ακολούθησαν.

Οι αλλαξοπιστίες αυτές ήταν αποφασιστικής σημασίας διότι, τις εποχές εκείνες, το θρήσκευμα συνιστούσε κεντρική παράμετρο αυτοπροσδιορισμού των ανθρώπων, με τεράστιο, εξ αυτού, πολιτισμικό βάρος. Ως αποτέλεσμα του γεγονότος, οι εξισλαμισθέντες αφομοιώνονταν, κατά κανόνα, στην αντίθετη πλευρά, αντικαθιστώντας όχι μόνο θρησκεία αλλά, συχνά, και γλώσσα, στάση ζωής και πολιτισμικές συντεταγμένες. Εξισλαμισμοί καταγράφηκαν σε περιοχές της Βαλκανικής και της ελληνικής χερσονήσου κατά τους πρώτους αιώνες της κατάκτησης, αλλά και κατά τον 17ο και 18ο αιώνα. Στη Βαλκανική, ομαδικά άλλαξαν θρήσκευμα οι Βόσνιοι και οι Αλβανοί, στους δε άλλους λαούς τα φαινόμενα είχαν, κατά τόπους, περισσότερο ή λιγότερο έντονο χαρακτήρα. Στην ελληνική πλευρά, εκτός από ατομικές αλλαγές θρησκεύματος, ομαδικές αλλαγές παρατηρήθηκαν σε σημεία της Θράκης, της δυτικής Μακεδονίας, την Κρήτη.

Στην τελευταία, μετά την κατάκτησή της από τους Οθωμανούς το 1669 και την 25ετή αδυσώπητη βενετοτουρκική σύγκρουση που είχε προηγηθεί στο νησί, υπολογίζεται ότι άλλαξε θρήσκευμα ένα σημαντικό ποσοστό των Κρητικών. Αυτοί είναι γνωστοί με τον όρο «Τουρκοκρητικοί» – με το συνθετικό *Τουρκο-* να σημαίνει εδώ τον Μουσουλμάνο και όχι τη φυλετική προέλευση. Και τούτο γιατί αυτοί οι Κρητικοί έγιναν μεν Μουσουλμάνοι, αλλά διατήρησαν ατόφια την ελληνική τους γλώσσα μέχρι τέλους. Μέχρι δηλαδή το 1923 και την ανταλλαγή των πληθυσμών, οπότε, παρότι ελληνόφωνοι, ήταν υποχρεωμένοι ως Μουσουλμάνοι, με βάση τις προβλέψεις της Συνθήκης της Λωζάννης, να εγκαταλείψουν την Ελλάδα και να μετακινηθούν προς την Τουρκία. Εκεί εγκαταστάθηκαν, κατά τον μεγαλύτερό τους αριθμό, στην περιοχή της Σμύρνης και στο κοντινό σύμπλεγμα νησιών, τα Μοσχονήσια. Γέροντες Τουρκοκρητικοί, σε αυτές τις περιοχές, ζούσαν και θυμούνταν, μέχρι σχετικά πρόσφατα, τη διάλεκτο της Κρήτης, διατηρώντας τη χαρακτηριστική μουσικότητα και τόνο της γλώσσας των Ελλήνων προγόνων τους.

Πάντως, παρά τις περιπτώσεις εξισλαμισμού, το μεγάλο τμήμα του ελληνικού πληθυσμού παρέμεινε σταθερά χριστιανικό Ορθόδοξο, με την ελληνική γλώσσα να διατηρεί πάντα ισχύ, κύρος και δυνάμεις. Δεν είναι πλέον η γλώσσα επικοινωνίας στον ευρύ γεωγραφικό χώρο όπου κάποτε κυριαρχούσε, αλλά παραμένει, από κάθε πλευρά, η πιο σημαντική γλώσσα μεταξύ των Ορθοδόξων χριστιανικών λαών τής υπό οθωμανικό έλεγχο Βαλκανικής και των εναπομεινασών χριστιανικών Ορθοδόξων ζωνών της Μικράς Ασίας. Τούτο σχετίζεται όχι μόνο με το γεγονός ότι γράφεται και καλλιεργείται ευρέως από χιλιετίες –ενώ οι άλλες ή είναι προφορικές ή γράφονται μόλις κατά τους τελευταίους αιώνες–, αλλά και με το ότι είναι η γλώσσα της Ανατολικής Ορθόδοξης Εκκλησίας, της οποίας τα τέσσερα πατριαρχεία της Ανατολής παρέμειναν αταλάντευτα ελληνόφωνα μέσα στους αιώνες. Τα δε πατριαρχεία αυτά βρέθηκαν –και τα τέσσερα–, σταδιακά, εντός του χώρου ελέγχου των Οθωμανών και των όποιων κανόνων θρησκευτικής συνύπαρξης η αυτοκρατορία τους υπηρετούσε.

Στα θέματα θρησκευτικής συνύπαρξης, η Οθωμανική Αυτοκρατορία ακολουθούσε τις επιταγές του Ιερού Νόμου βάσει του οποίου οι «άπιστοι» Εβραίοι και οι Χριστιανοί διαφόρων δογμάτων –των οποίων η θρησκεία, όπως και το Ισλάμ, δέχεται τη Βίβλο ως ιερό βιβλίο– γίνονταν ανεκτοί στο κράτος της, κάτω από ειδικές φορολογικές και άλλες προβλέψεις. Οι άνθρωποι της κατηγορίας αυτής επιτρεπόταν, με κάποιους συγκεκριμένους περιορισμούς, να πράττουν τις τελετές τους και να τηρούν τις θρησκευτικές τους πρακτικές και παραδόσεις, η δε διοίκηση της Εκκλησίας τους να τελεί τα καθήκοντά της και να διατηρεί την ιεραρχία της. Εξ αυτού, καθ' όλη τη διάρκεια της οθωμανικής περιόδου, τα πατριαρχεία, οι επισκοπές και οι μητροπόλεις της Χριστιανικής Ορθόδοξης Εκκλησίας συνέχισαν να λειτουργούν – με τις τελευταίες, όμως, να συρρικνώνονται βαριά στις περιοχές στις οποίες οι εξισλαμισμοί ήταν ευρείας κλίμακος συνεπιφέροντας απώλεια του ποιμνίου.

Για την οθωμανική διοίκηση, οι ιερείς, οι ραβίνοι, οι μητροπολίτες, οι επίσκοποι, οι Πατριάρχες δεν ήταν μόνο θρησκευτικοί ποιμένες, αλλά και Οθωμανοί δημόσιοι λειτουργοί μέσω των οποίων η Πύλη διοικούσε λυσιτελέστερα, ταχύτερα και ευκολότερα τους «άπιστους» υπηκόους της. Μέσα από το σχήμα αυτό, η Χριστιανική Ορθόδοξη Εκκλησία, η οποία ποίμαινε εκατομμύρια πιστούς σ' ολόκληρη την αυτοκρατορία, απέκτησε, εκτός από θρησκευτική, και πολιτική δύναμη, μια και από αυτήν ανέμενε η οθωμανική διοίκηση να επιλύει προβλήματα εσωτερικά του ποιμνίου της, σε ατομικό ή ομαδικό επίπεδο. Με τον τρόπον αυτόν, ο σουλτάνος επετύγχανε να επικρατεί κοινωνική γαλήνη και να μην επιβαρύνεται με επιπλέον προβλήματα η οθωμανική διοίκηση.

Υπήρχαν και άλλα πεδία της καθημερινής ζωής στα οποία η οθωμανική διοίκηση, η Πύλη, επέτρεπε ελευθερίες στους υπηκόους της;

Στην ίδια κατεύθυνση διοικητικής σύλληψης με τη δυνατότητα που δόθηκε στην Εκκλησία να επιλύει μία σειρά θεμάτων του ποιμνίου της, η Οθωμανική Αυτοκρατορία έδωσε τη δυνατότητα στους πληθυσμούς να λειτουργούν σε τοπικό επίπεδο, για αρκετά θέματα που τους αφορούσαν, με τους δικούς τους κώδικες, στη βάση διαδικασιών τοπικής αυτοδιοίκησης.

Η τοπική αυτοδιοίκηση δεν συγκροτούσε θεσμό στην Οθωμανική Αυτοκρατορία. Δεν υπήρχαν, δηλαδή, κεντρικά οργανωμένοι κανόνες τους οποίους οι τοπικές κοινότητες θα έπρεπε επακριβώς να ακολουθούν, ωστόσο υπήρχε μία χοντρικά κοινής κατεύθυνσης, άφατα παραδεδομένη, πρακτική που η κάθε κοινότητα ακολουθούσε προσαρμόζοντάς την στα δικά της δεδομένα. Έτσι, κατά κανόνα, οι κοινότητες εξέλεγαν σε τακτά διαστήματα, διά βοής, τους «γέροντες/δημογέροντές» τους, οι οποίοι και έπρεπε να τηρούν την ευταξία, να επιμελούνται έργων κοινής ωφελείας, να επιλύουν εσωτερικά προβλήματα και διενέξεις των μελών της κοινότητας. Εξ αυτού, κατά την περίοδο της Τουρκοκρατίας, όχι λίγες κοινότητες κατέγραψαν τους τοπικούς τους «νόμους», έθιμα και συνήθειες, προκειμένου να διευκολύνονται οι δημογέροντές τους στην επίλυση των εκάστοτε αναφυομένων ζητημάτων.

Η παλαιότερη τέτοια καταγραφή νόμων που μας έχει διασωθεί από τον ελλαδικό χώρο είναι η ονομαζόμενη «Ταρίφα της Μυκόνου». Αυτή συντάχθηκε το 1647, με συμμετοχή «μικρών κι μεγάλων, ιερέων κι λαϊκών της νήσου Μυκόνου», οι οποίοι αποφάσισαν να συντάξουν «ταρίφα» ώστε να λειτουργεί το νησί με «πάτους», μια και η Μύκονος «πάει στο χειρότερο απ' όλα τα νησιά». Στη συγκεκριμένη διαδικασία, οι τοπικοί ιερείς, ως μέλη της κοινότητας, συμμετείχαν μαζί με τους «λαϊκούς», δίδοντας προφανώς μεγαλύτερο κύρος στα αποφασιζόμενα από το σώμα. Που συντάχθηκαν, φυσικά, στη γλώσσα της λαϊκής σύσκεψης: αδρά, δροσερά, λαγαρά ελληνικά του απλού ανθρώπου, ανάμικτα με κατάσπαρτους ιταλικούς όρους.

Ομαδικά αντιμετώπιζαν τα προβλήματα και οι παραγωγικές τάξεις των κοινοτήτων αυτών, αστικών και αγροτικών. Στα ψηλά βουνά, οι ποιμένες πραγματοποιούσαν τις εποχικές τους μετακινήσεις προς και από τα χειμαδιά συνασπισμένοι σε «τσελιγκάτα», ομάδες δηλαδή τριών ή περισσότερων κτηνοτρόφων που ονομάζονταν «σμίκτες», με επικεφαλής έναν από αυτούς, τον «τσέλιγκα». Αυτός ανέθετε καθήκοντα και αρμοδιότητες, επέλεγε ορεινές και πεδινές διαδρομές, έκανε τον τελικό λογαριασμό εσόδων και εξόδων προς διαμοιρασμό των κερδών στους σμίκτες.

ΤΑΡΙΦΑ ΤΗΣ ΜΥΚΟΝΟΥ, 1647

Την σήμερον θέλουσιν όλοι, μικροί κι μεγάλοι, ιερείς κι λαϊκοί, της νήσου Μυχόνου, κάνουσιν το παρόν γράμμα, εστώντας κι να βλέπουσιν, πώς το νησίν της Μυκόνου είναι χαλασμένο κι πάει στο χειρότερο απ' όλα τα νησιά. Θέλομεν όλοι μας, μικροί μεγάλοι, κι κάνουμε την παρούσαν ταρίφα, η οποία να είναι παντοτεινή εις εμάς κι εις τα παιδιά μας κι καθώς έχομε το νησί μας κισίμι, παλαιόθε έτσι να στέκεται κι με τούτους τους πάτους.

Αρχή 'ναι παλαιόθε απ' ότες εμπιτάρισε το νησί μας, ότι να βάνομε γερόντοι κι όποτε δε μας αρέσουσι, να τις ευγάνομε, να βάνομεν άλλους.

Της γερόντοι όπου θέλομε βάλει, να στέκουνται με τούτους τους πάτους.

[...] Όστις βλασμαμίση το όνομα του Θεού, να πληρώνη άσ(πρα) 40 και να πέρνει ξυλιές 20.

[...] Όποιος ήθελεν κλέψει γή πρόβατο, γή κριθάρι, γή ρούχα, γή άλλον τίποτις, να είναι στο χέριν της κρίσης να τονε παιδέψει ως θέλει.

> [...] Όποιος βάλει σκάνδαλο εις ε αντρόγυνο, ή άντρας, ή γυναίκα, να είναι κοντενάδος από την κρίσιν.
> [...] Όποιος έχει πρόβατα και θέλασιν έμπει γή σε αμπέλι, γή σε σπαρμένο κι ήθελε πάγει ο νοικοκύρης πού τα 'χει, να τα πάρει, να γίνουνται αφεντικά.
> Όποιος δεν πάγει στη βίγλαν του, γή στη μερίαν του, ότε είναι χριστιανός της χώρας, να είναι κοντενάδος γρόσ. ένα.
> [...] Όποιος κόψει δέντρο, χωρίς θέλημα του νοικοκύρη, να παιδεύεται ως κλέφτης.
> Όποιος κόψει αλόγου την οριάν του, να πλερώνει γρόσ. 2 και α(ν) δε βρεθή, να την πλερώνουσιν οι ψαράδες.
> [...] Όποιος κόψει σκοινί της τράτας, γή πάρει μολυβίδες από τράτα κι δίκτυα, να πλερώνει ένα τζικίνι.
>
> Γιώργος Κοντογιώργης, *Κοινωνική δυναμική και πολιτική αυτοδιοίκηση. Οι ελληνικές κοινότητες της Τουρκοκρατίας*, εκδ. Αντώνης Λιβάνης - «Νέα Σύνορα», Αθήνα 1982, σ. 466-468.

Οι στεριανοί εμπορευόμενοι κινούνταν στα μακρινά ταξίδια τους με καραβάνια αχθοφόρων ζώων –συνήθως μουλαριών– κατά ομάδες, μέσα από ένα σχήμα συντονισμού συμφερόντων, δράσεων και ευθυνών που ονομαζόταν «κομπανία» ή «συντροφία». Αντίστοιχα, οι θαλασσινοί λειτουργούσαν μέσα από τη «σερμαγιά», ένα σχήμα συμμετοχής κεφαλαίου και εργασίας που υποβοήθησε πολύ το εμπόριο και τη ναυτιλία. Στις πόλεις, οι τεχνίτες δρούσαν συνεργατικά, ανά κλάδο, μέσα από συντεχνίες που ελέγχονταν από σώμα μαστόρων, με επικεφαλής τον εκλεγμένο από το σώμα «αρχιμάστορα». Οι οποίοι αρχιμάστορες, όποτε αντιμετώπιζαν δυσεπίλυτα προβλήματα μεταξύ των συντεχνιών τους, απευθύνονταν στους τοπικούς μητροπολίτες. Οι τελευταίοι έδιναν λύση –πολλές φορές γραπτά, σε αυστηρή ελληνική γλώσσα– και επιστατούσαν προκειμένου να τηρηθούν τα συμφωνηθέντα, ούτως ώστε να μη δημιουργηθούν τριβές με την τοπική οθωμανική διοίκηση, πράγμα που ήταν απευκταίο.

Με δεδομένο, όπως αναφέρατε, ότι η παράμετρος της ελληνικής γλώσσας στην Ορθόδοξη Εκκλησία παρέμενε πάντα σημαντική, αυτό ποιο ρόλο έπαιξε συνολικά σε θέματα διοίκησης, παιδείας και αλλού;

Το γεγονός ότι η διοίκηση της Ανατολικής Ορθόδοξης Εκκλησίας ήταν ελληνόφωνη προσέδιδε επιπλέον κύρος και ισχύ στο ελληνικό στοιχείο, μια και οι ιερείς της Εκκλησίας ήταν, κατά κανόνα, είτε Έλληνες είτε ελληνομαθείς και ελληνότροποι, ακόμα και αν ήταν άλλης εθνικής καταγωγής. Όταν μάλιστα οι Οθωμανοί, με την κατάκτηση των Βαλκανίων κατά τον 14ο και 15ο αιώνα, κατήργησαν τα πατριαρχεία των Βουλγάρων και των Σέρβων, ενισχύθηκε κατά πολύ η δύναμη και το ειδικό βάρος του Πατριαρχείου Κωνσταντινουπόλεως ανάμεσα στους Χριστιανούς Ορθοδόξους της Βαλκανικής. Έτσι, το Φανάρι –η περιοχή στην οποία, από το 1601 και μέχρι σήμερα, λειτουργεί το Πατριαρχείο Κωνσταντινουπόλεως– μετατράπηκε σε κέντρο πνευματικής, θρησκευτικής και πολιτικής αναφοράς των ομοδόξων όλης της Βαλκανικής. Το Πατριαρχείο Κωνσταντινουπόλεως διοικήθηκε, κατά τη μακρά αυτήν περίοδο, από πάμπολλους Πατριάρχες, ορισμένοι εκ των οποίων, όπως, π.χ., ο Κύριλλος Λούκαρης κατά τον 17ο αιώνα, υπήρξαν άτομα υψηλής μόρφωσης και κατάρτισης.

Η εκπαίδευση των στελεχών της Χριστιανικής Ορθόδοξης Εκκλησίας περνούσε, από τους βυζαντινούς χρόνους, μέσα από την Πατριαρχική Σχολή Κωνσταντινουπόλεως. Αυτή, ως φαίνεται, μάλλον λειτούργησε ανελλιπώς και κατά τη διάρκεια της Τουρκοκρατίας, μια και επαναλειτούργησε το 1454, με φροντίδα του Γεώργιου Σχολάριου ή Γενναδίου, του πρώτου μετά την Άλωση Πατριάρχη Κωνσταντινουπόλεως. Από το τέλος δε του 16ου αιώνα, η Ιερά Σύνοδος του Πατριαρχείου Κωνσταντινουπόλεως αποφάσισε να κινητοποιηθεί σε σχέση με την εκπαίδευση των Χριστιανών Ορθοδόξων θορυβημένη από το γεγονός ότι κάποιοι εξ αυτών προσηλυτίζονταν στον Καθολικισμό μέσω των πολλών σχολείων που είχαν πρόσφατα ιδρύσει, κυρίως σε νησιά και παράλια του Αιγαίου, ιεραποστολικά Καθολικά τάγματα.

Πάντως οι σημαντικότερες σχολές υψηλής ελληνικής εκπαίδευσης βρίσκονταν, κατά τον 15ο και 16ο αιώνα, εκτός Οθωμανικής Αυτοκρατορίας, στην Ιταλική Χερσόνησο. Εκεί, δραστήριοι Πάπες, αξιοποιώντας το ανθρώπινο δυναμικό υψηλότατης μόρφωσης που, με τη φυγή των βυζαντινών λογίων προς τη Δύση, έφτανε εκεί, δημιούργησαν σχολές ελληνικής εκπαίδευσης στη Φλωρεντία, την Μπολόνια, την Πάδοβα, τη Νάπολη – με σπουδαιότερο το Collegio Greco του Αγίου Αθανασίου της Ρώμης. Στη Βενετία, επίσης, στο πλαίσιο της εκεί ελληνικής κοινότητας, λειτουργούσε, από τον 17ο αιώνα, το περίφημο Φλαγγινιανό Φροντιστήριο, που ιδρύθηκε από δωρεά του Κερκυραίου λογίου Θωμά Φλαγγίνη, προσφέροντας ελληνική παιδεία κύρους και επιπέδου στους σπουδαστές του. Κατά την περίοδο της Τουρκοκρατίας, εξάλλου, στη γειτονική της Βενετίας Πάδοβα σπούδασαν ιατρική πολυάριθμοι Έλληνες φοιτητές –μακράν περισσότεροι από κάθε άλλον λαό της Βαλκανικής–, μια και το πανεπιστήμιο της πόλης φημιζόταν διεθνώς για τις υψηλού επιπέδου σπουδές στον κλάδο αυτόν. Ας θυμηθούμε ότι εδώ σπούδασε ιατρική, στο τέλος του 18ου αιώνα, και ο πρώτος κυβερνήτης των Ελλήνων, ο Ιωάννης Καποδίστριας.

Στο Πανεπιστήμιο της Πάδοβας σπούδασαν, στον 17ο αιώνα, και δύο σημαντικά ονόματα της νεοελληνικής ιατρικής: ο Εμμανουήλ Τιμόνης από τη Χίο και ο Ιάκωβος Πυλαρινός από την Κεφαλλονιά. Ο Τιμόνης έκανε σπουδές και στην Οξφόρδη και έγινε αρχίατρος του σουλτάνου, ο δε Πυλαρινός υπήρξε αρχίατρος του Μεγάλου Πέτρου της Ρωσίας, καθώς και του Βενετού στρατάρχη Φραγκίσκου Μοροζίνη. Οι δύο αυτοί ιατροί, με άλλες διαδρομές ο καθένας, παρουσίασαν στην ιατρική επιστημονική κοινότητα της Αγγλίας τη διαδικασία εμβολιασμού κατά της ευλογιάς με ενοφθαλμισμό πύου ελαφρά πασχόντων σε υγιή άτομα – πρακτική που, όπως γνωρίζουμε από περιηγητές, ασκούνταν παραδοσιακά, σε επίπεδο λαϊκής ιατρικής, στη Θεσσαλία και σε διάφορες άλλες περιοχές της Οθωμανικής Αυτοκρατορίας. Ο Τιμόνης παρουσίασε, το 1714, την εν λόγω πρακτική στο Λονδίνο ενώπιον των μελών της Βασιλικής Ιατρικής Εταιρείας, παραλλήλως δε και οι δύο δημοσίευσαν άρθρα τους σε έγκυρα επιστημονικά ιατρικά βρετανικά περιοδικά θέτοντας τις βάσεις του ευλογιασμού και των εμβολίων. Σε σχέση με το θέμα, ο Πυλαρινός δημοσίευσε το 1715 στη Βενετία μελέτη γραμμένη στα λατινικά, η οποία και επανεκδόθηκε, λίγο αργότερα, στη Γερμανία και στην Ολλανδία. Η σημασία του έργου των δύο αυτών Ελλήνων ιατρών αποδεικνύεται από το γεγονός ότι αναφέρεται στο εμβληματικό έργο του Γαλλικού Διαφωτισμού, την *Encyclopédie* των Diderot και D'Alembert, στο λήμμα «inoculation», δηλαδή «εμβόλιο». Με βάση τα συμπεράσματα των Τιμόνη-Πυλαρινού, ο Άγγλος Τζέννερ (Edward Jenner) εφηύρε, στα τέλη του 18ου αιώνα, το εμβόλιο κατά της ευλογιάς με δαμαλισμό. Μικρή λεπτομέρεια: ο Τζέννερ είχε ανοσία στην ευλογιά γιατί, από ηλικίας επτά ετών, είχε εμβολιασθεί, από τους γονείς του, με τη μέθοδο Τιμόνη-Πυλαρινού...

Έχουν γραφεί και ακουστεί πολλά για την ελληνική παιδεία κατά την περίοδο της Τουρκοκρατίας. Τελικά τι ακριβώς συνέβη εκείνους τους αιώνες;

Κατά την περίοδο της Τουρκοκρατίας, οι Οθωμανοί ούτε απαγόρευσαν ούτε ενίσχυσαν την παιδεία των «απίστων» υπηκόων τους. Δεν ασχολήθηκαν καθόλου με αυτήν διότι θεωρούσαν ότι δεν τους αφορούσε. Τούτο γιατί οι ίδιοι, ως Μουσουλμάνοι, έβλεπαν τη δικιά τους εκπαίδευση συνδεδεμένη αποκλειστικά με τη θρησκεία, με αποτέλεσμα αυτή να περνά μέσα από τους μεντρεσέδες τους, δηλαδή τα σχολεία εκμάθησης του Ιερού Νόμου του Ισλάμ. Σε αυτά, ο κάθε Μουσουλμάνος όφειλε να πάρει τουλάχιστον τη θρησκευτικά απαραίτητη στοιχειώδη παιδεία, ωστόσο υπήρχαν μεντρεσέδες που παρείχαν, σε εκείνον που επιθυμούσε, και υψηλοτέρου επιπέδου μόρφωση, με μαθήματα μαθηματικών, τριγωνομετρίας, ποίησης.

Η Οθωμανική Αυτοκρατορία ήταν θεοκρατική, που σήμαινε ότι όλα λειτουργούσαν και ερμηνεύονταν με βάση τη θρησκεία. Έτσι οι Οθωμανοί, έχοντας αποδεχθεί τη λειτουργία άλλων θρησκειών στους κόλπους της κοινωνίας τους, δεν ενεπλάκησαν στις εκπαιδευτικές διαδικασίες των μη Μουσουλμάνων, θεωρώντας ότι αυτές αποτελούσαν τμήμα εκείνων των εσωτερικών διαδικασιών των θρησκειών των «απίστων» στις οποίες είχαν αποφασίσει να μην επεμβαίνουν γιατί ήταν κάτι που δεν τους αφορούσε. Δεν το έκαναν ούτε με τους Σεφαραδίτες Εβραίους όταν αυτοί, στον 16ο αιώνα, ερχόμενοι στην Οθωμανική Αυτοκρατορία μετά την εκδίωξή τους από την Ισπανία, δημιούργησαν σχολεία επιπέδου στη Θεσσαλονίκη και την Κωνσταντινούπολη, όπου εγκαταστάθηκαν σε μεγάλους αριθμούς. Δεν το έκαναν ούτε με τους Καθολικούς ιεραποστόλους της Θρησκευτικής Αντιμεταρρύθμισης που δημιούργησαν πολυάριθμα σχολεία στο Αιγαίο και αλλού κατά τον 16ο, 17ο και 18ο αιώνα. Και δεν το έκαναν ούτε με τους Έλληνες όταν αυτοί, από τον 16ο αιώνα και μετά, άρχισαν να δημιουργούν σχολεία, με αποτέλεσμα να κυριαρχήσουν εκπαιδευτικά ανάμεσα στους Χριστιανούς Ορθόδοξους της Βαλκανικής κατά τους αιώνες που ακολούθησαν. Το πιστοποιεί εξάλλου και ο πολυγραφότατος λόγιος Κωνσταντινουπολίτης και Μέγας Χαρτοφύλαξ του Οικουμενικού Πατριαρχείου του δεύτερου μισού του 19ου και των αρχών του 20ού αιώνα Μανουήλ Γεδεών, όταν τονίζει: «Μέχρι σήμερον ουδαμού ανέγνων εν ομαλή καταστάσει πραγμάτων βεζύρην ή Αγιάννην εμποδίσαντα σχολείου σύστασιν ή οικοδομήν».*

Υπάρχουν ιστορικά στοιχεία που να δείχνουν ποια ελληνικά σχολεία λειτουργούσαν στην περίοδο της Τουρκοκρατίας;

Από τα μέχρι σήμερα στοιχεία, γνωρίζουμε ότι στον 16ο αιώνα ήδη λειτουργούσαν κάποια ελληνικά σχολεία στη Μυτιλήνη, την Πάτμο, τη Σάμο, τη Χίο, την Αθήνα. Στον 17ο αιώνα, προστέθηκαν σχολεία σε νέους τόπους, όπως η Άρτα, η Αδριανούπολη, η Λευκωσία, το Αιτωλικό, η Κωνσταντινούπολη, η Καστοριά, η Θεσσαλονίκη, η Σίφνος, η Κως, η Φιλιππούπολη –το σημερινό δηλαδή Πλοβντίβ της Βουλγαρίας–, τα Γιάννενα. Αλλά και στα ορεινά της Στερεάς Ελλάδος, χάρις στη δράση του ιερωμένου Ευγενίου Γιαννούλη του Αιτωλού. Σπουδαιότερες είναι οι ελληνικές σχολές που δημιουργήθηκαν, περί το τέλος του 17ου αιώνα, στο Ιάσιο και στο Βουκουρέστι. Αυτές ιδρύθηκαν με πρωτοβουλία ντόπιων Χριστιανών ηγεμόνων και παρείχαν ελληνική παιδεία υψηλού επιπέδου κατά τους αιώνες που ακολούθησαν, γι' αυτό και συχνά καλούνταν Ακαδημίες ή Ηγεμονικές Ακαδημίες.

Στον 18ο αιώνα πια, τα ελληνικά σχολεία αυξήθηκαν και σε αριθμό και σε ποιότητα στη Βαλκανική, την ίδια

---

* Άλκης Αγγέλου, «Η κατάσταση της Παιδείας στις υπόδουλες ελληνικές χώρες», στο *Ιστορία του Ελληνικού Έθνους*, τ. Ι΄, εκδ. Εκδοτική Αθηνών, Αθήνα 1974, σ. 366.

ΡΙΖΕΣ ΚΑΙ ΘΕΜΕΛΙΑ

ώρα που οι ορεινοί όγκοι της Στερεάς Ελλάδας και της Ηπείρου γέμιζαν από δεκάδες μικρά τοπικά σχολεία χάρις και στη δράση του ιερωμένου Κοσμά του Αιτωλού. Έτσι, στο δεύτερο μισό του 18ου αιώνα, η ελληνική πλευρά έχει πλέον να παρουσιάσει εντυπωσιακή, για την εποχή και τις περιστάσεις, σειρά σχολείων σε πόλεις και σε κωμοπόλεις. Σε σπουδαίο κέντρο παιδείας αναδείχθηκαν τα Ιωάννινα, με ονομαστές σχολές που δημιουργήθηκαν από δωρεές πλούσιων Ηπειρωτών της διασποράς, όπως οι αδελφοί Ζωσιμά, ο Ζώης Καπλάνης κ.ά. Γι' αυτό τα Γιάννενα, κατά την Τουρκοκρατία, επαινούνταν ως «πρώτα στα γράμματα, στα γρόσια και στα άρματα». Στη δε Ύδρα, τον σπουδαιότερο ελληνικό, προεπαναστατικά, ναυτότοπο, λειτουργούσε Ναυτικό Σχολείο από τα μέσα ήδη του 18ου αιώνα.

Άλλα σημαντικά κέντρα ελληνικής παιδείας ήταν το Μέτσοβο και η Άρτα στην Ήπειρο· η Αθήνα στη Στερεά Ελλάδα· ο Τύρναβος, τα Αμπελάκια, η Αγιά, η Ζαγορά, οι Μηλιές στη Θεσσαλία· η Μοσχόπολη, το Άγιον Όρος, οι Σέρρες, η Κοζάνη, η Σιάτιστα στη Μακεδονία· η Δημητσάνα στην Πελοπόννησο· οι Κυδωνίες —το σημερινό Αϊβαλί δηλαδή—, η Σμύρνη στη Μικράν Ασία κ.ά. Κάποια από τα σχολεία αυτά διέθεταν κτίρια εντυπωσιακά και εγκαταστάσεις αξιόλογες, βιβλιοθήκη ενημερωμένη, αλλά και αίθουσες πειραμάτων φυσικής και χημείας, όπως: το σχολείο της Χίου με τη μεγάλη φήμη και κύρος· το σχολείο των Μηλεών του Πηλίου με την αξιόλογη βιβλιοθήκη του· το σχολείο της Δημητσάνας στην Αρκαδία με την επίσης εντυπωσιακή βιβλιοθήκη του· τα σχολεία των Αμπελακίων, της Σμύρνης, των Κυδωνιών, του Ιασίου, του Βουκουρεστίου, των Ιωαννίνων. Και είναι συγκινητικό πως για τα πειράματα φυσικής και χημείας έδειχναν ενδιαφέρον και άτομα εκτός σχολείου, τεχνίτες και απλοί άνθρωποι του λαού που έσπευδαν με περιέργεια να παραστούν σε αυτά, ώστε να γίνουν κοινωνοί της σπουδαίας και πρωτόγνωρης αυτής εμπειρίας.

ΠΕΙΡΑΜΑΤΑ ΦΥΣΙΚΗΣ ΣΕ ΕΛΛΗΝΙΚΑ ΣΧΟΛΕΙΑ ΤΗΣ ΤΟΥΡΚΟΚΡΑΤΙΑΣ

Πειράματα κάνει ο Διονύσιος Πύρρος, πειράματα (επίδειξης πάντα) γίνονται στη Σχολή της Σμύρνης, όπου, σύμφωνα πάλι με μαρτυρία του Κ.Μ. Κούμα, «εις το εκεί Γυμνάσιον, εφάνησαν τα πρώτα χημικά και φυσικά πειράματα, τα οποία δεν είχεν ιδείν ακόμη η Ελλάς» και τα οποία «συντρέχουν με χαρά παιδάρια και τεχνίται διά να ιδώσι μανθάνοντες ενταυτώ και τους λόγους των κοινών τούτων της φύσεως φαινομένων», στις Σχολές του Βουκουρεστίου επί Κων. Βαρδαλάχου, του Ιασίου επί Δανιήλ Φιλιππίδη και της Κωνσταντινούπολης επί Στέφανου Δούγκα, στις Σχολές των Κυδωνιών, όπου, σύμφωνα με μαρτυρία του αιδ. Γουλιέλμου Τζόουετ «έχουσι πολλά αστρονομικά και άλλα επιστημονικά όργανα», αλλά και των Ιωαννίνων επί Αθανάσιου Ψαλίδα, πειράματα τα οποία, και εκεί, τα παρακολουθούσαν, εκτός από τους μαθητές, επαγγελματίες, βιοτέχνες κ.ά. [...] όργανα φυσικής, χημείας και αστρονομίας στέλνει ο Στέφ. Δούγκας στα Αμπελάκια, «μία θαυμασία ηλεκτρική μηχανή» καθώς και «μίαν κρικωτήν σφαίραν», αλλά και γενικότερα «σφαίρας [τας

> οποίας] έφερον από την Εγκλετέραν» στέλνει ο Άνθιμος Γαζής στις Μηλιές για το εκεί σχολείο· «τα αναγκαιότερα χημικά εργαλεία», ζητά ο Νεόφυτος Βάμβας από τη Βιέννη.
>
> Γιάννης Καράς, *Η εξέλιξη της νεοελληνικής επιστήμης*, εκδ. Κέντρο Νεοελληνικών Ερευνών ΕΙΕ, Αθήνα 1999, σ. 56, 57.

Θα μπορούσε να πει κανείς ότι η ελληνική πλευρά ήταν για τα Βαλκάνια, όσον αφορά την εκπαίδευση κατά τον 18ο και 19ο αιώνα, πηγή γνώσης και πρωτοπορίας, όπως η Δύση για την υπόλοιπη Ευρώπη την ίδια εποχή;

Ναι, θα μπορούσε να λεχθεί αυτό. Στο σημείο αυτό, πάντως, είναι σημαντικό να υπογραμμισθεί πως στα ελληνικά σχολεία που αναφέραμε δεν σπούδαζαν μόνον Έλληνες μαθητές, αλλά και αλλοεθνείς Χριστιανοί Ορθόδοξοι των Βαλκανίων. Αλβανοί, Βούλγαροι, Ρουμάνοι και, σε μικρότερο βαθμό, Σέρβοι επεδίωκαν την εποχή εκείνη να σπουδάσουν τα παιδιά τους σε σχολεία ελληνικά, ούτως ώστε να εξασφαλίσουν μάθηση ουσιαστική και ένα καλύτερο μέλλον.

Το φαινόμενο αυτό –που ονομάζεται «τρίτος γύρος εξελληνισμού» της ευρύτερης γεωγραφικής περιοχής, μετά από εκείνον της αρχαιότητας και εκείνον της βυζαντινής εποχής– ακυρώθηκε, εκ των πραγμάτων, αργότερα, μετά την Ελληνική Επανάσταση, στο δεύτερο μισό του 19ου και στις αρχές του 20ού αιώνα. Τότε εντάθηκαν οι συγκρούσεις μεταξύ των ανερχόμενων εθνισμών των Βαλκανίων και το κάθε εθνικό κράτος έστησε, με ορμή, τη δικιά του παιδεία και το δικό του εκπαιδευτικό πλαίσιο, προκειμένου να απαλλαγεί από την πολιτισμική και εκπαιδευτική κηδεμονία των Ελλήνων. Δεν είναι, μάλιστα, τυχαίο ότι αυτές οι κινήσεις συνδυάστηκαν, στα αναδυόμενα εθνικά κράτη των Βαλκανίων, με τη δημιουργία δικών τους εθνικών Εκκλησιών και πατριαρχείων στοχεύοντας, ανάμεσα σ' άλλα, στην απελευθέρωσή τους και από την κηδεμονία του ελληνικού ή και ελληνίζοντος κλήρου, που, επί όλους αυτούς τους αιώνες, κατά κανόνα κυριαρχούσε στο πάντα ελληνόφωνο Πατριαρχείο Κωνσταντινουπόλεως.

Ποιοι δημιουργούσαν τα ελληνικά σχολεία;

Τα δεκάδες ελληνικά σχολεία του 17ου, 18ου και 19ου αιώνα δημιουργήθηκαν, κατά κύριο λόγο, από κοινότητες, εμπόρους, συντεχνίες, τοπικούς άρχοντες, την Εκκλησία, αλλά και από δραστήριους και αποτελεσματικούς μεμονωμένους ιερείς, όπως ο Ευγένιος Γιαννούλης και ο Κοσμάς ο Αιτωλός που αναφέραμε.

Σπουδαία, ως προς τη σημασία και τον συμβολισμό της, υπήρξε η δράση του περίφημου Μανώλη του Καστοριανού, επικεφαλής της συντεχνίας των γουναράδων Κωνσταντινουπόλεως στον 17ο αιώνα. Ο δαιμονιώδους δραστηριότητας, ευφυΐας και ικανοτήτων αυτός άνθρωπος, αν και ολιγογράμματος ο ίδιος, πίστευε βαθιά στην ελληνική παιδεία και, ως εκ τούτου, συνέδραμε σε αυτήν με όλες του τις δυνάμεις. Επιβαρύνοντας τους αγοραστές με ένα μικρό ποσό σε είδη που τα μέλη της συντεχνίας του παρήγαν και πουλούσαν, συγκέντρωνε χρήμα-

τα με τα οποία πλήρωνε δασκάλους, μίσθωνε κτίρια, προμηθευόταν βιβλία, εξασφάλιζε φιλοξενία σε μαθητές των σχολείων της Άρτας, της Καστοριάς, της Πάτμου, του Αιτωλικού, της Κωνσταντινούπολης, της Χίου. Και είχε στον νου του τους άπορους μαθητές: «...να πηγαίνει οποίον παιδί θέλει να μαθαίνει χωρίς πληρωμήν», «να τρέφωνται δώδεκα μαθηταί, να έχωσι την τροφήν των και τα ενδύματά των από το σχολείον...».
Εκπληκτικές διαδρομές ενός ξεχωριστού ανθρώπου. Ενός ακάματου, οραματιστή, ολιγογράμματου τεχνίτη γούνας από την Καστοριά. Που κέρδισε την αποδοχή και τον θαυμασμό όλων, γι' αυτό και έμεινε στην Ιστορία ως Μανωλάκης ο Καστοριανός – μια και, κατά τους αιώνες αυτούς, όταν κάποιος αποκτούσε ειδικό κύρος στην κοινωνία, προσφωνούνταν από τους άλλους, τιμητικά, με το -άκης στο τέλος του βαπτιστικού του ονόματος.

Αυτή η εκπαίδευση πώς ακριβώς συντονιζόταν; Από ποιους γινόταν και πώς αποφασιζόταν τι θα διδαχθεί;

Δεν υπήρχε κάποιο κεντρικό συντονιστικό όργανο για τη δημιουργία των σχολείων αυτών ούτε κεντρικά αποφασισμένη διδακτέα ύλη, ωστόσο, με τον χρόνο, άρχισε να υπάρχει κάποιου είδους σύγκλιση σε εκπαιδευτικές πρακτικές και δράσεις.

Γενικά, τα σχολεία χωρίζονταν στα ονομαζόμενα Σχολεία των Κοινών Γραμμάτων και στα Σχολεία των Ελληνικών Μαθημάτων. Στα πρώτα, οι μαθητές μάθαιναν ανάγνωση, γραφή και στοιχειώδη στοιχεία αριθμητικής. Στα δεύτερα, προχωρούσαν σε βαθύτερη εκμάθηση αρχαίων ελληνικών, μαθηματικών, γραμματικής και συντακτικού. Στα υψηλού επιπέδου, μυούνταν και στις επιστήμες, όπως έχουμε ήδη πει.

Πάντως, ας έχουμε στον νου ότι τα όσα περιγράψαμε συνέβαιναν σε πόλεις και κωμοπόλεις. Και ότι, και σε αυτές ακόμα, δεν πήγαιναν στο σχολείο όλοι οι νέοι άνθρωποι παρά μόνον όσοι το επεδίωκαν, όσοι μπορούσαν, όσοι παρωθούνταν από την οικογένειά τους και το περιβάλλον τους προς αυτό. Η μεγάλη, εξάλλου, πλειοψηφία του πληθυσμού ήταν κτηνοτρόφοι και γεωργοί, κάτοικοι μικρών χωριών, των οποίων η παιδεία δεν θα μπορούσε, εκ των πραγμάτων, παρά να είναι ανύπαρκτη ή εντελώς στοιχειώδης. Οι άνθρωποι αυτοί, αν διδάσκονταν κάτι, το διδάσκονταν από τον ιερέα του χωριού τους – εάν και εφόσον ήξερε κι αυτός γράμματα, μια και κάποιοι ιερείς ήταν αγράμματοι και γνώριζαν τους ύμνους της Εκκλησίας από στήθους.

Μοναδικό βιβλίο στο χωριό ήταν συνήθως το Ευαγγέλιο ή η Οκτώηχος ή το Ψαλτήρι, και ήταν με τη βοήθεια των εκκλησιαστικών αυτών βιβλίων που ο ιερέας δίδασκε στοιχειώδη ανάγνωση και γραφή στους επιθυμούντες και προστρέχοντες. Σε αυτούς που, ακόμα κι αγράμματοι, μπορούσαν, εντούτοις, να συνθέτουν δημοτικά τραγούδια με δύναμη γλωσσικής και συναισθηματικής έκφρασης ικανής να περιγράψει σπαρακτικά την οργή και τον καημό από την ερωτική εγκατάλειψη: «Φεγγάρι που 'σαι κει ψηλά και χαμηλά λογιάζεις / πουλάκια που 'στε στα κλαδιά και στις κοντοραχούλες / κι εσείς περιβολάκια μου με το πολύ το άνθι / μην είδατε τον αρνηστή, τον ψεύτη της αγάπης / οπού μ' εφίλειε κι ώμονε ποτέ δεν μ' απαρνιέται / και τώρα μ' απαράτησε σαν καλαμιά στον κάμπο; / Σπέρνουν, θερίζουν τον καρπό κι η καλαμιά απομένει, / βάνουν φωτιά στην καλαμιά κι απομαυρίζει ο κάμπος. / Έτσι 'ναι κι η καρδούλα μου μαύρη, σκοτεινιασμένη». Ή να περιγράψει το απροσμέτρητο μέγεθος των αισθημάτων του ερωτευμένου άνδρα: «Κόκκιν' αχείλι εφίλησα κι έβαψε το δικό μου, / και στο μαντίλι το 'συρα κι έβαψε το μαντίλι, / και στο ποτάμι το 'πλυνα κι έβαψε το ποτάμι, / κι έβαψε η άκρη του γιαλού κι η μέση του πελάγου. / Κατέβη ο αητός να πιει νερό κι έβαψε τα φτερά του, / κι έβαψε ο ήλιος ο μισός και το φεγγάρι ακέριο». Ή να καλωσορίσει με στοχασμούς για το ταξίδι της ζωής τη γέννηση μιας θυγατέρας: «Έλα, κόρη μ', και διάβαινε την πόρτα τη μεγάλη. / Μικρό πουλί, τρανά φτερά, κι η στράτα οπού σε βγάλει».

Όμως παρατηρούμε ότι εκείνη την περίοδο δημιουργήθηκαν ελληνικά σχολεία και εκτός της Οθωμανικής Αυτοκρατορίας. Πώς συνέβη αυτό;

Μεγάλη συμβολή στην ελληνική παιδεία κατά την περίοδο της Τουρκοκρατίας είχαν τα δεκάδες σχολεία που οι Έλληνες ίδρυσαν στους εκτός Οθωμανικής Αυτοκρατορίας τόπους στους οποίους είχαν εγκατασταθεί δημιουργώντας παροικίες. Το φαινόμενο σχετίζεται, κατά κύριο λόγο, με τις οικονομικές ευκαιρίες που παρουσιάσθηκαν για τους Οθωμανούς υπηκόους –ιδίως τους «απίστους»– μετά τον 16ο αιώνα, που είναι και «ο χρυσός αιώνας» της Οθωμανικής Αυτοκρατορίας. Τότε η Πύλη ανοίχθηκε στο διεθνές εμπόριο συνομολογώντας –με χώρες όπως η Γαλλία, η Αγγλία, η Ολλανδία και άλλες– συνθήκες εμπορίου και διπλωματικών επαφών.

Γρήγορα αποδείχθηκε πως οι Έλληνες ήταν σε θέση να επωφεληθούν από το νέο οικονομικό κλίμα που αναπτυσσόταν, τόσο στην περίσταση αυτή όσο και κατά τους επόμενους αιώνες, όταν η Οθωμανική Αυτοκρατορία θα υπογράψει συνθήκες –πολλές φορές μετά από στρατιωτικές της ήττες– με τη Ρωσική ή με την Αυστριακή Αυτοκρατορία. Χάρις στο νέο περιβάλλον, είτε με πλοία είτε πεζή με καραβάνια μουλαριών, προϊόντα της Οθωμανικής Αυτοκρατορίας έβρισκαν δρόμο εξαγωγής προς την Ευρώπη, την ίδια ώρα που, με αντίστροφη πορεία, προϊόντα της Ευρώπης έβρισκαν δρόμο εισαγωγής προς την Οθωμανική Αυτοκρατορία. Αλλά και γνώσεις. Και εμπειρίες. Και προβληματισμοί. Και πληροφόρηση.

Η εκπαίδευση απαιτεί ένα βασικό εργαλείο: το βιβλίο. Η ελληνική εκπαίδευση εκείνων των χρόνων τι είδους ελληνικά βιβλία είχε;

Το ελληνικό βιβλίο είχε ευρεία παραγωγή κατά τους αιώνες της Τουρκοκρατίας. Περισσότεροι από πέντε χιλιάδες είναι οι τίτλοι των ελληνικών βιβλίων που τυπώθηκαν μέσα σε περίπου 350 χρόνια, από το 1480 έως το 1820, για να βρουν τον δρόμο τους στον ελληνικό κόσμο εντός και εκτός Οθωμανικής Αυτοκρατορίας. Τα βιβλία αυτά αρχικά τυπώνονταν στη Βενετία, αλλά σταδιακά και σε περισσότερες πόλεις του εξωτερικού, κυρίως τη Βιέννη. Είναι χαρακτηριστικό στο σημείο αυτό ότι, μεταξύ του 1800 και του 1820, ελληνικά βιβλία τυπώνονταν σε τυπογραφεία τριάντα τριών πόλεων –κυρίως του εξωτερικού, αλλά και σε λίγες της Οθωμανικής Αυ-

ΚΙΤΑΠΗ ΜΟΥΚΑΤΤΕΣ
ΓΙΑΧΟΥ
ΑΧΤΗ ΑΤΙΚ
ΙΛΕ
ΑΧΤΗ ΤΖΕΤΙΤ
ΓΙΑΝΙ
ΠΑΛΑΙΑ ΒΕ ΝΕΑ ΔΙΑΘΗΚΗ

ΑΝ ΑΣΗΛ ΜΟΥΧΑΡΡΕΡ ΠΟΥΛΟΥΝΤΟΥΓΟΥ ΙΠΡΑΝΙ ΒΕ ΓΙΟΥΝΑΝΙ
ΛΙΣΑΝΛΑΡΗΝΤΑΝ ΤΕΡΤΖΟΥΜΕ ΟΛΟΥΝΟΥΠ

معارف عموميه نظارت جليلهسنك رخصتيله
٤ رجب ٩٩ و ٧ مايس ٩٨ نومرو ٢٤٩
مصارف انكليز بيبل شركتي طرفندن تسويه اولنهرق

ΙΓΓΙΑΤΕΡΡΑΤΑ ΒΕ ΜΕΜΑΛΙΚΙ ΣΑΪΡΕΤΕ ΜΟΥΚΑΤΤΕΣ ΚΙΤΑΠΛΑΡΗΝ ΝΕΣΡΙ
ΙΤΖΟΥΝ ΤΕΣΚΙΛ ΕΤΙΛΕΝ ΣΙΡΚΕΤΙΝ ΜΕΣΑΡΙΦΙΠΛΕ

ΙΣΤΑΝΠΟΛΔΑ
Α. Χ. ΠΟΓΙΑΤΖΙΑΝ ΜΑΤΠΑΑΣΗΝΤΑ ΤΑΠ ΟΛΟΥΝΜΟΥΣ ΤΟΥΡ

1884

Καραμανλίδικη έκδοση της Παλαιάς και της Καινής Διαθήκης. Κωνσταντινούπολη 1884.

36. **» Περὶ ἀνδρὸς νὰ μὴν πηγαίνῃ εἰς ἄλλην γυναῖκα.**

Ἕνας ἄνδρας ὁποὺ ἀφίνει τὴν γυναῖκα του καὶ πηγαίνει σὲ ἄλλη, πόρνη, ‖ νὰ πάρῃς ἀπὸ τὸν κόπρον τῆς γυναικὸς ἐκείνης τῆς πόρνης, νὰ καπνίσῃς τὰ ροῦχα του καὶ τὸ πουκάμισο, βρακίν του ἐκείνου τοῦ ἀνδρὸς καὶ πλέον δέν πηγαίνει εἰς ἐκείνην τὴν πόρνην.

56. **» Εἰς τὸ γνωρίσαι γυναῖκα τί ἔκαμεν.**

Ἔπαρε βατράχου γλῶτταν καὶ ξήρανέ τη καὶ γράψε ταῦτα τὰ σημεῖα μὲ κόκκινη μελάνη τὰ ἀπάνου¹ καὶ θές τα εἰς τὴν καρδίαν ἀπάνω ὅταν κοιμᾶται καὶ πάντα ὅσα ἔχει ὁμολογήσει σοι.

76. **» Νὰ σὲ ἀγαποῦν πάντες.**

Ἔχε ἀλεποῦς καρδία καὶ κοράκου καρδία καὶ γράψον τοὺς χαρακτῆρας ταύτας (sic) καὶ καπνίζου μὲ ἄρτον καὶ θυμίαμα ἀρσενικόν.

110. **» Γιὰ νὰ μὴν σκοτωθῇ γυναίκα.**

Ἔπαρε βάτου ρίζαν καὶ κυμίνου ρίζαν καὶ μολόχας ρίζαν καὶ δέσε τα εἰς παννὶν καὶ κρέμασέ τα εἰς τὸν τράχηλόν της, διὰ νὰ μὴν σκοτωθῇ, μόνον νὰ γεννήσῃ καλά.

114. **» Περὶ ὅποιος πέφτει μὲ γυναίκα διὰ νὰ μὴν ἐγγαστρωθῇ.**

Ὅταν ὁ ἄνδρας πηγαίνῃ εἰς γυναῖκα, ἂς βαστάει ἀπάνω του ἕνα βότανον τὸ ὁποῖον εἶναι ἐκεῖνο ὁποὺ ἀσπρίζουν τὸν χαλβὰ καὶ ὀνοματίζεται χαλβάνι. Καὶ ἂς βαστάει καὶ ἡ γυναίκα καὶ δὲν ἐγγαστρώνεται.

Σημειώματα πρακτικών μαγείας, Θεσσαλία, αρχές 18ου αιώνα.
Βαγγέλης Σκουβαράς, «Μαγικά και ιατροσοφικά ερανίσματα εκ Θεσσαλικού κώδικος», Επετηρίς του Κέντρου Ερεύνης της Ελληνικής Λαογραφίας, 18, 19 (1965, 1966).

τοκρατορίας-, ανάμεσα στις οποίες η Βούδα, το Ιάσιο, η Μοσχόπολη, η Μόσχα, το Παρίσι, η Λειψία και, φυσικά, πάντα, η Βενετία και η Βιέννη.

Τον δυναμισμό του ελληνικού βιβλίου δείχνει και μία άλλη ενδιαφέρουσα παράμετρος. Ενώ οι Εβραίοι και οι Έλληνες της Οθωμανικής Αυτοκρατορίας είχαν δει από νωρίς -από τον 15ο ήδη αιώνα, τον αιώνα εφεύρεσης της τυπογραφίας στην Ευρώπη- βιβλία να τυπώνονται στη γλώσσα τους, η τουρκική πλευρά άργησε πολύ να μπει στη διαδικασία αυτή. Τα πρώτα, όμως, βιβλία που τυπώθηκαν σε τουρκική γλώσσα ήταν βιβλία καραμανλίδικα, δηλαδή βιβλία των Καραμανλήδων τουρκόφωνων Χριστιανών Ορθοδόξων της Μικράς Ασίας, που έγραφαν την τουρκική γλώσσα με ελληνικά γράμματα...

Τα ελληνικά βιβλία, κατά τους πρώτους αιώνες της Τουρκοκρατίας, ήταν κυρίως θρησκευτικά και εκκλησιαστικά, με το πέρασμα του χρόνου, όμως, αυξήθηκαν τα βιβλία ιστορίας, γεωγραφίας, φυσικής, χημείας, ιατρικής, αστρονομίας, μαθηματικών, φιλοσοφίας, φιλολογίας, δείχνοντας τον δυναμισμό της ελληνικής διανόησης του 18ου και 19ου αιώνα κυρίως.

Στη Βιέννη τυπώθηκε, το 1790, η πρώτη ελληνική εφημερίδα, η «Εφημερίς», από τους Κοζανίτες αδελφούς Μαρκίδες Πούλιου, που είχε ευρεία διάδοση μέχρι και το 1797, οπότε την έκλεισαν οι αυστριακές αρχές. Εδώ, στην ίδια πόλη, τυπωνόταν, από το 1811 έως και το 1821 -με φροντίδα του Αδαμάντιου Κοραή, του Άνθιμου Γαζή και του Θεόκλητου Φαρμακίδη- το σημαντικό δεκαπενθήμερο φιλολογικό περιοδικό «Ο Λόγιος Ερμής». Το περιοδικό αυτό διαβαζόταν θερμά εντός και εκτός Οθωμανικής Αυτοκρατορίας, με ύλη που προετοίμαζε τη μεγάλη αλλαγή και είχε, εξ αυτού, φιλοξενήσει στις σελίδες του τη γαλλική Διακήρυξη των Δικαιωμάτων του Ανθρώπου και του Πολίτη, καθώς και τα Συντάγματα της Γαλλικής Επανάστασης. Εδώ, στη Βιέννη, τύπωσε και ο Ρήγας Βελεστινλής τα επαναστατικά φυλλάδια και τα βιβλία του πριν τον προλάβει ο δήμιος το 1798, στο κάστρο του Βελιγραδίου.

Πάντως, στο σημείο αυτό αξίζει να αναφερθεί ότι, παράλληλα με τη λόγια παραγωγή, ζήτηση είχαν βιβλία μαντικής ή λαϊκής ιατρικής που κυκλοφορούσαν παράλληλα με πολλά χειρόγραφα βοηθήματα ιατρικής και μαγείας, περιζήτητα ανάμεσα στους καθημερινούς απλούς ανθρώπους. Από τα χειρόγραφα αυτά, μεγάλης σημασίας είναι τα Ιατροσόφια, τα οποία, κατά κάποιον τρόπο, συνέχιζαν να αξιοποιούν κεκτημένα της αρχαίας ελληνικής, ρωμαϊκής, βυζαντινής και αραβικής ιατρικής, ανάμικτα με εμπειρικές λαϊκές ιατρικές εφαρμογές – με τη συνοδεία, πολλές φορές, μαγικών επικλήσεων και σημείων.

Κατά την περίοδο της Οθωμανικής Αυτοκρατορίας, όταν ανθούσε το εξωτερικό εμπόριο, υπήρξαν ελληνικές περιοχές και πόλεις που επωφελήθηκαν περισσότερο από κάποιες άλλες;

Από την εμπορική κίνηση επωφελήθηκαν κυρίως κάτοικοι των ορεινών της Θεσσαλίας, της Μακεδονίας και της Ηπείρου. Αντίστοιχα, όπως ήταν φυσικό, στο θαλασσινό σκέλος των πραγμάτων, έλαμψαν κάτοικοι των παραλίων, καθώς και κάτοικοι των νησιών του Αργοσαρωνικού, του Αιγαίου και του Ιονίου Πελάγους. Ο Έλληνας έμπορος και ναυτικός έγινε οικεία μορφή στη Βενετία, τη Βιέννη, την Τεργέστη, τη Βούδα, την Πέστη, τη Λειψία, την Οδησσό, το Άμστερνταμ, τη Μασσαλία, το Λιβόρνο, τη Γένοβα, την Κριμαία, τη Θάλασσα του Αζόφ, το Κίεβο, τη Μόσχα, το Ταϊγκανρόγκ, στα λιμάνια του Δούναβη, καθώς και σε δεκάδες πόλεις και κωμοπόλεις της σημερινής Ουγγαρίας και Τρανσυλβανίας. Και, φυσικά, στα λιμάνια της Οθωμανικής Αυτοκρατορίας: Αλεξάνδρεια, Θεσσαλονίκη, Σμύρνη, Κωνσταντινούπολη, Κωστάντζα, Βράιλα, Βάρνα, Πύργο –το σημερινό, δηλαδή, Μπουργκάς της Βουλγαρίας– και τόσα άλλα.

Την ίδια ώρα, πίσω στην πατρίδα, θρηνούσαν κοπέλες τον χωρισμό και πλήθαιναν τα τραγούδια της ξενιτιάς: «Εμίσεψες και μ' άφησες μόνη και πονεμένη / σαν εκκλησιά αλειτούργητη σε χώρα κουρσεμένη». Παράλληλα, όμως, οι ξενιτεμένοι αυτοί γίνονταν περιζήτητοι γαμπροί, μια και θεωρούνταν αυτονόητα ευκατάστατοι, ικανοί να προσφέρουν άνετη ζωή σε μία μέλλουσα σύζυγο: «Από την Πόλη έρχομαι παίζοντας το λεϊμόνι, / παίζοντας και γλεντίζοντας και γλυκοτραγουδώντας: / Όσα φλουριά καζάντισα, κόρη μ', για σένα τα 'χω. / –Δεν τόξερα, λεβέντη μου, που τα 'χεις για τα μένα, / να γίνω γης να με πατείς, γιοφύρι να διαβαίνεις, / να γίνω κι ασημόκουπα να σε κερνώ να πίνεις. / Εσύ να πίνεις το κρασί κι εγώ να λάμπω μέσα».

Αναγκαστικά, πάντως, αυτός ο περιζήτητος γαμπρός, ο Έλληνας εμπορευόμενος είτε της στεριάς είτε της θάλασσας, αναπτύσσει στάσεις ζωής, αρετές και νοοτροπίες που σχετίζονται με τις απαιτήσεις του εμπορίου. Σε ένα *Μαθηματάριο Εμπορίου* γραμμένο στα τέλη του

18ου αιώνα από τον Ηπειρώτη λόγιο Αθανάσιο Ψαλίδα, γιο του εμπορευόμενου στη Βλαχία και στη Ρωσία Πέτρου Ψαλίδα, τονίζεται ότι ο νέος που θέλει να γίνει έμπορος –εκτός του ότι οφείλει να μάθει την ιταλική και τη γαλλική γλώσσα, «διά να ημπορή εις αυτάς να αναγνώση όλους τους νόμους του εμπορίου»– είναι αναγκαίο να έχει αναπτύξει χαρακτήρα κατάλληλο για τις προκλήσεις του επαγγέλματός του. Να έχει, δηλαδή, «πνεύμα διαπεραστικόν και άοκνον, σώφρον και οικονομικόν, και μάλλον να κλίνη εις το φειδωλόν παρά εις το ελευθέριον. Και αν το πνεύμα του εμπόρου δεν έχει αυτά τα τέσσαρα, ο τοιούτος ας μην ελπίζη κέρδη ουδέ μεγάλα, ουδέ μικρά, αλλά δυστυχίαν ταχυτάτην».*

Αυτή η νέα ναυτοσύνη των Ελλήνων, η οποία έγινε σε συνθήκες υποτέλειας και αποκλειστικά για οικονομικούς λόγους, πού οδήγησε;

Η συνεχώς ανερχόμενη ναυτιλία των Ελλήνων του 17ου, 18ου και 19ου αιώνα αποτέλεσε τη βάση της σύγχρονης ελληνικής εμπορικής ναυτιλίας, της πιο ισχυρής του σημερινού κόσμου, στηρίχθηκε δε, όπως ήδη αναφέραμε, σε ένα σύστημα συμμετοχής εργασίας και κεφαλαίου, τη «σερμαγιά», που αποδείχθηκε λειτουργικό και αποτελεσματικό.

Οι Έλληνες ναυτικοί βρήκαν, στους αιώνες αυτούς

---

* Γεώργιος Παπαγεωργίου, *Ο εκσυγχρονισμός του Έλληνα πραγματευτή σύμφωνα με τα ευρωπαϊκά πρότυπα (τέλη 18ου-αρχές 19ου αι.). Ένα μαθηματάριο εμπορίου του Αθανασίου Ψαλίδα*, εκδ. Αφοί Τολίδη, Αθήνα 1990, σ. 132, 133.

της Τουρκοκρατίας, ξανά το νήμα των ναυτικών τους παραδόσεων γενόμενοι τρυγητές –και υπηρέτες– των ανοιχτών οριζόντων. Και του πλοίου τους, το οποίο αγαπούν και εμπιστεύονται: «Δεν σε φοβάμαι, κυρ Βοριά, φυσήσεις δε φυσήσεις / τι έχω καράβι από καρυά και τα κουπιά πυξάρι, / έχω κι αντένες μπρούτζινες κι ατσάλινα κατάρτια, / έχω πανιά μεταξωτά, της Προύσας το μετάξι, / έχω και καραβόσκοινα από ξανθής μαλλάκια...». Και δεν τον φοβούνται τον Βοριά ακόμα κι όταν αυτός κερδίζει το παιχνίδι πνίγοντας τους ναύτες στα πέλαγα: «...βαριά φορτούνα πλάκωσε και το τιμόνι τρίζει, / ασπρογυαλίζει η θάλασσα, σιουρίζουν τα κατάρτια, / σκώνονται κύματα βουνά, χορεύει το καράβι, / σπηλιάδα τούρθε από τη μια, σπηλιάδα από την άλλη, / σπηλιάδα απ' τα πλάγια του κι εξεσανίδωσέ το. / Γιόμισε η θάλασσα πανιά, το κύμα παλικάρια». Δεν τον φοβούνται τον Βοριά –όπως και τον κάθε κυρ Βοριά– γιατί γνωρίζουν πως μόνο δεχόμενος τις δυσκολίες ως πρόκληση μπορεί να βγάλει κανείς πέρα, με αξιοπρέπεια κι αποτελεσματικότητα, τη μικρή ζωή που στον καθένα μας αναλογεί. Μια και «θάλασσα δίχως κύματα, θάλασσα δεν λογιέται», όπως λέει κι ο θαλασσινός λαός μας, που, στην ίδια γραμμή αξιοπρέπειας και μαχητικότητας, σου ζητά «επτά φορές κι αν πέσεις, οκτώ να σηκωθείς».

Ο Έλληνας ναυτικός και έμπορος θαυμάστηκε, κατά τους αιώνες αυτούς, για την αντοχή, τις ικανότητες, την τόλμη και το σθένος του, έγινε γνώριμος των λιμανιών της Μεσογείου και του Ευξείνου Πόντου και βρέθηκε να υπηρετεί σε θέσεις που εμπεριείχαν τις δικές τους προκλήσεις. Ας δούμε στο σημείο αυτό μια ιστορία που αφορά έναν καταπληκτικό Έλληνα ναυτικό της εποχής, τον Κεφαλλονίτη Ιωάννη Φωκά. Αυτός είχε θέση, κατά τον 16ο αιώνα, στο ισπανικό ναυτικό. Εμπιστευόμενοι τις ικανότητές του, οι Ισπανοί ανέθεσαν στον Juan de Fuca –στον Ιωάννη Φωκά δηλαδή– την εξερεύνηση της ακτογραμμής των δυτικών παραλίων της βόρειας Αμερικής, πράγμα που εκείνος έκανε. Έτσι, το πέρασμα ανάμεσα στο νησί Βανκούβερ και τις ακτές των σημερινών Ηνωμένων Πολιτειών, στο ύψος του Σιάτλ, ονομάζεται στους σημερινούς μας χάρτες «Juan de Fuca straits». Και λίγοι γνωρίζουμε ότι, πίσω από το ισπανότροπο όνομα Juan de Fuca, κρύβεται ένας προικισμένος Έλληνας ναυτικός του 16ου αιώνα από την Κεφαλλονιά.

Κάποια παράλληλα έχει, σχεδόν δύο αιώνες αργότερα, και η ιστορία του Λάμπρου Κατσώνη, του παράτολμου ναυτικού και καταδρομέα από τη Λιβαδιά της Βοιωτίας. Περί το 1770, ο Κατσώνης βρέθηκε στη Ρωσία και έλαβε μέρος σε ναυτικές δράσεις των Ρώσων κατά των Οθωμανών γενόμενος, εξ αυτού, χιλίαρχος του ρωσικού στόλου. Μετά την αφυπηρέτησή του, ανταμείφθηκε με μεγάλο κτήμα στην περιοχή της Κριμαίας, το οποίο και, από νοσταλγία για τη γενέτειρά του πόλη, ονόμασε «Livadiya». Σε αυτό ακριβώς το κτήμα, στο Ανάκτορο Λιβάντια, έγινε το 1945, με το τέλος του Β΄ Παγκοσμίου Πολέμου, η συνάντηση Τσόρτσιλ-Στάλιν-Ρούζβελτ και υπογράφηκε η περίφημη Συμφωνία της Γιάλτας, που έμελλε να καθορίσει πολλά για τις τύχες της ανθρωπότητας στον μεταπολεμικό κόσμο...

Όμως οι Έλληνες όλα αυτά τα επετύγχαναν ενώ δεν έπαυαν να είναι υπό τους Οθωμανούς. Υπήρχε τόσο μεγάλη ελευθερία μέσα στην Οθωμανική Αυτοκρατορία;

Η Οθωμανική Αυτοκρατορία διοικούνταν κεντρικά με έναν απόλυτο μονάρχη στα ηνία, τον σουλτάνο. Του ηγεμόνα αυτού οι αποφάσεις εφαρμόζονταν απαρεγκλίτως, οι δε μη συμμορφούμενοι, τόσο «πιστοί» όσο και «άπιστοι», κινδύνευαν να αντιμετωπίσουν τρομερές σωματικές τιμωρίες και σκληρό θάνατο. Αυτήν την πραγματικότητα Έλληνες λόγιοι του 18ου και 19ου αιώνα, επηρεασμένοι και από την πολιτική θεώρηση της Αμερικανικής και της Γαλλικής Επανάστασης, την περιέγραφαν ως «τυραννία», και ενάντια σε αυτήν εκδηλώθηκαν, μέσα στους αιώνες, με διάφορες αφορμές και αφετηρίες, πολλά μικρότερα ή μεγαλύτερα επαναστατικά κινήματα. Η ελληνική πλευρά, μάλιστα, παρουσιάζει, με διαφορά, τον μεγαλύτερο αριθμό αντιοθωμανικών δράσεων στη Βαλκανική, με εντονότερες εκείνες του ιερωμένου Διονυσίου Φιλοσόφου στα Γιάννενα στις αρχές του 17ου αιώνα και τα Ορλωφικά στην Κρήτη και στην Πελοπόννησο στο δεύτερο μισό του 18ου αιώνα. Τούτο δεν αναιρεί το γεγονός ότι οι Οθωμανοί μεριμνούσαν για την οικονομική δραστηριότητα στα βουνά και στις πεδιάδες της επικράτειάς τους, καθώς και για την εμπορική κίνηση των λιμανιών και των αγορών των πόλεών τους, γιατί από εκεί προσπορίζονταν πολύτιμα για αυτούς κρατικά εισοδήματα.

Εκτός από τα εμπορικά πλοία των υπηκόων τους, το οθωμανικό κράτος διέθετε βέβαια και μεγάλο κρατικό πολεμικό στόλο. Η επάνδρωση του στόλου αυτού συνδεόταν με τους πληθυσμούς των νησιών και των παραλίων της αυτοκρατορίας, καθώς, από τον 15ο έως και το πρώτο τέταρτο του 19ου αιώνα, οι κάτοικοι των περιοχών αυτών ήταν υποχρεωμένοι να παρέχουν κατ' έτος, με διάφορους τρόπους –κυρίως ως είδος φόρου με μορφή εργασίας–, έναν αριθμό ναυτών, των «μελάχηδων». Ο αρχηγός των ναυτών αυτών ονομαζόταν «μπας ρεΐζης», επιλεγόταν μεταξύ των μελάχηδων του στόλου και θεωρούνταν σημαντικό πρόσωπο, μια και βρισκόταν σε επαφή και συνεργασία με τον δραγομάνο του οθωμανικού στόλου, που ήταν και αυτός Έλληνας – πάντα Φαναριώτης.

Το πόση σημασία είχε αυτός ο θεσμός για τα ελληνικά πράγματα έγινε φανερό το 1821, όταν η Φιλική Εταιρεία ετοίμαζε τα σχέδιά της για την Επανάσταση του Γένους. Ένα από τα επικρατέστερα σενάρια που η Εταιρεία επεξεργαζόταν ήταν η Επανάσταση να ξεκινήσει με πυρπολήσεις συνοικιών της Κωνσταντινούπολης και παράλληλη πυρπόληση του οθωμανικού στόλου στον ναύσταθμο της Πόλης. Πρωτοστάτες στο έργο αυτό υπολόγιζε τους Έλληνες ναύτες του οθωμανικού στόλου. Με την έναρξη ωστόσο της Επανάστασης και πριν ακόμα γίνουν δράσεις στην πρωτεύουσα της αυτοκρατορίας, οι Τούρκοι συνέλαβαν και εκτέλεσαν παραδειγματικά είκοσι μελάχηδες και τον μπας ρεΐζη Κωνσταντή Γκιούστο, ατρόμητο Υδραίο και μέλος της Φιλικής Εταιρείας, που θεωρούνταν πολύτιμος κρίκος για κάθε παράτολμο σχέδιο και δράση.

ΜΕΡΟΣ Δ΄

Η ώρα των μεγάλων τομών

Ο Ελληνισμός από το 1821 έως τα μέσα του 19ου αιώνα

Κι από γιούλια και ναρκίσσους το καινούριο
Μαχαίρι ετοιμάζω που αρμόζει στους Ήρωες.

Οδυσσέας Ελύτης, *Το Άξιον Εστί*,
ό.π., σ. 68.

ΜΑΧΟΥ ΥΠΕΡ ΠΙΣΤΕΩΣ ΚΑΙ ΠΑΤΡΙΔΟΣ.

Ἡ ὥρα ἦλθεν, ὦ Ἄνδρες Ἕλληνες! Πρὸ πολλοῦ οἱ λαοὶ τῆς Εὐρώπης πολεμοῦντες ὑπὲρ τῶν ἰδίων Δικαιωμάτων καὶ ἐλευθερίας αὐτῶν, μᾶς ἐπροσκάλουν εἰς μίμησιν, αὐτοί, καίτοι ὁπωσοῦν ἐλεύθεροι, ἐπροσπάθησαν ὅλαις δυνάμεσι, νὰ αὐξήσωσι τὴν ἐλευθερίαν, καὶ δι' αὐτῆς πᾶσαν αὐτῶν τὴν Εὐδαιμονίαν.

Οἱ ἀδελφοί μας καὶ φίλοι εἶναι πανταχοῦ ἕτοιμοι, οἱ Σέρβοι, οἱ Σουλιῶται, καὶ ὅλη ἡ Ἤπειρος ὁπλοφοροῦντες μᾶς περιμένουσιν· ἂς ἑνωθῶμεν λοιπὸν μὲ Ἐνθουσιασμόν! ἡ Πατρὶς μᾶς προσκαλεῖ!

Ἡ Εὐρώπη προσηλώνουσα τοὺς ὀφθαλμούς της εἰς ἡμᾶς, ἀπορεῖ διὰ τὴν ἀκινησίαν μας, ἂς ἀντηχήσωσι λοιπὸν ὅλα τὰ Ὄρη τῆς Ἑλλάδος ἀπὸ τὸν Ἦχον τῆς πολεμικῆς μας Σάλπιγγος, καὶ αἱ κοιλάδες ἀπὸ τὴν τρομερὰν κλαγγὴν τῶν Ἁρμάτων μας. Ἡ Εὐρώπη θέλει θαυμάσῃ τὰς ἀνδραγαθίας μας, οἱ δὲ τύραννοι ἡμῶν τρέμοντες καὶ ὠχροὶ θέλωσι φύγει ἀπ' ἔμπροσθέν μας.

[...]

Εἰς τὰ ὅπλα λοιπὸν φίλοι ἡ Πατρὶς Μᾶς Προσκαλεῖ!

Ἀλέξανδρος Ὑψηλάντης

Τὴν 24ην Φεβρουαρίου 1821.   Εἰς τὸ γενικὸν στρατόπεδον τοῦ Ἰασίου.

*24 Φεβρουαρίου 1821. Η εναρκτήρια στιγμή του Αγώνα του '21.
Η προκήρυξη του Αλέξανδρου Υψηλάντη, από το στρατόπεδο του Ιασίου.*

Φτάνοντας στην Επανάσταση του Γένους, ποιες κρίσιμες συνθήκες συναντήθηκαν ώστε να την κάνουν αναπόφευκτη; Άλλωστε κάτι τέτοιο είναι αναγκαίο να συμβεί σε κάθε μεγάλη επανάσταση στην Ιστορία του κόσμου.

Η επανάδυση και η σταδιακή χαλύβδωση των τριών πυλώνων που διαχρονικά στηρίζουν τα θεμέλια του Ελληνισμού –δηλαδή η γλώσσα και η παιδεία, η ναυτιλία και το εμπόριο, η διασπορά και η επανατροφοδότηση– ήταν εκείνες που επέτρεψαν στο Έθνος, κυρίως κατά τους δύο τελευταίους αιώνες της Τουρκοκρατίας, να αντλήσει δυνάμεις και να επαναπροσδιορίσει τον εαυτό του και τους στόχους του.

Η εξωστρέφεια των Ελλήνων εμπόρων και ναυτικών και η δημιουργία πολυάριθμων δυναμικών μικρών και μεγάλων ελληνικών παροικιών τόσο στην Ιταλική Χερσόνησο, τη δυτική, κεντρική και ανατολική Ευρώπη, όσο και στη Ρωσία και τη Μαύρη Θάλασσα, έπαιξαν ρόλο στην ενίσχυση και αναβάθμιση της παιδείας τους, αλλά και στην αυτογνωσία και την αυτοπεποίθησή τους. Δεν είναι λοιπόν τυχαίο ότι την αναγέννηση του Έθνους την οραματίστηκαν και την επεχείρησαν, οργανώνοντας το 1814 στην Οδησσό της Ρωσίας τη Φιλική Εταιρεία, άτομα σχετιζόμενα με τον κύκλο του εμπορίου της Μαύρης Θάλασσας και της νότιας Ρωσίας. Άτομα, δηλαδή, που είχαν γνώση τόσο των εσωτερικών παραμέτρων της Οθωμανικής Αυτοκρατορίας όσο και των διεθνών ισορροπιών, σε μιαν εποχή έντονων ανακατατάξεων πολιτικών, οικονομικών και ιδεολογικών. Και που είχαν την πεποίθηση ότι, μπαίνοντας στη φωτιά, μπορούσαν να τα καταφέρουν κι ας είχε ο αντίπαλος την υπεροπλία. Γιατί –μέσω της οικονομικής δράσης, της παιδείας και των διεθνών επαφών τους– οι Έλληνες αυτοί είχαν κατακτήσει αυτοπεποίθηση και εθνική υπερηφάνεια, σε μία Οθωμανική Αυτοκρατορία που έφθινε και κλυδωνιζόταν.

Η νέα αυτοπεποίθηση των Ελλήνων σχετίζεται με πολλά, αλλά κυρίως με μία παλαιότερη ανατροπή παγκόσμιας σημασίας στην οποία έχουμε αναφερθεί και που, παραδόξως, επηρέαζε τους Έλληνες από πολλαπλούς δρόμους – και μάλιστα πολύ. Η ανατροπή αφορά τη δυτική Ευρώπη, αυτή που μέχρι το 1000 περίπου βρισκόταν πολιτισμικά πίσω από τον Ελληνισμό και το Βυζάντιο, αλλά, έκτοτε, μπήκε σε τροχιά ανάκαμψης, όπως ήδη έχουμε πει. Η τροχιά αυτή θα φέρει την αποφασιστική ανατροπή εκεί γύρω στο 1400, όταν το Βυζάντιο βρίσκεται κοντά στο τέλος του, την ώρα που η Δύση αναδύεται ισχυρή πρώτα με την Αναγέννηση και, στη συνέχεια, με τις θαλασσινές εξερευνήσεις, την Επιστημονική Επανάσταση, τον Διαφωτισμό και τη Βιομηχανική Επανάσταση. Και κατακτά τη γη.

ΡΙΖΕΣ ΚΑΙ ΘΕΜΕΛΙΑ

Για την εκτίναξή της αυτή, η Δύση στηρίχθηκε, ανάμεσα στ' άλλα, σε δύο πολιτισμικές κληρονομιές του παρελθόντος: στην ελληνική και στη ρωμαϊκή αρχαιότητα, τις οποίες θαύμασε, μελέτησε εις βάθος, έκανε παράδειγμα των επιλογών και των δράσεών της, ενσωμάτωσε στην εκπαίδευση των νέων της και των στελεχών της. Έτσι, οι Έλληνες έμποροι και ναυτικοί που βρέθηκαν σε δυτικοευρωπαϊκό περιβάλλον άκουσαν εκεί για τους προγόνους τους και τα επιτεύγματά τους και τους θαύμασαν και οι ίδιοι· κολακεύτηκαν από το γεγονός ότι η δυτική Ευρώπη, η πιο προχωρημένη περιοχή του κόσμου σε κάθε πεδίο του ανθρώπινου πολιτισμού, περίμενε από αυτούς πολλά, ακριβώς γιατί ήταν απόγονοι τόσο αξιοθαύμαστων προγόνων· πείσμωσαν από την επιθυμία να γίνουν αντάξιοι των προσδοκιών αυτών – πράγμα που προϋπέθετε την απελευθέρωσή τους από την τουρκική κυριαρχία.

Μέσα στις παραπάνω συγκυρίες και αισθήματα, κυοφορήθηκαν σημαντικές αλλαγές ανοιχτές στα κελεύσματα του Εθνισμού, του μεγάλου κινήματος της εποχής που ζητούσε από τους λαούς να διεκδικήσουν, με κάθε κόστος, την ανεξαρτησία τους και την εθνική τους φυσιογνωμία συγκρουόμενοι με τις αυτοκρατορίες που, μέχρι τότε, τους εξουσίαζαν.

Η Επανάσταση των Ελλήνων πλησίαζε. Στο βαρύ αυτό καθήκον τούς «καλούσαν» πια –μέσω των Δυτικοευρωπαίων με τους οποίους οι Έλληνες συγχρωτίζονταν στις παροικίες, στις αγορές και στα λιμάνια– «οι ίδιοι οι ένδοξοι πρόγονοί τους».

Δύο χιλιάδες χρόνια μετά, η παράμετρος των «ενδόξων προγόνων» πόσο μπορεί να λειτούργησε ως κινητήρια δύναμη για την ελληνική κοινωνία; Οι Έλληνες επιστήμονες και στοχαστές της εποχής τι ρόλο έπαιξαν;

Η παράμετρος των «ενδόξων προγόνων» μετρούσε πολύ δίνοντας στους Έλληνες πείσμα, όπως είπαμε, και αυτοπεποίθηση.

Δεν ήταν, όμως, η παράμετρος αυτή η μόνη που έπαιξε ρόλο στη μεγάλη ανατροπή. Ρόλο έπαιξε και το αίσθημα υπεροχής που οι Έλληνες είχαν αποκτήσει από πολλούς παράγοντες: από τις επιτυχημένες επαγγελματικές τους δράσεις εντός και εκτός Οθωμανικής Αυτοκρατορίας· από τον δυναμισμό της παιδείας τους· από την επιβλητική δημογραφική, εκπαιδευτική, οικονομική παρουσία τους σε περιοχές των Βαλκανίων που σήμερα είναι Ελλάδα, Ρουμανία, Αλβανία, Βουλγαρία, Σερβία, Βόρεια Μακεδονία, Τουρκία· από τον μεγάλο αριθμό Ελλήνων λογίων στη διασπορά αλλά και εντός του οθωμανικού χώρου. Δεν είναι, εξάλλου, τυχαίο ότι, κατά τον 19ο και τις αρχές του 20ού αιώνα, η Οδησσός, το Βελιγράδι, η Βουδαπέστη απέκτησαν Έλληνες δημάρχους, τους Γρηγόριο Μαρασλή, Κωνσταντίνο Κουμανούδη, Κωνσταντίνο Τερζή αντίστοιχα.

Στηριγμένοι στην αυτοπεποίθηση αυτή και στην περηφάνια της καταγωγής τους, λόγιοί μας του 18ου και 19ου κυρίως αιώνα, με προεξάρχοντα τον Αδαμάντιο Κοραή, έσκυψαν —ξανά— στο σταθερά σπουδαιότερο στοιχείο του πολιτισμού μας, την ελληνική γλώσσα. Αυτήν που ο Δημήτριος Καταρτζής, το 1783, θεωρούσε ότι είναι «κατά πάντα καλλίτερ' απ' όλαις ταις γλώσσαις» και ότι η καλλιέργειά της είναι απαραίτητη για την «αγωγή του έθνους». Στόχος των λογίων αυτών τώρα ήταν, ανάμεσα σ' άλλα, να αποκαθάρουν την ελληνική από τις πολυάριθμες ιταλικές και τουρκικές λέξεις που, από τον 13ο αιώνα και εξής, είχαν παρεισφρήσει σε αυτήν, είτε επαναφέροντας τις παραμερισθείσες είτε δημιουργώντας νέους ελληνικούς όρους στη βάση των βαθιών νημάτων σύνθεσης της γλώσσας μας. Και το επέτυχαν με τρόπο συστηματικό και ευρηματικό, έτσι ώστε οι περισσότεροι από εμάς να μη γνωρίζουμε ότι μία σειρά όρων και λέξεων που σήμερα χρησιμοποιούμε ευρέως είναι νεόπλαστες, όπως, παραδείγματος χάριν, οι λέξεις «ανεξιθρησκία», «εξόντωσις», «επιβάρυνσις», «λαθρεμπόριον», «δημοσιότης», «δημοσιογράφος», «πλειοψηφία», «χειροκροτώ» και πολλές άλλες που δημιουργήθηκαν το 1760, 1766, 1805, 1809, 1824, 1826, 1833, 1856 αντιστοίχως.

Οι ίδιοι αυτοί Έλληνες λόγιοι –οι πιο πρωτοπόροι και ενημερωμένοι του βαλκανικού χώρου, όπως μας έχει δείξει ο Γιάννης Καράς στις σχετικές μελέτες του*– ήταν σε θέση να παρακολουθούν, με αναλογικά εντυπωσιακή εγρήγορση και ετοιμότητα, τις επιστημονικές εξελίξεις της πρωτοπόρας Δύσης, δημιουργώντας, με τη

---

* Γιάννης Καράς, *Η εξέλιξη της νεοελληνικής επιστήμης. Από την παραδοσιακή στη νεώτερη επιστημονική σκέψη*, εκδ. Κέντρο Νεοελληνικών Ερευνών Εθνικού Ιδρύματος Ερευνών, Αθήνα 1999· του ιδίου, *Η ελληνική επιστήμη και ο βαλκανικός χώρος, 18ος-19ος αιώνας*, εκδ. Δαίδαλος – Ι. Ζαχαρόπουλος, Αθήνα 2001· του ιδίου, *Η ελληνική σκέψη και ο ενιαίος ευρωπαϊκός χώρος*, εκδ. Δαίδαλος – Ι. Ζαχαρόπουλος, Αθήνα 2003.

σειρά τους, νέα βάση διάχυσης των γνώσεων και των κατακτήσεων αυτών στην ανατολική Μεσόγειο και τα Βαλκάνια. Να επιτυγχάνουν, δηλαδή, αυτό που περιέγραφε, περήφανος για τα επιτεύγματα των συγχρόνων του Ελλήνων στοχαστών, ο Θεσσαλός λόγιος Κωνσταντίνος Κούμας, όταν έλεγε στις αρχές του 19ου αιώνα, «περιπατώμεν παραλλήλως με την Φιλοσοφίαν των μεγαλοφυών της Ευρώπης ανδρών».

Και ακριβολογούσε γιατί, όπως γνωρίζουμε σήμερα, το 1808 ο Κωνσταντίνος Κούμας ενσωμάτωσε στη *Χημεία* του το κάλιο και το νάτριο έναν μόνο χρόνο μετά την ανακάλυψή του από τον Άγγλο Ντέιβυ (Humphry Davy) το 1807, ενώ ο Νεόφυτος Βάμβας πληροφορήθηκε το έργο του Νεύτωνα περίπου την ίδια εποχή που το πληροφορήθηκαν οι συνάδελφοί του Γάλλοι επιστήμονες.

Στον 18ο και στο πρώτο τέταρτο του 19ου αιώνα, Έλληνες στοχαστές και επιστήμονες θα εκφράσουν σκέψεις που σήμερα μας εκπλήσσουν. Ο Αθανάσιος Ψαλίδας, επί παραδείγματι, θα εξηγήσει ότι «όλαι αι μεταβολαί δεν είναι άλλο τίποτες, παρά ενέργειαι και μορφαί της ύλης» και, συνεπώς, «δεν ημπορώμεν να καταλάβωμεν άλλης ουσίας ιδέαν, ειμή υλικής». Κατά τον Χριστόδουλο Παμπλέκη, «η ύλη είναι μία και μόνη» και «δηλοί την εκάστου των όντων ουσίαν», ενώ η κίνηση είναι «η πρώτη αιτία και αρχή πάντων» καθ' όσον «πάσα ύλη μόνον εν κινήσει υπάρχει» και «άπαντα τα εν τω παντί φαινόμενα παράγει». Αντιστοίχως, κατά τον Δημήτριο Δάρβαρη, υπάρχουν άπειρα ηλιακά συστήματα «εις το απέραντον διάστημα του παντός» που ενδέχεται «να κατοικούνται, καθώς η ημετέρα γη, υπό λογικών πλασμάτων». Τα πλάσματα αυτά, πάντα κατά τον Δάρβαρη, λόγω διαφορετικής αποστάσεως των πλανητών τους από τον ήλιο, μάλλον δεν μοιάζουν με εμάς τους ανθρώπους.* Οι Έλληνες λόγιοι και στοχαστές του δεύτερου μισού του 18ου και του πρώτου τέταρτου του 19ου αιώνα δεν ήταν απλώς παθητικοί μεταφορείς ιδεών και επιστημονικών συμβολών των ξένων, αλλά φορείς δημιουργικής επεξεργασίας αυτών, όπως, π.χ., αποδεικνύουν με το έργο τους ο Βενιαμίν ο Λέσβιος στη φυσική, τα μαθηματικά και τη φιλοσοφία, ή ο Επτανήσιος Νικηφόρος Θεοτόκης στη φυσική και στα μαθηματικά, ή ο Θεσσαλός Στέφανος Δούγκας στα μαθηματικά, και τόσοι άλλοι. Ο τελευταίος, μαθητής του Τυρναβίτη λογίου Ιωάννη Πέζαρου, με σπουδές στο Γκέττινγκεν και την Ιένα της Γερμανίας, διατύπωσε σύνθετες και πρωτοπόρες σκέψεις και θεωρίες που προκαλούν μέχρι σήμερα θαυμασμό και έκπληξη. Όπως, π.χ., όταν στο έργο του *Εξέτασις της Φύσεως*, έχοντας μελετήσει εις βάθος τον Νεύτωνα, εικάζει, χωρίς εξισώσεις, πως θα πρέπει να υπάρχει ενότητα ύλης, χώρου, χρόνου και κίνησης...

Έχει ενδιαφέρον ότι αναφέρεσθε ιδιαίτερα σε Θεσσαλούς στοχαστές και λογίους. Αναρωτιέμαι εάν αυτό συμβαίνει επειδή η Θεσσαλία είναι ο τόπος καταγωγής σας ή είναι αντικειμενική αλήθεια η σημαντική επίδοση της Θεσσαλίας στον τομέα αυτόν.

Η Θεσσαλία είναι ο τόπος καταγωγής μου, μια και γεννήθηκα στη Λάρισα. Ωστόσο, η αναφορά μου στα της

---

* Γιάννης Καράς, *Η εξέλιξη...*, ό.π., σ. 28, 32-51.

Θεσσαλίας σχετίζεται, πιστεύω, όχι με τις συναισθηματικές μου εμπλοκές, αλλά με τα ίδια τα γεγονότα. Κατά την περίοδο της Τουρκοκρατίας, τα σχολεία στη Θεσσαλία ήταν, όπως είδαμε, πολλά και σπουδαία, με κύρια συγκέντρωση στην περιοχή του Κισσάβου και του Πηλίου, απ' όπου προήλθε ένας αριθμός σημαντικών λογίων της εποχής. Μια και μιλούμε για τους λογίους της περιόδου της Τουρκοκρατίας, πολλοί εξ αυτών προέρχονταν από τα Επτάνησα, τη Χίο, την Ήπειρο, τη Μακεδονία, τη Θεσσαλία και αλλού. Εάν συγκεντρώσει, πάντως, κανείς τα ονόματα και το ειδικό βάρος εκείνων εξ αυτών που προέρχονταν από τη Θεσσαλία, η εικόνα που προκύπτει είναι εντυπωσιακή: Άνθιμος Γαζής, Κωνσταντίνος Κούμας, Ιωάννης Πέζαρος, Στέφανος Δούγκας, Ρήγας Βελεστινλής, Θεόκλητος Φαρμακίδης, Δανιήλ Φιλιππίδης, Γρηγόριος Κωνσταντάς, Κωνσταντίνος Οικονόμου εξ Οικονόμων, Ιωάννης Πρίγκος και τόσοι άλλοι.

Ο τελευταίος, ολιγογράμματος Πηλιορείτης έμπορος που πλούτισε τον 18ο αιώνα στην Ολλανδία, πίστεψε στη γνώση και στάθηκε γενναιόδωρος χορηγός και υποστηρικτής της παιδείας στην πατρίδα του, τη Ζαγορά Πηλίου. Μας άφησε πονήματα καθώς και αξιοπρόσεκτες, δροσερές παρατηρήσεις για τις διαφορές ζωής και νοοτροπίας ανάμεσα στην Ολλανδία και στα όσα εκείνος είχε ζήσει ως νέος στην πατρίδα του, πριν ξενιτευτεί. Εκπλήσσεται, παραδείγματος χάριν, από τις γεωργικές και δενδροκομικές πρακτικές που τηρούνταν στην Ολλανδία, την ώρα που στην πατρίδα του οι καλλιεργητικές μέθοδοι ήταν στοιχειώδεις και αρχέγονες, με τα δένδρα να μεγαλώνουν και να καρποφορούν φυσικά, χωρίς, στην ουσία, την επέμβαση του καλλιεργητή. «Εδώ κατά την συνήθεια όπου γίνεται κάθα χρόνο άρχισαν να σιάζουν τα δένδρα. Όσα είναι παλιά τα βγάζουν και βάζουν νέα, και όσα στραβά τα σιάζουν και κόβουν τα ξεράδια και γράφουν στίχους σε αυτά. Και τα φυτεύουν αραδιασμένα με τη στάθμη, να είναι ίσια, αραδιασμένα με γαϊτάνι και ισότιμα στο ύψος και φαρδιά ωσάν φτερούγες ή σαν ριπίδια. [...] Να έκαναν αυτή την επιμέλεια όπου κάνουν οι Ολλανδέζοι στην Ελλάδα οι Ρωμαίοι ήθελε είναι περιβόλια εξαίσια, ότι ο τόπος και το κλίμα του τόπου δίδει χέρι· η ισομετρία της ζέστης και του κρύου. Εκείνα όπου έχουν οι Ρωμαίοι διά τίποτε στα βουνά και στα δάση, ετούτοι τα έχουν μέσα σε [γ]λάστρες και σε σπίτι με φωτιά [: θερμοκήπια] διά να μην παγώσουν τον χειμώνα...». Αλλά συνεχίζει νοσταλγώντας τον φυτικό παράδεισο του τόπου του, του Πηλίου: «Με όλες αυτές τις ευμορφιές, ό,τι αξίζει ένα άγριο και αδιόρθωτο δάσος όπου κελαδούνε το Μάη τα αηδόνια δεν αξίζουν όλες οι ευταξίες αυτουνώνε».*

Βέβαια, η Θεσσαλία είχε μία πληθυσμιακή ιδιαιτερότητα. Στα πεδινά είχε κατά τόπους πολλούς Μουσουλμάνους κατοίκους, ενώ στα ορεινά και ημιορεινά κατοικούσαν Χριστιανοί Ορθόδοξοι, Έλληνες και Βλάχοι, με τις δικές τους οικονομικές δραστηριότητες.

---

* Για τον Ιωάννη Πρίγκο και το έργο του, βλ. Βαγγέλης Σκουβαράς, *Ιωάννης Πρίγκος (1725;-1789). Η ελληνική παροικία του Άμστερνταμ, η σχολή και η βιβλιοθήκη Ζαγοράς*, εκδ. Ιστορική και Λαογραφική Εταιρεία των Θεσσαλών, Αθήνα 1964.

Πράγματι, όπως λέτε, η Θεσσαλία είχε στα πεδινά της αναλογικά ισχυρή παρουσία μουσουλμανικού στοιχείου, ωστόσο στα ορεινά της οι πληθυσμοί ήταν αμιγώς Χριστιανοί Ορθόδοξοι, Έλληνες και Αρωμούνοι, με μεγάλη εμπορική κινητικότητα προς την κεντρική Ευρώπη κυρίως, αλλά και προς τις περιοχές της Μαύρης Θάλασσας, ιδιαίτερα κατά τον 18ο και 19ο αιώνα. Μια κινητικότητα η οποία αφορούσε, κατά κύριο λόγο, τους «απίστους», καθώς οι Μουσουλμάνοι κάτοικοι της Οθωμανικής Αυτοκρατορίας δεν κινούνταν εμπορικά προς το εξωτερικό, σε περιοχές Δυτικών «απίστων».

Ξακουστή είναι, στην κατεύθυνση αυτή, η περίπτωση των Αμπελακίων του Κισσάβου και του ερυθρόδανου, κοινώς ριζάρι. Το ριζάρι είναι αυτοφυές φυτό των πρανών του Κισσάβου, γνωστό από παλιά για το γεγονός ότι αποδίδει βαφική ύλη με την οποία τα βαφόμενα νήματα αποκτούν ένα γλυκό φωτεινό πορτοκαλοκόκκινο χρώμα. Το χρώμα αυτό, χάρις στη χημική σύσταση των ριζών του ριζαριού, είναι επιπλέον ιδιαίτερα σταθερό – χαρακτηριστικό εξαιρετικό, μια και το κόκκινο χρώμα έχει γενικά το ιδίωμα να ξεβάφει γρήγορα και να ξεθυμαίνει εύκολα στα μάλλινα και στα βαμβακερά υφάσματα.

Εκμεταλλευόμενα το γεγονός ότι διέθεταν ένα τέτοιο σπουδαίο τοπικό προϊόν, δίπλα στον θεσσαλικό κάμπο που μπορούσε να παράσχει μεγάλες ποσότητες βαμβακιού, την ώρα που οι δρόμοι του εμπορίου προς την κεντρική Ευρώπη ήταν τόσο προσοδοφόροι και όχι απαγορευτικά μακρινοί, ένας αριθμός χωριών περί τα Αμπελάκια συνασπίσθηκαν οικονομικά, στα μέσα του 18ου αιώνα, σε ένα εγχείρημα που αποδείχθηκε από τα επιτυχέστερα των Βαλκανίων: οι γυναίκες έγνεθαν, έκλωθαν το βαμβάκι και έβαφαν πορτοκαλοκόκκινο το παραχθέν νήμα, οι δε άντρες φόρτωναν το προϊόν σε μουλάρια και, με μεγάλα καραβάνια, το διοχέτευαν στις αγορές της κεντρικής Ευρώπης, κυρίως στη Βιέννη. Γρήγορα, το κόκκινο νήμα των Αμπελακίων έγινε γνωστό και περιζήτητο σε όλη την Ευρώπη, κάνοντας τους Αμπελακιώτες πλούσιους – κάτι που φαίνεται στα περίφημα αρχοντικά τους που ακόμα διασώζονται στο χωριό.

Μεταξύ του 1770 και του 1810, τα Αμπελάκια και η ευρύτερη περιοχή θάλλουν κατά τρόπο εντυπωσιακό, με αποτέλεσμα την εκτίναξη της ελληνικής παιδείας στην περιοχή – και, ιδιαιτέρως, του περίφημου σχολείου των Αμπελακίων, που είχε την τιμή να έχει ως δασκάλους σπουδαίους εκπροσώπους του Νεοελληνικού Διαφωτισμού. Τέτοια, μάλιστα, ήταν η φήμη και το κύρος του σχολείου, που ο Στέφανος Δούγκας, στο τέλος του 18ου αιώνα, είχε αποφασίσει, μαζί με τον Αθανάσιο Χριστόπουλο και τον Γρηγόριο Κωνσταντά, την ίδρυση πανεπιστημίου εκεί – κάτι που, τελικά, δεν πραγματοποιήθηκε.

Μιας και μιλάμε για τον Νεοελληνικό Διαφωτισμό, έχει μεγάλη αξία να αναφερθεί κανείς στη θέση της ίδιας της Επανάστασης απέναντι στις επιστήμες, αλλά και στη σχέση των κεντρικών προσώπων της με αυτές.

Υπήρχε μεγάλη σχέση ανάμεσα στην Επανάσταση και την εξοικείωση με τη γνώση και τις επιστήμες. Εξάλλου, ας μην ξεχνάμε ότι οι επιστήμες και ο Ορθός Λόγος θεωρήθηκαν σύντροφοι των επαναστατών της Δύσης του 18ου αιώνα. Τούτο ήταν σαφές και στον –επίσης Θεσσαλό– Ρήγα Βελεστινλή, τον πιο ολοκληρωμένο επαναστάτη των Βαλκανίων του 18ου αιώνα, που ως επαναστατική του προτεραιότητα έθεσε τη μετάφραση του έργου *Φυσικής Απάνθισμα* στα ελληνικά, προκειμένου οι Έλληνες και οι ελληνομαθείς Βαλκάνιοι να γνωρίσουν, με τρόπο επιστημονικό, τη Φύση και τις λειτουργίες της.

Παρότι οι Έλληνες, όπως και οι περισσότεροι λαοί της Οθωμανικής Αυτοκρατορίας, ήταν κατά κύριο λόγο γεωργοί και κτηνοτρόφοι, η υπεροχή της γλώσσας, της παιδείας και της οικονομικής δράσης τους, κατά τον 18ο και 19ο αιώνα, έκανε τη λέξη «Έλληνας» να φέρνει στα Βαλκάνια, κατά κανόνα, ως συνειρμό την έννοια του λογίου, του ιερωμένου, του δασκάλου, του εμπόρου, του ναυτικού. Τούτο έκανε πολλούς εκ των Χριστιανών Ορθοδόξων κατοίκων των Βαλκανίων να επιθυμούν να θεωρούνται «Έλληνες», προκειμένου να ενισχύσουν το κύρος και την κοινωνική τους θέση.

Το πράγμα φαίνεται κι από τον ίδιο τον Ρήγα, που μόλις αναφέραμε. Στο όραμά του –όπως καταγράφεται το 1797 στο έργο του *Νέα Πολιτική Διοίκησις των κατοίκων της Ρούμελης, της Μικράς Ασίας, των Μεσογείων νήσων και της Βλαχομπογδανίας*– φαντάζεται ενωμένους σε πλήρη ισότητα τους λαούς των Βαλκανίων κι ενός ευρύτερου γεωγραφικού τόξου, των Τούρκων περιλαμβανομένων, χωρίς διάκριση γλώσσας, θρησκείας και εθνικής προέλευσης. Ωστόσο, στα σχολεία θεωρεί την ελληνική ως την απαραίτητη υποχρεωτική γλώσσα, μια και ήταν η γλώσσα που, ουσιαστικά, ένωνε τους λαούς της περιοχής έχοντας, μόνη αυτή, τις προδιαγραφές να είναι η κοινή γλώσσα της εκπαίδευσης και της διοίκησής τους.

Υπήρχε, δηλαδή, συνείδηση της πολιτισμικής υπεροχής του ελληνικού στοιχείου στη Βαλκανική του 18ου και του 19ου αιώνα;

Υπήρχε, και διαφαίνεται καθαρά σε αλλόγλωσσα κείμενα του 18ου αιώνα, όπως, π.χ., στην περίφημη *Σλαβοβουλγαρική Ιστορία περί των βουλγαρικών λαών, βασιλέων και αγίων*, που συνέγραψε στα βουλγαρικά, το 1762, ο βουλγαρικής καταγωγής Αγιορίτης μοναχός της Μονής Χιλανδαρίου Παΐσιος, προκειμένου να ενισχύσει το εθνικό φρόνημα των συμπατριωτών του.

Στην εισαγωγή του έργου του, ο Παΐσιος απευθύνεται με θυμό σε εκείνους εκ των συμπατριωτών του που θαυμάζουν τους Έλληνες και θέλουν να ταυτίζονται με αυτούς. Προκειμένου να τους συνεφέρει γράφει: «Γνωρίζω Βουλγάρους που τόσο προχωρούν στην πλάνη τους, ώστε δεν αναγνωρίζουν πλέον τη φυλή τους, αλλά μαθαίνουν να γράφουν και να διαβάζουν ελληνικά και μάλιστα ντρέπονται να λέγονται Βούλγαροι. Γιατί, ανόητε, ντρέπεσαι να λέγεσαι Βούλγαρος και δεν θέλεις να σκέφτεσαι και να διαβάζεις βουλγαρικά; Λες: "Οι Έλληνες είναι περισσότερο γραμματισμένοι και ικανότεροι, ενώ οι Βούλγαροι απλοϊκοί και αμαθείς και δεν είναι σε θέση να μεταχειρισθούν τις λέξεις τους με άνεση. Γι' αυτό είναι καλύτερο να είμαι Έλληνας". Υπάρχουν λαοί που είναι περισσότερο γραμματισμένοι και ικανοί από τους Έλληνες. Αποβάλλουν, όμως, οι Έλληνες τη φυλή και τη γλώσσα τους για να δεχθούν ξένη φυλή και γλώσσα; Εσύ, όμως, ανόητε, τι κάνεις;...».*

Το ίδιο φαινόμενο επιβεβαιώνει, από αντίθετο δρόμο, τριάντα χρόνια αργότερα, το αλβανοβλαχοβουλγαροελληνικό λεξικό που συνέγραψε το 1794 ο Δανιήλ Μοσχοπολίτης, ιερομόναχος βλαχικής καταγωγής από τη Μοσχόπολη της σημερινής Αλβανίας, όπως δείχνει και το όνομά του. Στην αφιέρωση του λεξικού του, αυτός –ένας Βλάχος από μια θάλλουσα βλαχόπολη, με ελληνικό όμως τυπογραφείο από το 1730 και ξακουστή Ελληνική Ακαδημία– εξηγεί γιατί έγραψε το πόνημά του, με τους εξής στίχους: «Αλβανοί, Βλάχοι, Βούλγαροι αλλόγλωσσοι χαρήτε / κι ετοιμασθήτε όλοι σας Ρωμαίοι να γενήτε / βαρβαρικήν αφήνοντες γλώσσαν, φωνήν και ήθη / οπού στους απογόνους σας να φαίνονται σαν μύθοι [...] Λαοί οι πριν αλλόγλωσσοι, αλλ' ευσεβείς τα θεία / Ρωμαίων ν' αποκτήσετε γλώσσαν και ομιλίαν / μεγάλως ωφελούμενοι εις το επάγγελμά σας / κι εις όλα τα εμπορικά επιχειρήματά σας. / Νέοι Βουλγάρων χαίρετε, Αλβανιτών και Βλάχων / διάκονοι, πρεσβύτεροι μεθ' ιερομονάχων / ξυπνήσατε απ' τον βαθύν ύπνον της αμαθείας / Ρωμαίικια γλώσσα μάθετε, μητέρα της σοφίας».**

Την ίδια τάση ανάμεσα στις κοινωνίες της Βαλκανι-

---

* Μιχαήλ Λάσκαρις, *Το Ανατολικόν Ζήτημα, 1800-1923*, τ. Α', εκδ. Π. Πουρνάρα, Θεσσαλονίκη 1978, σ. 246-247 (σε απόδοση στην τρέχουσα ελληνική).

** Δανιήλ Ιερομόναχος Μοσχοπολίτης, *Εισαγωγική Διδασκαλία περιέχουσα Λεξικόν Τετράγλωσσον των τεσσάρων κοινών Διαλέκτων ήτοι της απλής Ρωμαϊκής, της εν Μοισία Βλαχικής, της Βουλγαρικής και της Αλβανιτικής*, 1802.

κής τονίζει και ο Φώτιος Χρυσανθόπουλος, γνωστός ως Φωτάκος, λόγιος υπασπιστής του Θεοδώρου Κολοκοτρώνη, όταν, αναφερόμενος στην προ Επαναστάσεως εποχή και τους Χριστιανούς Ορθόδοξους των Βαλκανίων, γράφει στην πρώτη σελίδα του Προλόγου των *Απομνημονευμάτων* του: «Όλαι αυταί αι φυλαί, προτού ημείς οι Έλληνες επαναστατήσωμεν, είχον την φιλοτιμίαν να ονομάζωνται Έλληνες ή Γραικοί».*

Το όλο κλίμα περιγράφει ο Σπυρίδων Τρικούπης, ο Μεσολογγίτης πολιτικός και λόγιος του 1821, στην πρώτη σελίδα του Προοιμίου της πολύτιμης *Ιστορίας της Ελληνικής Επαναστάσεως* που συνέγραψε νωρίς μετά την Επανάσταση. Εκεί παραθέτει τα, κατά τη γνώμη του, αίτια της Ελληνικής Επανάστασης ερμηνεύοντάς τα με όρους πολιτισμικής υπεροχής των Ελλήνων έναντι των Τούρκων: «Αδύνατον να διατηρηθή αμετάβλητος η πολιτική θέσις δύο εθνών κατοικούντων έναν και τον αυτόν τόπον, όταν το μεν δεσπόζον διαμένη στάσιμον, το δε δεσποζόμενον προοδεύη. Η πολιτική των εθνών τούτων μεταβολή καθίσταται έτι μάλλον βεβαία, αν τα έθνη ταύτα έχωσι διάφορον καταγωγήν, πρεσβεύωσι διάφορον θρησκείαν, λαλώσι διάφορον γλώσσαν, ζώσι μακράν πάσης προς άλληλα συγγενικής επιμιξίας, θεωρώνται αμοιβαίως ως βέβηλα και μισώνται. Τοιαύτη ήτον η θέσις των Τούρκων και των Ελλήνων προς αλλήλους».**

---

* Φώτιος Χρυσανθόπουλος ή Φωτάκος, *Απομνημονεύματα περί της Ελληνικής Επαναστάσεως*, Εν Αθήναις 1899, σ. ιθ´.
** Σπυρίδων Τρικούπης, *Ιστορία της Ελληνικής Επαναστάσεως*, β´ έκδ., τ. Α´, Εν Λονδίνω 1860.

Πώς, λοιπόν, και μέσα από ποιους δρόμους έγινε η μεγάλη ανατροπή; Ποιες ήταν οι διαδρομές ολοκλήρωσής της;

Το «προοδεύον δεσποζόμενον» πήρε τη δύναμη να επαναστατήσει κατά του «στασίμου δεσπόζοντος» το 1821. Η σύγκρουση διήρκησε οκτώ σχεδόν χρόνια, από το 1821 έως το 1829, για να λήξει με το Πρωτόκολλο του Λονδίνου τον Φεβρουάριο του 1830, οπότε οι τρεις δυνάμεις, η Αγγλία, η Γαλλία και η Ρωσία, επικύρωσαν τη δημιουργία ανεξάρτητου εθνικού κράτους με το όνομα «Ελλάς». Τα σύνορα που προβλέπονταν στο Πρωτόκολλο αυτό επρόκειτο να αναθεωρηθούν δύο χρόνια αργότερα, τον Μάιο του 1832, με τη Συνθήκη του Λονδίνου, και να τοποθετηθούν βορειότερα, προς όφελος της Ελλάδας, στη γραμμή Αμβρακικού-Παγασητικού. Η Ελλάδα ήταν το πρώτο ανεξάρτητο εθνικό κράτος που δημιουργούνταν μετά από επανάσταση στην Ευρώπη του 19ου αιώνα. Ήταν, επίσης, το πρώτο εθνικό ανεξάρτητο κράτος που δημιουργούνταν αποκοπτόμενο από την Οθωμανική Αυτοκρατορία.

Και μόνο τα παραπάνω καταδεικνύουν τη σημασία του μεγάλου αυτού Αγώνα. Ενός Αγώνα αμφίρροπου, με νίκες, ήττες, εμφυλίους, ηρωισμό, μικροψυχία, αξιοπρέπεια, απληστία, ανιδιοτέλεια, παραδοπιστία, ιδιοτέλεια, μεγαθυμία, δοτικότητα, μικρότητα, περηφάνια, εγωισμό, κενοδοξία, ακεραιότητα, διαφθορά, ωμότητα, αυτοθυσία, ατομικισμό, αλαζονεία, εντιμότητα, δειλία, γενναιοδωρία, ευγένεια, υστεροβουλία. Που κινδύνευσε να χαθεί ολότελα το 1826-1827, αλλά διασώθηκε χάρις στην επέμβαση του ενωμένου στόλου Αγγλίας, Γαλλίας και Ρωσίας στο Ναυαρίνο, τον Οκτώβριο του 1827. Για να σταθεί και πάλι όρθιος και να συνεχίσει μέχρι το φθινόπωρο του 1829, οπότε και, το 1830, το Πρωτόκολλο του Λονδίνου έδωσε νικηφόρο τέλος, όπως είδαμε, σ' αυτήν την επίπονη προσπάθεια.

Η Επανάσταση του 1821 ήταν μεγάλη στιγμή του Γένους, που, με τα θετικά και τα αρνητικά της, μας καθορίζει μέχρι σήμερα.

Αυτό που λέτε έχει ενδιαφέρον, γιατί μάλλον δεν είναι ξεκάθαρο στο μυαλό εμάς των νεότερων Ελλήνων. Ποια είναι τα θετικά και ποια τα αρνητικά που θα υπογραμμίζατε για την περίοδο του '21, και κυρίως πώς επηρέασαν τη μετέπειτα ζωή της Ελλάδας;

Στα θετικά θα κατέτασσα την ετοιμότητα των στελεχών του Έθνους, λογίων, προυχόντων, εμπόρων, καραβοκύρηδων, κληρικών, ενόπλων, να μετάσχουν σ' αυτό το δύσκολο και απαιτητικό εγχείρημα, μέχρι την τελική έκβαση. Κυρίως, όμως, θα απέτια φόρο τιμής στη βουβή καρτερία των απλών καθημερινών ανθρώπων που άντεξαν οκτώ χρόνια σκληρού και βίαιου πολέμου, οκτώ χρόνια καταστροφών, σφαγών και δηώσεων, προκειμένου να δουν να διαμορφώνεται ένα νέο, φωτεινότερο μέλλον γι' αυτούς και την κοινωνία τους.

Στα αρνητικά θα κατέτασσα την εγωιστική και κοντόθωρη προσέγγιση που χαρακτήριζε πολλές από τις εσωτερικές συγκρούσεις του Αγώνα, αυτές που στη βιβλιογραφία σχηματικά περιγράφονται ως συγκρούσεις μεταξύ «πολιτικών» και «στρατιωτικών», αλλά και μεταξύ «αυτοχθόνων» και «ετεροχθόνων». Οι συγκρούσεις αυτές είχαν μεγάλο ρόλο στους δύο βαρείς κύκλους του καταστροφικού εμφυλίου του 1824, ο οποίος, με τη σειρά του, άνοιξε τον δρόμο στα στρατεύματα του Ιμπραήμ και στις σαρωτικές επιτυχίες που οι δυνάμεις του αντιπάλου παρουσίασαν κατά των Ελλήνων, από το 1825 έως το 1827.

Τα αποτυπώματα που άφησαν οι συγκρούσεις αυτές επηρέασαν και επηρεάζουν τη ζωή του τόπου μέχρι σήμερα. Κυρίως γιατί, μέσα από περίπλοκες ιδεολογικές και πολιτικές διαδρομές, στο συνολικό υποσυνείδητο αγιοποιήθηκαν συλλήβδην οι «στρατιωτικοί» του Αγώνα, όπως ο Θεόδωρος Κολοκοτρώνης ή ο Οδυσσέας Αντρούτσος και οι άλλοι ένοπλοι, ενώ δαιμονοποιήθηκαν, επίσης συλλήβδην, οι «πολιτικοί» του Αγώνα, όπως ο Αλέξανδρος Μαυροκορδάτος ή ο Ιωάννης Κωλέττης και τα άλλα στελέχη της κυβερνητικής, διπλωματικής και διοικητικής μηχανής του Αγώνα. Μέσα από το χονδροειδές αυτό ιδεολογικό δίπολο, διαμορφώθηκε μία καίρια παράμετρος της νεοελληνικής κοινωνίας: αυτή που απορρίπτει εκ προοιμίου το πολιτικό της προσωπικό, τις επιλογές και τις προτάσεις του, χρησιμοποιώντας τη στάση αυτή ως νομιμοποιητική βάση για την άρνηση κάθε αλλαγής, αλλά και για την πρόταξη προσωπικών, αντί συλλογικών, οραμάτων και επιδιώξεων. Για την πρόταξη, δηλαδή, του «εγώ» αντί του «εμείς» – με τα τόσο αρνητικά αποτελέσματα που αυτό, συχνά, συνεπιφέρει στην κοινωνία μας.

Κάτι άλλο που έχει ενδιαφέρον και αξία να επισημανθεί είναι το Πρωτόκολλο του Λονδίνου και ειδι-

κότερα η παρουσία και η στάση του υπουργού Εξωτερικών της Αγγλίας Τζορτζ Κάννινγκ. Δείχνουν ανάγλυφα πόσο μεγάλο ρόλο μπορούν να παίζουν οι στιγμές και τα πρόσωπα στην Ιστορία ενός ολόκληρου λαού.

Το Πρωτόκολλο του Λονδίνου ήταν ακρογωνιαίας σημασίας για την Ιστορία της Ελλάδας αλλά και των Βαλκανίων, μια και δημιούργησε το πρώτο ανεξάρτητο εθνικό κράτος της νοτιοανατολικής Ευρώπης, με ό,τι αυτό σήμαινε για τις περαιτέρω εξελίξεις. Η ανεξαρτησία του νεοδημιουργηθέντος ελληνικού κράτους κατοχυρώθηκε με το άρθρο 1 του Πρωτοκόλλου, που υπογράφηκε στις 3 Φεβρουαρίου 1830. Σε αυτό υπογραμμίζεται ότι: «Η Ελλάς θέλει σχηματίσει εν Κράτος ανεξάρτητον, και θέλει χαίρει όλα τα δίκαια, πολιτικά, διοικητικά και εμπορικά, τα προσπεφυκότα εις εντελή ανεξαρτησίαν».

Απαρχή των εξελίξεων αυτών υπήρξε η σταδιακή μεταστροφή της Αγγλίας υπέρ των Ελλήνων επτά χρόνια ενωρίτερα, το 1823, χάρις στην επιμονή του Κάννινγκ (George Canning), υπουργού Εξωτερικών της Αγγλίας. Αυτός κατέλαβε την υψηλή αυτή πολιτική θέση μετά την αυτοκτονία του προκατόχου του Καστλρέι (Robert Stewart Castlereagh). Ο Κάννινγκ είχε διαφορετική αντίληψη επί των διεθνών γεγονότων σε σχέση με τον Καστλρέι και έλαβε, εξ αυτού, θέση συχνά αντίθετη από εκείνη της Αυστρίας και της Ιεράς Συμμαχίας, που, μετά το 1815, δεν επιθυμούσαν ανατροπή των μεταναπολεόντειων ισορροπιών της Ευρώπης. Ο Κάννινγκ, ως υπουργός Εξωτερικών της μεγαλύτερης δύναμης του κόσμου εκείνη την εποχή, υπερασπίστηκε στο αγγλικό

Κοινοβούλιο την άποψη ότι η Αγγλία έχει συμφέρον να αλλάξει στάση απέναντι στον Αγώνα των Ελλήνων και να διευκολύνει τη δημιουργία ελληνικού μορφώματος στον νότο της Βαλκανικής. Την άποψή του στήριζε στο γεγονός ότι οι Έλληνες είναι ναυτικός λαός όπως και οι Άγγλοι και ότι, συνδυαζόμενες οι δύο αυτές ναυτικές δυνάμεις, θα μπορούσαν να προωθήσουν το εμπόριο της ανατολικής Μεσογείου, πράγμα που θα ενίσχυε την πολιτική και διπλωματική θέση της Αγγλίας στην περιοχή.

Έτσι, η Αγγλία και ο Κάννινγκ, ήδη από το 1823, κι ενώ οι ισχυρές δυνάμεις της Ευρώπης ήταν εναντίον των Ελλήνων, έδωσαν νέες οδηγίες στις αρχές των αγγλοκρατούμενων Επτανήσων σε σχέση με την αντιμετώπιση των ελληνικών πλοίων και τα δικαιώματα νηοψίας που αυτά μπορούσαν να κάνουν σε πλοία άλλων δυνάμεων. Οι οδηγίες αυτές δημιούργησαν βάση για έμμεση αναγνώριση κρατικής υπόστασης στο ελληνικό μόρφωμα που, μετά το 1821, είχε αρχίσει να δημιουργείται στον νότο της Βαλκανικής – ακριβώς αυτήν την αναγνώριση, δηλαδή, για την οποία οι Έλληνες είχαν μεγάλη αγωνία και απαντοχή εξαρχής και σε όλη τη διάρκεια της επανάστασής τους. Την έμμεση αυτή αναγνώριση ενίσχυσε η δανειοδότηση του Αγώνα από χρηματοπιστωτικές επιχειρήσεις του Σίτυ του Λονδίνου δύο φορές, το 1823 και το 1825. Η στάση της Αγγλίας συμπαρέσυρε σταδιακά τη Γαλλία και τη Ρωσία, με τα θετικά για την ελληνική υπόθεση αποτελέσματα που ήδη εκθέσαμε.

Επομένως, πράγματι, η στάση ενός διορατικού πολιτικού όπως ο Κάννινγκ –ο οποίος, σημειωτέον, έγινε αργότερα πρωθυπουργός της Αγγλίας– έκανε τη διαφορά σε ένα θέμα τόσο σοβαρό για την Ιστορία μας. Ακριβώς λόγω του γεγονότος αυτού, του έχει αφιερωθεί πλατεία στο κέντρο της Αθήνας, της πρωτεύουσας της Ελλάδας.

Αναφέρατε πως η Επανάσταση έχει να επιδείξει, εκ μέρους των συμμετεχόντων σε αυτήν, συμπεριφορές κάθε τύπου, καλές και κακές. Υπάρχουν κάποιες προσωπικότητες που εσάς σας συγκινούν ιδιαίτερα με το ήθος και την αφοσίωσή τους στον συνολικό εθνικό στόχο που είχε θέσει ο Αγώνας;

Όπως ήδη ελέχθη, η Επανάσταση τα είχε όλα, καλά και κακά. Ανάμεσα στις προσωπικότητες που ξεχωρίζω και με συγκινούν μελετώντας το ήθος και τα έργα τους, θα επέλεγα να αναφέρω τρεις – η καθεμία από άλλον τόπο και από άλλες κοινωνικές καταβολές, αλλά με το ίδιο φως στην ψυχή και τη δράση τους.

Ο ένας είναι ο έμπορος και πλοιοκτήτης Ιωάννης Παπαδιαμαντόπουλος, προεπαναστατικά ο πλουσιότερος άνθρωπος της Πάτρας και μέλος της Φιλικής Εταιρείας. Με την έκρηξη της Επανάστασης μπήκε αμέσως στη φωτιά, πρωτοστάτησε την 21η Μαρτίου 1821 στην επανάσταση της πόλης του και είδε τα σπίτια του και τα υποστατικά του να γίνονται στάχτες από την εκδίκηση των Τούρκων. Σε όλη τη διάρκεια του Αγώνα ήταν μέσα σε όλα όσα έπρεπε –στρατιωτικά και πολιτικά– την ώρα που έπρεπε, χωρίς να υπολογίζει τίποτα, χωρίς να ζητάει για τον εαυτό του τίποτα. Κατά τη δεύτερη πολιορκία του Μεσολογγίου, βρέθηκε στην πολιορκούμενη πόλη ως μέλος της τριμελούς επιτροπής που είχε σταλεί από την κυβέρνηση για τη διοίκηση των πραγμάτων της δυτικής Ελλάδας. Στάθηκε όρθιος σε όλες τις δοκιμασίες, μετέσχε σε όλες τις δράσεις πάνω στις τάπιες τις ιερές. Σκοτώθηκε ξημερώνοντας η 11η Απριλίου 1826, τη φοβερή νύκτα της Εξόδου, όρθιος, φωτεινός και αξιοπρεπής, όπως είχε ζήσει.

Με το Μεσολόγγι σχετίζεται η ζωή και του δευτέρου ατόμου στο οποίο θέλω να αναφερθώ. Ο Χιώτης στην καταγωγή Μιχαήλ Κοκκίνης είχε σπουδάσει μαθηματικά και μηχανική στη Βιέννη και είχε χρηματίσει, για ένα διάστημα, καθηγητής στην Ηγεμονική Ακαδημία του Βουκουρεστίου, το θρυλικό αυτό ίδρυμα υψηλής ελληνικής παιδείας της Βλαχίας. Μετά τις δεινές εξελίξεις της Επανάστασης στο μέτωπο της Μολδοβλαχίας, ήλθε να μετάσχει στα επαναστατικά γεγονότα στον νότο της ελληνικής χερσονήσου. Έζησε την πρώτη πολιορκία του Μεσολογγίου στο τέλος του 1822 και, παρ' όλη τη νικηφόρα αντίσταση που προέβαλε η πόλη, παρατήρησε τις μεγάλες αδυναμίες που παρουσίαζε η άμυνά της. Συνειδητοποίησε ότι η ανάγκη δημιουργίας τείχους ήταν υψίστης προτεραιότητας και δόθηκε με όλη του την ψυχή στο έργο αυτό ούτως ώστε το τείχος να είναι έτοιμο πριν έλθει η επόμενη πολιορκία – που, δεδομένων των συνθηκών, δεν έμοιαζε καθόλου απίθανη. Συνεργαζόμενος με φιλέλληνες ειδικούς στο θέμα, σχεδίασε τα τείχη, κινητοποίησε, έπεισε και ενέπνευσε τους Μεσολογγίτες. Και, επί μήνες πολλούς, ρίχτηκαν όλοι μαζί ανιδιοτελώς στη δουλειά, χωρίς σταματημό κι ανάσα, με τον Κοκκίνη όρθιο να τρέχει στα εργοτάξια, να δίνει λύσεις τεχνικές, να υποδεικνύει εναλλακτικές, να σκίζει τα χέρια του από το τσαπί και την αξίνα. Ως κίνηση αλληλεγγύης στους αγώνες των λαών, ο Κοκκίνης ονόμασε τους προμαχώνες του επταγωνικού σχήματος τείχους όχι μόνο με ονόματα Ελλήνων ηρώων, αλλά και με ονόματα ξένων μαχητών της ελευθερίας της χώρας τους, όπως του Αμερικανού Βενιαμίν Φραγκλίνου, του Πολωνού Ταντέους Κοτζιούσκο, του Ούγγρου Τόκολι και άλλων. Κατά τη δεύτερη μακρά και ηρωική πολιορκία της πόλης, από τον Απρίλιο του 1825 έως τον Απρίλιο του 1826 και την Έξοδο, ο Κοκκίνης ήταν πάντα εκεί, σε πλήρη δράση και εγρήγορση. Ανήσυχος από τις εξελίξεις, δόθηκε στην κατασκευή και δεύτερης γραμμής εσωτερικού τείχους, στην οποία και πάλι πρωτοστάτησε με άκρα εργατικότητα και αφοσίωση, μέσα σε ορυμαγδό κανονιοβολισμών και βλημάτων. Σκοτώθηκε κι αυτός, «ο πλείστον συντελέσας εις την άμυναν μηχανικός», κατά τη μεγάλη νύκτα της Εξόδου. Συχνά, όταν μελετώ τα του Κοκκίνη, σκέπτομαι πως κάποιο πολυτεχνείο, κάποια ανώτερη ή ανώτατη τεχνική σχολή της χώρας μας θα έπρεπε να ονομασθεί προς τιμήν αυτού του παλικαριού. Αυτού του ανιδιοτελούς, ακάματου, ξεχωριστού Έλληνα μηχανικού.

Σχετιζόμενο με τις κατασκευές και την τεχνική είναι το τρίτο πρόσωπο που θα ήθελα να μνημονεύσω, ο Κώστας Λαγουμιτζής ή Χορμοβίτης ή Αργυροκαστρίτης. Αυτός, επειδή κέρδισε τον απέραντο σεβασμό των συναγωνιστών του, αναφέρεται συχνά στα κείμενα της Επανάστασης ως Κωστάκης – με το τιμητικό, όπως έχουμε ήδη αναφέρει, -άκης στο τέλος του βαπτιστικού του ονόματος, όπως έγινε και με τον Κολοκοτρώνη, ο οποίος, μετά τη νίκη του στα Δερβενάκια, προσφωνούνταν τιμητικά πλέον απ' όλους Θεοδωράκης. Ο Λαγουμιτζής καταγόταν από το Αργυρόκαστρο της Ηπείρου και, όπως δείχνει και το όνομά του, ήταν εμπειρικός λαγουμιτζής, υπονομοποιός δηλαδή. Με την έκρηξη της Επανάστασης, μπήκε στον χορό του πολέμου και έκανε θαύματα με άκρα ανιδιοτέλεια και εγρήγορση, καθώς έσπευδε σε κάθε κρίσιμη πολιορκία του Αγώνα και έσωζε καταστάσεις ακυρώνοντας, με αντιλαγούμια, απόπειρες των Τούρκων να υπονομεύσουν με εκρηκτικά πόλεις και τείχη των Ελλήνων. Η εικόνα του ήταν οικεία στους αγωνιστές, μια και, επί ώρες και ώρες, άγρυπνος νύκτες ολόκληρες, έβαζε το αυτί του στο χώμα, εντόπιζε υπόγειες δράσεις των υπονομοποιών του εχθρού και άρχιζε αμέσως το δικό του έργο. Έκανε τη διαφορά σε κρίσιμες πολιορκίες, όπως αυτή του Μεσολογγίου το 1825-1826 και της Ακρόπολης των Αθηνών το 1826-1827, με τον Μακρυγιάννη να γράφει για αυτόν τον «αθάνατον, περίφημο, γενναίο και τίμιο πατριώτη»: «Εις το Μισολόγγι και παντού αυτός ο γενναίος άντρας θάματα έχει κάμη. Πατρίδα, του χρωστάς πολύ αυτεινού του αγωνιστή. Θησαυρούς τού δίνει ο Κιτάγιας [: ο Κιουταχής, ο στρατάρχης των Τούρκων] να γυρίση [: να δουλέψει για τους Τούρκους]· διά σένα, πατρίδα, όλα τα καταφρονεί».*

Μπορεί να είμαι νεραϊδοχτυπημένη, αλλά πρέπει να πω ότι, από σεβασμό στα πρόσωπα που σας ανέφερα, όταν στην Αθήνα όπου ζω συμβαίνει να περνώ τη λεωφόρο Λαγουμιτζή ή την οδό Παπαδιαμαντοπούλου, έχω την επιθυμία να κατεβώ από το λεωφορείο και να προ-

---

* Στρατηγός Μακρυγιάννης, *Απομνημονεύματα*, εκδ. Μπάυρον, σ. 255.

σκυνήσω το κράσπεδο του δρόμου. Για να αποτίσω φόρο τιμής στο ήθος, την αφοσίωση, την ανιδιοτέλεια, το δόσιμο αυτών των ανθρώπων. Που ήταν εκεί όπου έπρεπε, όπως έπρεπε, οποτεδήποτε έπρεπε. Χωρίς μεγαλοστομίες και χωρίς επίδειξη. Απλά επειδή ήταν αποφασισμένοι να υπηρετήσουν, με κάθε κόστος, τον μεγάλο κοινό στόχο στον οποίο πίστευαν.

Υπάρχει κάτι πολύ σημαντικό που συνέβη στη διάρκεια της Επανάστασης και του οποίου τη σημασία δεν έχουμε αξιολογήσει σωστά;

Θα μπορούσα να αναφέρω μία καίρια επιλογή της Επανάστασης που μας ακολουθεί μέχρι σήμερα και είναι η αποκοπή της Εκκλησίας του επαναστατημένου ελληνικού χώρου από το Πατριαρχείο Κωνσταντινουπόλεως. Τούτο δρομολογήθηκε από την πρώτη κιόλας στιγμή της έκρηξης του Αγώνα, καθώς η Επανάσταση, στις εθνοσυνελεύσεις της, ανέθεσε τα της διοικήσεως των ιερωμένων του επαναστατημένου χώρου σε Μινιστέριον, δηλαδή σε Υπουργείο. Με τον τρόπο αυτό μετέτρεψε την Ελληνική Εκκλησία σε εθνική, υποτάσσοντάς την διοικητικά στο κράτος – στο ελληνικό κράτος εν προκειμένω. Το πράγμα πορεύθηκε έτσι μέχρι και το τέλος των επαναστατικών γεγονότων και την περίοδο του Καποδίστρια, για να λυθεί, τελικά, οριστικά κατά την περίοδο της Αντιβασιλείας και του Όθωνα. Τότε, το 1850, το Πατριαρχείο Κωνσταντινουπόλεως, με «Συνοδικό Τόμο», αποδέχθηκε τη δημιουργία της Αυτοκέφαλης Εκκλησίας της Ελλάδος, επικεφαλής της οποίας ορίστηκε να είναι ο εκάστοτε Αρχιεπίσκοπος Αθηνών.

Το γεγονός πυροδότησε παρόμοιες εξελίξεις και σε άλλους λαούς της Βαλκανικής, με πρώτους τους Σέρβους, που είχαν ενωρίτερα εξεγερθεί κατά των Οθωμανών σε μία περίπλοκη και μακρόσυρτη σύγκρουση που περιελάμβανε –και αυτή– τη διοικητική αποστασιοποίηση της Εκκλησίας τους από το Πατριαρχείο Κωνσταντινουπόλεως. Σταδιακά, μετά τα μέσα του 19ου αιώνα, θα ακολουθήσουν τον ίδιο δρόμο οι Εκκλησίες των Βουλγάρων και των Ρουμάνων, με αποτέλεσμα ένα νέο εκκλησιαστικό τοπίο σε ολόκληρη τη Βαλκανική. Που σηματοδοτεί νέες εποχές και καινοφανή προτάγματα που ανατρέπουν κατεστημένες ισορροπίες αιώνων. Με τους Έλληνες να σέρνουν τον χορό, παρότι το Πατριαρχείο Κωνσταντινουπόλεως ήταν, από το βάθος των αιώνων, ελληνόφωνο...

Έχουμε δηλαδή, στο πεδίο αυτό, την ουσία της λέξης «επανάσταση». Στους καιρούς του Εθνισμού.

Ο Εθνισμός, καθώς από τον πυρήνα του σέβεται τα ιδεώδη και όλων των άλλων εθνών, είναι σχεδόν εκ των ων ουκ άνευ για να επιβιώσει ένα έθνος που μόλις πάει να δημιουργηθεί...

Χαίρομαι που υπογραμμίζετε τη διεθνιστική αυτή παράμετρο του Εθνισμού του 19ου αιώνα, που σήμερα έχει σχεδόν ξεχαστεί, παρότι στον αιώνα εκείνον, χιλιάδες άτομα, ευαισθητοποιημένα από τις προσδοκίες και τους αγώνες του δικού τους έθνους για ανεξαρτησία, έσπευδαν σε βοήθεια εθνικών επαναστάσεων άλλων λαών – ανάμεσα στους οποίους και των Ελλήνων. Παιδί των μεγάλων επαναστάσεων του 18ου αιώνα και του Φιλελευθερισμού του 19ου αιώνα, ο Εθνισμός πίστευε πως θα έλυνε το πρόβλημα της ανθρωπότητας, καθώς κάθε λαός, αποκτώντας την ελευθερία του και την ταυτότητά του, θα σεβόταν αυτονόητα, ακριβώς για τα ίδια στοιχεία, και τους άλλους λαούς, με αποτέλεσμα την ειρήνη και την αδελφοσύνη στον κόσμο. Υψηλές συλλήψεις και προσδοκίες, άσχετα αν, όπως σε τόσες και τόσες θεωρίες θρησκευτικές ή πολιτικές, η πράξη έφερε άλλα...

Σε καιρούς Εθνισμού, το κράτος –το εθνικό κράτος– είναι η απόλυτη προτεραιότητα. Που αφορά τον «λαό», το «γένος», το κάθε «έθνος». Το οποίο και συσκέπτεται σε όργανα συλλογικά, «εθνικά». Έτσι και οι Έλληνες στην επανάστασή τους έστησαν το δικό τους αντιπροσωπευτικό εθνικό όργανο: τις εθνοσυνελεύσεις τους.

Σε τρεις εθνοσυνελεύσεις στη διάρκεια του Αγώνα –στην Πιάδα της Επιδαύρου το 1821, στο Άστρος της Κυνουρίας το 1823, στην Τροιζήνα της Ερμιονίδας το 1826-1827– οι εκάστοτε «παραστάτες» του Έθνους κλήθηκαν να λάβουν μεγάλες αποφάσεις: να αποφασίσουν τον τρόπο διοίκησης, να συντάξουν οργανωτικά κείμενα, να ψηφίσουν καταστατικούς χάρτες. Όπερ και έπραξαν – και πάλι κατά τρόπο επαναστατικό. Που σημαίνει ότι απεμπόλησαν παλαιές πολιτικές λύσεις που θα μπορούσαν να είχαν αντλήσει τόσο από την Οθωμανική Αυτοκρατορία, την οποία τόσο καλά γνώριζαν, όσο και από τη Ρωσία, προς την οποία λόγω Ορθοδοξίας στρέφονταν, οι οποίες και θα τους οδηγούσαν να υιοθετήσουν ως πολίτευμα την απόλυτη μοναρχία. Αντ' αυτής, όμως, επέλεξαν καινοφανή, πρωτοπόρα συστήματα διοίκησης, αντλημένα από τη Δύση. Συστήματα αντιπροσωπευτικά που στηρίζονταν στον διαχωρισμό των εξουσιών, με Βουλευτικό, το σώμα δηλαδή εκείνων που θα ψήφιζαν τους νόμους, και Εκτελεστικό, το σώμα εκείνων που θα εφάρμοζαν τους νόμους. Το δε Δικαστικό αποφασίστηκε ότι θα πρέπει να είναι ανεξάρτητο τόσο από το Βουλευτικό όσο και από το Εκτελεστικό, ώστε να διασφαλίζεται η αμερόληπτη απόδοση δικαιοσύνης.

Με δεδομένο ότι η Αμερικανική Επανάσταση ξεκίνησε το 1775 και η Γαλλική το 1789 συγκλονίζοντας ολόκληρο τον κόσμο, οι Έλληνες που πρωτοστάτησαν στην Επανάσταση είχαν μείνει ανεπηρέαστοι από αυτά τα δύο γεγονότα;

Οι Έλληνες είχαν επηρεαστεί βαθιά από τις επαναστάσεις αυτές, και τούτο φαίνεται από τις αποφάσεις των εθνοσυνελεύσεών τους, στις οποίες οι αντιπρόσωποι του Έθνους θεώρησαν απαραίτητο να συνταχθούν και να ψηφισθούν συντάγματα στα πρότυπα της Αμερικανικής και της Γαλλικής Επανάστασης που είχαν προηγηθεί.

Δεν ήταν η πρώτη εμπειρία των Ελλήνων στον τομέα αυτόν. Το 1797, ο Ρήγας Βελεστινλής είχε συνθέσει σύνταγμα στη βάση αντίστοιχων προτύπων της Γαλλικής Επανάστασης, ενώ, μία δεκαετία αργότερα, τα Επτάνησα είχαν την ίδια εμπειρία με συντάγματα που συντάχθηκαν από τις δυνάμεις που αλλεπάλληλα τα διοίκησαν – μέχρι την υπαγωγή τους σε αγγλικό έλεγχο, το 1815. Τα συντάγματα, ωστόσο, της Επανάστασης αποτελούν την πραγματική βάση της συνταγματικής παράδοσης του Έθνους – μιας παράδοσης ιδιαίτερα ζωντανής και έντονης στην πορεία των 200 χρόνων που έκτοτε κύλησαν.

Το Σύνταγμα της Επιδαύρου ήταν προσωρινό, του Άστρους πιο επεξεργασμένο, ως πληρέστερο δε πρέπει να εκληφθεί εκείνο της Τροιζήνας – ένα σύνταγμα τολμηρό και προχωρημένο σε πολλά σημεία, ιδιαίτερα εκείνα που αφορούσαν τα ατομικά δικαιώματα. Το σύνταγμα αυτό κατοχύρωνε την αρχή της ισότητας, την αναλογική κατανομή των δημοσίων βαρών, την ανεξιθρησκία, την ελευθερία του Τύπου, το απαραβίαστο της ιδιοκτησίας κ.λπ. Εμπεριείχε δε τη διατύπωση της λαϊκής κυριαρχίας με την υπέροχη φράση: «Η κυριαρχία ενυπάρχει εις το Έθνος. Πάσα εξουσία πηγάζει εξ αυτού και υπάρχει υπέρ αυτού».

Σε εκείνη τη μετεπαναστατική περίοδο, με τη δημιουργία διαφόρων συνταγμάτων, είναι σημαντικό να αντιληφθούμε τι πραγματικά συνέβη.
Το Σύνταγμα της Τροιζήνας δεν επρόκειτο να εφαρμοσθεί. Τούτο συνέβη διότι ο Ιωάννης Καποδίστριας –που, λίγους μήνες αργότερα, ανέλαβε τα ηνία της διακυβέρνησης των Ελλήνων– ζήτησε και έλαβε την άδεια αναστολής του συντάγματος προκειμένου να μπορέσει να κυβερνήσει, για ένα διάστημα, κεντρικά και αποφασιστικά την κατεστραμμένη από τον πόλεμο χώρα. Η παράταση της αναστολής χρησιμοποιήθηκε εναντίον του από την αντιπολίτευση, που διογκωνόταν μετά το 1829. Τα πράγματα βγήκαν εκτός ελέγχου από το 1830, με αποτέλεσμα τη δολοφονία του τον Σεπτέμβριο του 1831 και την έναρξη ενός ακόμη βαρύτατου γύρου εμφυλίου πολέμου.

Η Αντιβασιλεία και ο Όθων που, λίγο μετά, το 1833,

συνοδευόμενοι από ένοπλο σώμα Βαυαρών, ήρθαν στη σπαρασσόμενη χώρα δεν προέκριναν επίσης την ύπαρξη συντάγματος. Έτσι, η χώρα διοικήθηκε ως απόλυτη μοναρχία μέχρι την Επανάσταση της 3ης Σεπτεμβρίου του 1843, η οποία και ανάγκασε τον Όθωνα να δεχθεί σύνταγμα μετατρέποντας το πολίτευμα της χώρας σε συνταγματική μοναρχία. Με την απομάκρυνση του Όθωνα το 1862 και καθώς η χώρα ετοιμαζόταν να υποδεχθεί τον νέο της βασιλιά, τον Δανό Γεώργιο Α΄, άρχισε η επεξεργασία νέου συντάγματος, το οποίο και ψηφίστηκε το 1864 μετατρέποντας το πολίτευμα της χώρας σε βασιλευομένη δημοκρατία. Το σύνταγμα αυτό θεωρείται ένα από τα τελειότερα παγκοσμίως –για τη ζώνη του χρόνου που εκπονήθηκε– και, στην ουσία, αποτελεί τη βάση των κατά καιρούς συνταγματικών μετατροπών που έχουν έκτοτε, και μέχρι σήμερα, γίνει στην ελληνική πολιτική ζωή.

Όλη αυτή η πορεία συζήτησης, σύνθεσης και ψήφισης συνταγμάτων έχει αφήσει βαθύ πολιτικό αποτύπωμα στον ελληνικό λαό, ο οποίος θεωρεί κεκτημένο την ύπαρξη συντάγματος στην πολιτική του ζωή. Τις δε τυχόν αναστολές λειτουργίας συντάγματος λόγω δικτατοριών ή έκρυθμων καταστάσεων που, κατά καιρούς, έκτοτε συνέβησαν τις εξελάμβανε πάντα ως προσωρινές, προσδοκώντας την επαναφορά συντάγματος, το οποίο θεωρούσε και θεωρεί ως αυτονόητη κανονικότητα.

Η πίστη στην ανάγκη ύπαρξης συντάγματος είναι ένα πολιτικό κέρδος που, ως λαός, έχουμε κατακτήσει. Και το οφείλουμε –και αυτό– εν πολλοίς στην Επανάσταση του 1821 και στις ρηξικέλευθες πολιτικές επιλογές της.

Ταυτόχρονα, όμως, και το ζήτημα της βασιλείας δεν θα πρέπει να ιδωθεί και να επεξηγηθεί σε ενεστώτα ιστορικό χρόνο, με τα τότε δεδομένα;

Το ζήτημα της βασιλείας υπήρξε –μέχρι και το δημοψήφισμα του 1974, με το οποίο καταργήθηκε η βασιλεία και υιοθετήθηκε η προεδρευομένη δημοκρατία– επίσης σημαντική παράμετρος της ελληνικής πολιτικής ζωής, που σχετίζεται, και αυτή, με τις πολιτικές επιλογές της Επανάστασης του 1821.

Η ανάγκη επιλογής βασιλιά θεωρήθηκε εξαρχής αυτονόητη από την Επανάσταση, μια και, στην εποχή της, τα πιο επιτυχημένα, ευνομούμενα κράτη της γης, όπως η Αγγλία, η Γαλλία, η Ολλανδία –από τα οποία προσδοκούσε συμπαράσταση και τα οποία επιθυμούσε να μιμηθεί–, είχαν βασιλιά, με πολίτευμα περισσότερο ή λιγότερο κοντά σε αυτό που θα περιγραφόταν ως συνταγματική μοναρχία. Μόνον οι πρωτοπόρες Ηνωμένες Πολιτείες της Αμερικής, μετά την επανάστασή τους του 1775, είχαν απορρίψει τη βασιλεία και είχαν υιοθετήσει –μόνοι αυτοί– την προεδρευομένη συνταγματική δημοκρατία, με την οποία και πορεύονται μέχρι σήμερα.

Με ξένο, ευρωπαϊκής καταγωγής βασιλιά επικεφαλής τους, οι Έλληνες πίστευαν ότι θα βοηθούνταν στα εσωτερικά τους θέματα, που χαρακτηρίζονταν από ταραχές και συγκρούσεις. Πίστευαν, επίσης, ότι θα έδιναν το μήνυμα προς τους ισχυρούς της μεταναπολεόντειας Ευρώπης, τους τόσο εχθρικούς προς νέες αναστατώσεις και πολιτικές ανατροπές, πως η επανάστασή τους ήταν σοβαρή και πως δεν είχε σχέση με τα «στασιαστικά» και «ταραχώδη» κινήματα που καταδικάζονταν συλλήβδην την εποχή εκείνη. Έτσι, στην Εθνοσυνέλευση του Άστρους, αποφασίστηκε να σταλεί ελληνική αντιπροσωπεία στην Πορτογαλία προκειμένου να ζητηθεί η έλευση του πρίγκιπα Δον Μιγκέλ ως βασιλέα των Ελλήνων. Η ορισθείσα αντιπροσωπεία ποτέ δεν έφυγε για την αποστολή της, οπότε η υπόθεση του Δον Μιγκέλ δεν προχώρησε, όπως και δεν προχώρησαν άλλες παρόμοιες που, κατά καιρούς, συζητήθηκαν ή αποφασίστηκαν.

Στο άρθρο 3 του Πρωτοκόλλου του Λονδίνου –με το οποίο η Ελλάδα αναγνωρίστηκε, τον Φεβρουάριο του 1830, ως ανεξάρτητο κράτος από τις Μεγάλες Δυνάμεις– η νέα χώρα προβλεπόταν ότι θα διοικούνταν από βασιλέα. Όπως οριζόταν: «Η ελληνική Κυβέρνησις θέλει είναι μοναρχική και κληρονομική κατά τάξιν πρωτοτοκίας· θέλει εμπιστευθή εις ένα ηγεμόνα, όστις δεν θέλει είναι δυνατόν να εκλεχθή μεταξύ των οικογενειών των βασιλευουσών εις τας Επικρατείας, τας υπογραψάσας την συνθήκην της 6 Ιουλίου 1827, και θέλει φέρει τον τίτλον Ηγεμών Κυριάρχης της Ελλάδος [...]». Με δεύτερο πρωτόκολλο της ίδιας ημέρας στην ίδια πόλη, προσδιορίστηκε ότι «Ηγεμών Άρχων της Ελλάδος» θα είναι ο Λεοπόλδος του γερμανικού κρατιδίου του Σαξ Κομπούργκ.

Για διάφορους λόγους, η περίπτωση του Λεοπόλδου δεν τελεσφόρησε, οπότε, τελικά, όπως όλοι γνωρίζουμε, το 1832, μετά τη δολοφονία του Καποδίστρια, οι Μεγάλες Δυνάμεις αποφάσισαν να σταλεί στην Ελλάδα ως βασιλιάς ο γιος του Λουδοβίκου της Βαυαρίας, Καθολικός στο θρήσκευμα, Όθων. Με αυτόν ξεκινά, το 1833, και η ιστορία των βασιλέων της Ελλάδας.

Η ιστορία των βασιλέων στην Ελλάδα εξελίχθηκε πολυκύμαντα. Μεταξύ των ανάκτων που διοίκησαν τη χώρα, σημαντική μορφή υπήρξε ο μακρόβιος Γεώργιος Α΄, ο οποίος βασίλευσε από το 1864 έως το 1913. Ο δανικής καταγωγής, Προτεστάντης στο θρήσκευμα, Γεώργιος αποδείχθηκε σώφρων και νουνεχής, αποφασιστικός και ρεαλιστής, υγιώς συγκαταβατικός, άνθρωπος του μέτρου αλλά και της δράσης, που κατάφερνε, κατά κανόνα, να συνεργάζεται με το εκάστοτε πολιτικό προσωπικό προς όφελος, τελικά, της χώρας. Η μυστηριώδης δολοφονία του, κατά το τέλος των τόσο νικηφόρων για την Ελλάδα Βαλκανικών Πολέμων, το 1913, στη Θεσσαλονίκη, ήταν αρχή δεινών, μια και οι διάδοχοί του βρέθηκαν στη δίνη διχασμών και εμφυλίων πολέμων, σε βαριές περιστάσεις της ζωής της χώρας.

Σχετικά πρόσφατα, μετά το τέλος της δικτατορίας των συνταγματαρχών, το δημοψήφισμα του 1974 έδωσε, όπως είπαμε, τελική λύση στο ζήτημα της βασιλείας, θέτοντας τις βάσεις της σημερινής Προεδρευομένης Ελληνικής Δημοκρατίας, που θεωρείται, έκτοτε, ασφαλές και σταθερό κεκτημένο της σύγχρονης ελληνικής πολιτικής ζωής.

Κάτι που είναι εξαιρετικά ενδιαφέρον αλλά και καθοριστικό για την πορεία της Ελλάδας τα τελευταία διακόσια χρόνια είναι το εξής: ενώ, στη διάρκεια της Επανάστασης, η χώρα συνδέθηκε και με τις τρεις Μεγάλες Δυνάμεις –ανάμεσα στις οποίες και την ομόδοξη Ρωσία–, αμέσως μετά, η σύνδεσή μας έγινε κυρίως με τη Δύση. Ιστορικά τι σήμανε αυτό;

Κεφαλαιώδους σημασίας κληρονομιά της Επανάστασης του 1821 που μας καθορίζει μέχρι σήμερα είναι η απόφασή της να συνδέσει τη ζωή και τη μοίρα της με τη Δύση και όχι με «το ξανθόν γένος», την αγαπητή στον μέσο Έλληνα Ρωσία, τη μεγάλη ομόδοξη δύναμη του βορρά που συγκρουόταν επί μακρόν με την Οθωμανική Αυτοκρατορία.

Τούτη η εξέλιξη σηματοδοτεί καίρια ρήξη με το παρελθόν, μια και, στην Οθωμανική Αυτοκρατορία, ο αυτοπροσδιορισμός σου στηριζόταν, κατά κύριο λόγο, στη θρησκεία και όχι στο έθνος – επομένως και οι Έλληνες, όπως και τα άλλα έθνη της αυτοκρατορίας, είχαν εθιστεί στο θρησκευτικό πρόσημο, στο οποίο και έδιναν, μέχρι τότε, τη μεγάλη βαρύτητα. Οι Δυτικοί ήταν Χριστιανοί μεν, αλλά Καθολικοί ή Προτεστάντες, μακριά δηλαδή από τη χριστιανική Ορθόδοξη πλευρά που αφορούσε τους Έλληνες και που τους ένωνε ψυχικά, αυτονοήτως, με τη Ρωσία. Στην ώρα της Επανάστασης, όμως, στην ελληνική πλευρά υπήρχε, όπως ήδη έχουμε αναπτύξει, ένας ικανός αριθμός λογίων και εμπόρων εξοικειωμένων με το φάσμα των νέων ιδεών που η Δύση εκπροσωπούσε. Που ήταν έτοιμοι να τις μεταφέρουν στον ελληνικό κόσμο, καθώς ήταν πεπεισμένοι ότι οι ιδέες αυτές, οι ιδέες του ευρωπαϊκού Διαφωτισμού και της Αμερικανικής και Γαλλικής Επανάστασης, ήταν οι μόνες που μπορούσαν να δημιουργήσουν ελεύθερα και ευνομούμενα έθνη. Και αυτό ακριβώς ήθελαν οι λόγιοι αυτοί για την πατρίδα τους, τώρα που, στην καίρια τούτη στιγμή, έμπαινε στη φάση της αναγέννησής της.

ΡΙΖΕΣ ΚΑΙ ΘΕΜΕΛΙΑ

Ποια ήταν η διαδικασία μέσα από την οποία κυριάρχησε η Δύση ως επιλογή;

Η επιλογή των προταγμάτων της Δύσης και η απόφαση των Ελλήνων να τη μιμηθούν ιδεολογικά και πολιτικά φάνηκαν από την πρώτη κιόλας εκδήλωση της Επανάστασης, την περίφημη προκήρυξη του Αλέξανδρου Υψηλάντη «Μάχου υπέρ Πίστεως και Πατρίδος. Η ώρα ήλθεν, ω Άνδρες Έλληνες». Στην πρώτη παράγραφο της προκήρυξης αυτής –που διανεμήθηκε στις 24 Φεβρουαρίου 1821, με την ταυτόχρονη είσοδο σώματος ενόπλων υπό τον Υψηλάντη στην Οθωμανική Αυτοκρατορία προκειμένου να ξεκινήσει τη σύγκρουση στα εδάφη της Βλαχίας και της Μολδαβίας– γράφει: «Προ πολλού οι λαοί της Ευρώπης πολεμούντες υπέρ των ιδίων Δικαιωμάτων και ελευθερίας αυτών μάς επροσκάλουν εις μίμησιν, αυτοί, καίτοι οπωσούν ελεύθεροι, επροσπάθησαν όλαις δυνάμεσι, να αυξήσωσι την ελευθερίαν, και δι' αυτής πάσαν αυτών την Ευδαιμονίαν [...]. Η Ευρώπη προσηλώνουσα τους οφθαλμούς της εις ημάς απορεί διά την ακινησίαν μας, ας αντηχήσωσι λοιπόν όλα τα Όρη της Ελλάδος από τον Ήχον της πολεμικής μας Σάλπιγγος, και αι κοιλάδες από την τρομεράν κλαγγήν των Αρμάτων μας. Η Ευρώπη θέλει θαυμάση τας ανδραγαθίας μας, οι δε τύραννοι ημών τρέμοντες και ωχροί θέλουσι φύγει απ' έμπροσθέν μας. Οι φωτισμένοι λαοί της Ευρώπης ενασχολούνται εις την αποκατάστασιν της ιδίας ευδαιμονίας· και πλήρεις ευγνωμοσύνης διά τας προς αυτούς των Προπατόρων μας ευεργεσίας, επιθυμούσι την ελευθερίαν της Ελλάδος».

Μέσα στο πνεύμα αυτό, δεν θα μπορούσε να υπερισχύσει, στο ανώτερο πολιτικό επίπεδο, κατά την Επανάσταση του '21, παρά η πλευρά της νέας σύλληψης των πραγμάτων, την οποία είχαν, σχετικά πρόσφατα, φέρει στον κόσμο οι Δυτικοί με τις ζυμώσεις και τις επαναστάσεις τους. Έτσι, παρότι στην Ελληνική Επανάσταση ο κύριος όγκος των συμμετεχόντων ήταν απλοί θρησκευόμενοι φιλορώσοι Έλληνες, καθώς και ένας αριθμός αντιστοίχων Βουλγάρων και Σέρβων που ήρθαν αυτοβούλως να πολεμήσουν με τους Έλληνες, κατά τις εθνοσυνελεύσεις των Ελλήνων κυριάρχησαν οι οπαδοί της Δύσεως. Το αποτέλεσμα ήταν όσα εκτέθηκαν και παραπάνω: διοικητικές και πολιτικές επιλογές δυτικού τύπου –και όχι ρωσικού ή οθωμανικού–, καθώς και ριζοσπαστικά συντάγματα στη γραμμή των πιο προχωρημένων αντιστοίχων δυτικών. Σε τούτο συνέβαλε όχι μόνον η παρουσία και δράση εκδυτικισμένων Ελλήνων λογίων και πολιτικών, αλλά και η συμμετοχή στα πράγματα πολλών ιδεολόγων Ευρωπαίων φιλελλήνων που, στο πλαίσιο της Φιλελεύθερης Διεθνούς και της Αλληλεγγύης των εθνικών κινημάτων, έσπευσαν να μετάσχουν στην Επανάσταση των Ελλήνων – των απογόνων τόσο ενδόξων προγόνων...

Ο Φιλελληνισμός είναι ένα τεράστιας σημασίας κεφάλαιο, το οποίο, όμως, εκτός από κάποια σκόρπια ονόματα, είναι στην πραγματικότητα άγνωστο στους Έλληνες.
Ο Φιλελληνισμός ήταν πράγματι μεγάλης σημασίας κίνημα για την εποχή του και, φυσικά, καίριας σημασίας για τον Ελληνισμό και την τύχη της Επανάστασής του.

Το κίνημα αυτό είχε δύο σκέλη: πρώτον, τους φιλέλληνες που δρούσαν στις πατρίδες τους οργανωμένοι σε επιτροπές, συγκέντρωναν χρήματα, τρόφιμα, ρούχα, φάρμακα για τους Έλληνες και γρηγορούσαν υπερασπιζόμενοι την Επανάσταση των Ελλήνων στον Τύπο της χώρας τους, ώστε να πιέσουν τις κυβερνήσεις τους να δράσουν υπέρ αυτών. Και δεύτερον, τους φιλέλληνες που τα εγκατέλειψαν όλα και ήρθαν στον νότο της Βαλκανικής για να πολεμήσουν μαζί με τους Έλληνες στον αγώνα κατά των Οθωμανών «τυράννων». Αυτοί υπολογίζονται σε 1.200 περίπου συνολικά άτομα, το ένα τρίτο περίπου των οποίων σκοτώθηκε στις μάχες ή πέθανε από κακουχίες και ασθένειες – οι περισσότεροι Γερμανοί.

Το ισχυρότερο φιλελληνικό κίνημα, πράγματι, παρουσιάστηκε στη Γερμανία – σε διάφορα δηλαδή γερμανικά κράτη, μια και Γερμανία τότε δεν υπήρχε, αφού ενοποιήθηκε σε εθνικό κράτος αργότερα, το 1871. Ιδιαίτερα ισχυρό ήταν το φιλελληνικό κίνημα στη Βαυαρία, της οποίας ο βασιλέας Λουδοβίκος ήταν θερμότατος και δραστήριος φιλέλληνας. Δεν είναι τυχαίο, εξ αυτού, ότι αργότερα, όταν αναζητούνταν βασιλιάς για την Ελλάδα, επελέγη για τον θώκο ο γιος του Λουδοβίκου, ο Όθων. Εντυπωσιακά θερμό ήταν το φιλελληνικό κίνημα επίσης στην Ελβετία, καθώς και στη Γαλλία, την Αγγλία, τις ΗΠΑ και αλλού. Και είναι να θαυμάζει κανείς ότι ήρθαν να πολεμήσουν με τους Έλληνες περίπου 16 Αμερικανοί, σε μια εποχή που η απόσταση μεταξύ των δύο περιοχών ήταν, με τα μέσα της εποχής, τεράστια, απαγορευτική.

Τι χαρακτήρα είχε η δράση των φιλελλήνων που ήρθαν να πολεμήσουν στον νότο της Βαλκανικής με τους Έλληνες;

Αρκετοί από τους ένοπλους Δυτικούς που ήρθαν να μετάσχουν στις μάχες στο πλευρό των Ελλήνων βρήκαν αντίξοες συνθήκες και πρωτόγνωρες γι' αυτούς καταστάσεις και, εξ αυτού, δεν μπόρεσαν να προσαρμοσθούν στην ελληνική πραγματικότητα και να προσφέρουν αυτά που προσδοκούσαν ερχόμενοι στα πεδία των μαχών. Πολλοί απογοητεύθηκαν από τα όσα είδαν και έφυγαν κατηγορώντας τους Έλληνες ως παραδόπιστους, ωμούς, άπληστους, ιδιοτελείς, απείθαρχους, εγωιστές, πονηρούς, πανούργους, θρασύδειλους, αναξιόπιστους. Λίγοι, αναλογικά, υπήρξαν εκείνοι που φάνηκαν διατεθειμένοι να κατανοήσουν αυτόν τον λαό και τις συντεταγμένες του. Ανάμεσα στους τελευταίους περιλαμβάνονται και δύο Αμερικανοί φιλέλληνες τους οποίους θα ήθελα εδώ να τιμήσω. Δύο μορφές στις οποίες στέκομαι με σεβασμό και συγκίνηση, τον Τζάρβις (George Jarvis) και τον Χάου (Samuel Gridley Howe).

Ο Τζάρβις ήταν γιος διπλωμάτη και ο πρώτος Αμερικανός που ήρθε στην Ελλάδα, το 1822. Αυτός ο τόσο καλομεγαλωμένος νέος στάθηκε δίπλα στους Έλληνες αγόγγυστα, μοιράστηκε μαζί τους κάθε κακουχία και στέρηση, συνδέθηκε μαζί τους, δεν τους περιφρόνησε παρ' όλη τη διαφορά μόρφωσης, συμπεριφοράς και νοοτροπίας, ντύθηκε με τα ρούχα τους, έμαθε τη γλώσσα τους και έγινε ο αγαπητός στους Έλληνες Γιώργος Ζέρβης. Και πέθανε στο Άργος νεότατος, το 1828, κτυπημένος από τα τραύματα, τις στερήσεις και τον πυρετό...

ΡΙΖΕΣ ΚΑΙ ΘΕΜΕΛΙΑ

Ο συμπατριώτης του Σάμουελ Γκρίντλεϋ Χάου, χειρουργός ιατρός με σπουδές στα Πανεπιστήμια του Μπράουν και του Χάρβαρντ, ήρθε στην Ελλάδα το 1824 και ρίχτηκε στη φωτιά του Αγώνα βοηθώντας, παραλλήλως, όπως και όπου μπορούσε, ιατρικά. Βλέποντας τις τεράστιες ανάγκες περίθαλψης τραυματιών και ασθενών ίδρυσε, μαζί με άλλους ιατρούς φιλέλληνες, νοσοκομείο στον Πόρο —αρχικά 50 και στη συνέχεια 100 κλινών—, ανοιχτό για όλους τους έχοντες ανάγκη περίθαλψης. Επέστρεψε για λίγο στην πατρίδα του προκειμένου να προπαγανδίσει την ανάγκη βοήθειας προς τους Έλληνες στις δεινές περιστάσεις στις οποίες ζούσαν. Επανήλθε στην Ελλάδα με στόχο να βοηθήσει την οικονομική και κοινωνική ανάπτυξή της. Με ζήλο, όραμα, αφοσίωση, εντιμότητα και ακεραιότητα, ασχολήθηκε με την οργάνωση πρότυπων αγροτικών καλλιεργειών και εγκαταστάσεων στα Μέγαρα και στα Εξαμίλια Κορινθίας. Στα Εξαμίλια, το 1829, συνένωσε οικογένειες που είχαν καταφύγει εκεί ως πρόσφυγες από τις σφαγές της Χίου και των Κυδωνιών και δημιούργησε ένα παραγωγικό σχήμα το οποίο και ονόμασε «Ουασινγκτόνια», προς τιμήν του πατέρα του αμερικανικού έθνους Τζορτζ Ουάσινγκτον. Ήταν τέτοιο το πάθος και η αφοσίωσή του να στήσει στα Εξαμίλια ένα πρότυπο συνεργατικής παραγωγής νέων καλλιεργειών, που υπέστη διηνεκή βλάβη της υγείας του. Το εγχείρημα της Ουασινγκτόνιας είχε αρχικά καλή πορεία, η οποία όμως εξανεμίστηκε με την επιστροφή του εμπνευστή της στην πατρίδα του, τις ΗΠΑ. Εκεί, ο ξεχωριστός αυτός άνθρωπος, παράλληλα με το επάγγελμά του και την οικογένειά του, αφοσιώθηκε στον αγώνα κατά του δουλεμπορίου, στον αγώνα για τα δικαιώματα των μαύρων, καθώς και στον αγώνα για τη μόρφωση των τυφλών, των διανοητικά καθυστερημένων και των αναπήρων. Στα εβδομήντα του, συγκινημένος από τις θυσίες των Κρητών για την ένωσή τους με την Ελλάδα, πρωτοστάτησε στην κινητοποίηση για την ευαισθητοποίηση του αμερικανικού κοινού και για τη συγκέντρωση βοήθειας προς τους παθόντες και έκανε το μακρύ ταξίδι προς την Ελλάδα με τη σύζυγό του, το 1867, προκειμένου να παραδώσει τη συγκεντρωθείσα βοήθεια σε ασφαλή χέρια.

Τέτοιες ιστορίες δείχνουν, πιστεύω, πόσο πολυπρόσωπη ήταν η επαφή των Ελλήνων με τη Δύση στη διάρκεια των ετών αυτών. Και πόσο ριζοσπαστικές κοινωνικά πλευρές μπορούσε αυτή να έχει χάρις σε πρωτοπόρους ιδεαλιστές, όπως ο Σάμουελ Χάου.

ΟΙ ΕΛΛΗΝΕΣ ΚΑΙ Η ΔΥΣΗ

Πριν από διακόσια χρόνια, τη δεκαετία του 1820, οι Έλληνες ήταν οι σκαπανείς οι οποίοι άνοιξαν πρώτοι τον δρόμο που θα οδηγούσε, από την παλιά Ευρώπη των μεγάλων αυτοκρατοριών, στην Ευρώπη των εθνών-κρατών την οποία γνωρίζουμε σήμερα. Κανένας δε θα πρέπει να θεωρεί δεδομένο ότι στο μέλλον η Ελλάδα και οι Έλληνες θα συμπαρατάσσονται πάντα με τις αξίες, τις παραδόσεις και την πολιτική που τείνουμε να αποκαλούμε «δυτικές». Η γεωγραφία και σε κάποιο βαθμό επίσης η ιστορία μπορεί να ωθήσουν προς την άλλη κατεύθυνση. Όμως, καθώς οι Έλληνες προετοιμάζονται για

> να γιορτάσουν το 2021 τα διακοσιοστά γενέθλια του ελληνικού έθνους-κράτους, μπορούν να υπερηφανεύονται για ένα επίτευγμα που εξαρχής και από τη φύση του δεν πραγματοποιήθηκε με την απομόνωση αλλά σε συνεργασία με άλλους Ευρωπαίους σε κάθε δύσκολο βήμα αυτού του δρόμου. Δε θα μπορούσε να γίνει διαφορετικά. Και αυτό γιατί η «Ελλάδα», όπως και αν την κατανοούμε ή την παρανοούμε, ήταν πάντα μέρος της σύγχρονης ταυτότητας της Ευρώπης.
>
> Roderick Beaton, *Ελλάδα. Βιογραφία ενός σύγχρονου έθνους*, εκδ. Πατάκη, Αθήνα 2020, σ. 506.

Όμως είναι ιστορικό δεδομένο ότι οι διάφορες κυβερνήσεις της Ευρώπης αρχικά είχαν επιφυλακτική στάση απέναντι στην Επανάσταση...

Είχαν όχι μόνον επιφυλακτική, αλλά αρνητική στάση και, μάλιστα, κάθετη. Και τούτο γιατί η Ευρώπη, μόλις λίγα χρόνια πριν, το 1815, είχε βγει από μία σειρά εντονότατων πολέμων, των ναπολεόντειων, και, εξ αυτού, οι ισχυροί της Ευρώπης δεν επιθυμούσαν ανακατατάξεις και ανατροπές στην καθημαγμένη από τον πόλεμο ήπειρο. Μετά το 1814 εξάλλου και το Συνέδριο της Βιέννης, η Ευρώπη είχε μπει σε περίοδο παλινόρθωσης προηγούμενων καθεστώτων – πάντα, βέβαια, με ίχνη των πρόσφατων επαναστατικών κατακτήσεων σε τομείς της κοινωνικής και πολιτικής ζωής. Έτσι, οι κυβερνήσεις των μεγάλων χωρών της Ευρώπης ήταν αντίθετες σε επαναστατικές δράσεις και αναταραχές. Και το είχαν δείξει, λίγο πριν την Ελληνική Επανάσταση, καταπνίγοντας επαναστάσεις στη Σικελία και το Πεδεμόντιο, καθώς και στην Ισπανία και την Πορτογαλία.

Ήταν, εξ αυτού, βαρύ για τους Έλληνες το γεγονός ότι, κατά την ώρα της Επανάστασής τους, οι κυβερνήσεις της Ευρώπης, από τις οποίες τόσα προσδοκούσαν, δεν στάθηκαν στο πλευρό τους παρά συντάχθηκαν με τη γραμμή του Συνεδρίου της Βιέννης και την καταδίκη κάθε αναστάτωσης στη Γηραιά Ήπειρο. Όταν, ωστόσο, η πιο σημαντική από τις Μεγάλες Δυνάμεις της Δύσης –και του κόσμου–, η Αγγλία, άρχισε, όπως είδαμε, το 1823, χάρις στον υπουργό Εξωτερικών της Τζορτζ Κάννινγκ, να αλλάζει πολιτική και να συμπαρασύρει υπέρ των Ελλήνων, αργά αλλά σταθερά, και τη Γαλλία και τη Ρωσία, το τοπίο έλαβε άλλη μορφή. Οι τρεις δυνάμεις πήραν σταδιακά πάνω τους τη διεθνή διπλωματική πλευρά του ελληνικού ζητήματος, με αποκορύφωμα την επιτυχή ένοπλη εμπλοκή τους, τον Οκτώβριο του 1827, σε ναυμαχία με τον αιγυπτιακό στόλο, στον κόλπο της Πύλου, το Ναυαρίνο.

Η νίκη τους απέναντι στον στόλο του Ιμπραήμ που απειλούσε με εξολοθρεμό την Πελοπόννησο σηματοδοτεί μεγάλη καμπή στη σχέση των Ελλήνων με τη Δύση. Αλλά και καμπή στην παγκόσμια διπλωματική σκηνή, μια και είναι η πρώτη φορά που ένοπλες δυνάμεις χωρών επεμβαίνουν συνδυασμένα σε τρίτη χώρα για την αποτροπή «ανθρωπιστικής καταστροφής» – πρακτική που σήμερα εφαρμόζεται αρκετά συχνά σε περιπτώσεις που περιγράφονται ως τέτοιες, σε διάφορα σημεία του πλανήτη. Μετά την εμπλοκή αυτή, Γαλλία, Ρωσία και Αγγλία συνέχισαν τη διπλωματική τους δράση και εγρήγορση για το ελληνικό ζήτημα, που κατέληξε το 1830, όπως είπαμε, στη δημιουργία ελληνικού κράτους – ανεξάρτητου τελικά, χάρις στην επιμονή της Αγγλίας, και όχι αυτόνομου, όπως μέχρι τότε προδιαγραφόταν.

Από ένα σημείο και πέρα, και για πολλές δεκαετίες, όταν στην Ελλάδα λέγαμε Δύση, εννοούσαμε σχεδόν αποκλειστικά την Αγγλία και τη Γαλλία. Γιατί συνέβαινε αυτό;

Η εμπλοκή μας με τη Δύση σχετιζόταν, πράγματι, κυρίως με την Αγγλία και τη Γαλλία, ωστόσο είχε και έχει πολλές διακυμάνσεις και επίπεδα σύγκλισης, απόκλισης και ωρίμανσης. Πολλές μορφές και εκφάνσεις.

• Κατά τη διάρκεια της Επανάστασης, από αυτήν –την Αγγλία συγκεκριμένα– ζητήσαμε, το 1823 και το 1825, δάνεια, που τελικά μας δόθηκαν.

• Από αυτήν –και πάλι την Αγγλία– ζητήσαμε, το 1825 και το 1826, εγγράφως και επισήμως, προστασία, εναποθέτοντας στα χέρια της «την παρακαταθήκην της ελευθερίας, εθνικής ανεξαρτησίας και πολιτικής υπάρξεως» του Έθνους.

• Από αυτήν –τη Γαλλία– βοηθηθήκαμε, το 1828-1829, με δύναμη 15.000 ανδρών υπό τον στρατηγό Μαιζόν, για την ανάκαμψη της Πελοποννήσου και την εκκαθάρισή της από τα υπολείμματα της δύναμης του Ιμπραήμ.

• Από αυτήν αναμέναμε την επιλογή βασιλέα, που τελικά ήρθε το 1833. Το ίδιο συνέβη και με τον επόμενο βασιλέα, τον Γεώργιο Α΄, μετά την έξωση του Όθωνα το 1862.

• Από αυτήν –την Αγγλία– ζήσαμε, το 1850, κατά τα

λεγόμενα Παρκερικά, τετράμηνο αποκλεισμό των ελληνικών παραλίων από μοίρα του αγγλικού στόλου, λόγω του γεγονότος ότι η Αγγλία θεωρούσε πως η Ελλάδα αδικούσε Άγγλους υπηκόους.

• Με αυτήν ήρθαμε σε σοβαρές εντάσεις που κατέληξαν –κυρίως μετά τη στάση της Ελλάδας στον Κριμαϊκό Πόλεμο– σε κατάληψη του Πειραιά από τον ενωμένο γαλλοαγγλικό στόλο και στον βαρύ παρατεταμένο αποκλεισμό ελληνικών παραλίων, από το 1854 έως το 1857.

• Από αυτήν, συγκεκριμένα από τον στόλο πέντε ευρωπαϊκών κρατών, αποκλείστηκαν ελληνικά λιμάνια το 1886, με την κρίση του ζητήματος της Ανατολικής Ρωμυλίας.

• Αυτή, η Δύση, διέσωσε τα ελληνικά σύνορα μετά τη βαριά ήττα της Ελλάδας στον Ελληνοτουρκικό Πόλεμο του 1897.

• Με αυτήν –την Αγγλία, τη Γαλλία και τη Ρωσία– συνταχθήκαμε και στον Α΄ και στον Β΄ Παγκόσμιο Πόλεμο, ευρισκόμενοι, με τον τρόπον αυτόν, και τις δυο φορές, στο πλευρό των νικητών – με ό,τι αυτό σήμαινε για τα εδαφικά κέρδη που ακολούθησαν.

• Με αυτήν –ιδιαίτερα την επιθετική κατά της Ελλάδας και των διεκδικήσεών της Ιταλία– ζήσαμε περίπλοκες εξελίξεις που σχετίζονται με τη Μικρασιατική Εκστρατεία και τη Μικρασιατική Καταστροφή.

• Από αυτήν –την Ιταλία– δεχθήκαμε βαρύ βομβαρδισμό και κατάληψη της Κέρκυρας το 1923, ανατίναξη του καταδρομικού Έλλη τον Αύγουστο του 1940 στο λιμάνι της Τήνου, επίθεση τον Οκτώβριο του 1940 με επακόλουθο τον πόλεμο του 1940-1941, καθώς και, καθ' όλον τον 20ό αιώνα, παρεμβάσεις για αποτροπή κάθε πιθανότητας προσάρτησης της Βορείου Ηπείρου στην Ελλάδα.

• Αυτή –η Γερμανία– εισέβαλε στην Ελλάδα την άνοιξη του 1941, για να ακολουθήσουν τέσσερα βαρύτατα χρόνια γερμανικής, ιταλικής και βουλγαρικής κατοχής της χώρας.

• Αυτή –η Αγγλία– βοήθησε στρατιωτικά τους Έλληνες κατά τη διάρκεια της γερμανικής επίθεσης και κατοχής το 1941-1944, ενώ η ίδια δύναμη, καθώς και οι ΗΠΑ, ενεπλάκησαν στον ελληνικό εμφύλιο πόλεμο του 1946-1949, που έληξε με ήττα των κομμουνιστών και ένταξη της Ελλάδας στο ΝΑΤΟ, το 1952.

• Από αυτήν –τις ΗΠΑ– ενισχύθηκε η Ελλάδα ποικιλοτρόπως, μέσω του Σχεδίου Μάρσαλ, για την ανάκαμψη της οικονομίας της μετά τον Β΄ Παγκόσμιο Πόλεμο.

• Μια Ελλάδα που είναι, από το 1979, μέλος της Ευρωπαϊκής Ένωσης, σε μια συνεχώς ωριμάζουσα και ανατοποθετούμενη σχέση, με αποτέλεσμα τη μεταμόρφωση του ελληνικού κοινωνικού, πολιτισμικού και οικονομικού τοπίου κατά την τελευταία τεσσαρακονταετία.

Η σχέση μας δηλαδή με τη Δύση αποδείχθηκε, τελικά, σχέση κομβική και ακρογωνιαία. Σαν γάμος μακροχρόνιος με τα καλά και τα κακά, τα ευεργετικά και τα δυσμενή, τα έντονα και τα ομαλά του – ανάλογα με τις περιστάσεις. Πάντως, σε κάθε περίπτωση, γάμος. Σταθερός και αδιάλυτος μέχρι σήμερα. Διακόσια χρόνια μετά.

Ο γάμος αυτός περιελάμβανε μετατοπίσεις του βάρους εμπλοκής των χωρών αυτών. Η ισχυρότερη και διηνεκέστερη σχέση ήταν αυτή με την Αγγλία, για να μετατεθεί προς τις ΗΠΑ μετά το 1945 και, βέβαια, προς την Ευρωπαϊκή Ένωση τα τελευταία σαράντα χρόνια.

Για αυτήν τη σχέση ζωής που είχαμε στον 19ο αιώνα ως έθνος με τους Γερμανούς, τι πρέπει να ξέρουμε;

Στο σημείο αυτό αξίζει να υπογραμμισθεί η ειδική σχέση που είχαμε κατά τον 19ο αιώνα με τη Γερμανία, ιδίως τη Βαυαρία. Σχέση που αποδείχθηκε βαθιά, παρότι η Γερμανία δεν ανήκε στις προστάτιδες δυνάμεις κατά τη διάρκεια του Αγώνα, μια και τα πολλά γερμανικά κράτη δεν είχαν ακόμη συνενωθεί σε ενιαίο εθνικό κράτος, με αποτέλεσμα –πλην της ισχυρής Πρωσίας του βορρά– να μην παίζουν καίριο ρόλο στα ευρύτερα διπλωματικά πράγματα της Ευρώπης.

Η σχέση των Ελλήνων με τον γερμανικό κόσμο χρονολογείται κυρίως από τις αρχές του 18ου αιώνα με τη μετακίνηση μεγάλου αριθμού εμπόρων της Βαλκανικής προς την Αυστρία –αλλά και τη Λειψία και την Ιένα της Γερμανίας–, με κέντρο δράσης και εγκατάστασής τους τη Βιέννη και την Τεργέστη. Η γνώση, εξ αυτού, της γερμανικής γλώσσας ήταν αναμενόμενη για μία ζώνη Ελλήνων εμπορευομένων και λογίων της εποχής, το ίδιο όπως και η εξοικείωσή τους με πλευρές του πολιτισμού και των νοοτροπιών του γερμανικού κόσμου. Έτσι, όταν, μετά τη δολοφονία του Καποδίστρια, επελέγη ως βασιλιάς της Ελλάδας ο ανήλικος Όθων και έφτασε, το 1833, στη χώρα με υψηλά στελέχη της διοικητικής βαυαρικής μηχανής και σώμα Βαυαρών στρατιωτών, η παρουσία τους δεν ήταν τόσο εξωτική για τους Έλληνες όσο θα μπορούσαμε να νομίζουμε σήμερα.

ΡΙΖΕΣ ΚΑΙ ΘΕΜΕΛΙΑ

Η τριετία της Αντιβασιλείας αλλά και η βασιλεία του Όθωνα είναι μία περίοδος την οποία θα πρέπει να γνωρίζει όποιος θέλει να κατανοήσει τη σύγχρονη Ιστορία της Ελλάδας.

Κατά τα τρία έτη της Αντιβασιλείας του ανήλικου Όθωνα, η γερμανική σφραγίδα ήταν ιδιαίτερα ισχυρή στη ζωή της Ελλάδας, για να εξασθενήσει αναλογικά, στη συνέχεια, με την άνοδο του Όθωνα στον θρόνο, χωρίς καθόλου, βέβαια, να εξαλειφθεί εντελώς. Είναι χαρακτηριστικό πως, όταν το 1837 αποφασίστηκε ίδρυση πανεπιστημίου στην Αθήνα, ο πατέρας του Όθωνα Λουδοβίκος και ο ίδιος ο Όθωνας συνέβαλαν με σημαντικά ποσά για τη δημιουργία του, παράλληλα με δωρεές Ελλήνων χορηγών, καθώς και με ποσό που συγκεντρώθηκε από τη διενέργεια πανελληνίου εράνου για τον σκοπό αυτό. Το πρώτο πανεπιστήμιο της χώρας ονομάσθηκε, προς τιμήν του Όθωνα, Οθώνειον Πανεπιστήμιον, και έτσι πορεύτηκε μέχρι και την έξωση του βασιλιά, το 1862, οπότε και μετονομάστηκε σε Εθνικόν Πανεπιστήμιον. Προς τα μέσα του 19ου αιώνα, ο Ιωάννης Δόμπολης, πλούσιος Έλληνας της διασποράς και θαυμαστής του έργου του Ιωάννη Καποδίστρια, κληροδότησε μεγάλο ποσό ως δωρεά στο Πανεπιστήμιο, με την προϋπόθεση ότι θα τιμώνταν ο Καποδίστριας στον τίτλο του ανωτάτου αυτού ιδρύματος. Εξ αυτού και, από τις αρχές του 20ού αιώνα, ο τίτλος του Πανεπιστημίου Αθηνών διαμορφώθηκε σε Εθνικόν και Καποδιστριακόν Πανεπιστήμιον Αθηνών, όπως και παραμένει μέχρι σήμερα.

Του οποίου Πανεπιστημίου οι πρώτοι καθηγητές ήταν γερμανομαθείς και γερμανοσπουδαγμένοι Έλληνες. Παράδοση που συνεχίστηκε έντονα καθ' όλο τον 19ο αιώνα, αφού η Γερμανία –και κυρίως το Μόναχο και η Βαυαρία– ήταν ο τόπος προς τον οποίον, κατά κανόνα, κατευθυνόταν όποιος Έλληνας ήθελε να κάνει ανώτατες σπουδές στη φιλοσοφία, τη νομική, την ιατρική, τη φιλολογία, την τέχνη, τα μαθηματικά, την αρχαιολογία, την ιστορία. Ας θυμηθούμε, στο σημείο αυτό, τη βαρύτητα των Ελλήνων ζωγράφων της εποχής, όπως ο Νικόλαος Γύζης, ο Νικηφόρος Λύτρας, ο Γεώργιος Ιακωβίδης, ο Κωνσταντίνος Βολανάκης, που ανήκουν στην ονομαζόμενη από την ελληνική βιβλιογραφία Σχολή του Μονάχου, επειδή εκεί, στην πρωτεύουσα της Βαυαρίας, οι άνδρες αυτοί σπούδασαν και ωρίμασαν καλλιτεχνικά.

Πόσο σημαντική θεωρείτε ότι ήταν η δεκαετία του 1830 και η παρουσία των Βαυαρών για τη διαμόρφωση του ελληνικού κράτους;

Η δεκαετία του 1830 ήταν καθοριστική από πολλές πλευρές, αλλά και για το γεγονός ότι Βαυαροί που ήρθαν με τον Όθωνα την περίοδο εκείνη και παρέμειναν, καθώς και οι απόγονοί τους, έπαιξαν ρόλο σε πεδία της ελληνικής ζωής κατά τις δεκαετίες που ακολούθησαν.

Κατ' αρχάς, θα πρέπει να υπογραμμισθεί ο καίριος ρόλος στη διοικητική οργάνωση και οικονομική ανάκαμψη της χώρας που, με συστηματικότητα, αφοσίωση, γνώση και συνέπεια, ανέλαβαν –και, σε μεγάλο βαθμό, επέτυχαν– τα στελέχη της Αντιβασιλείας στα τρία περίπου χρόνια που είχαν την ευθύνη της διοίκησης της Ελλάδας μέχρι και την ενηλικίωση του ανήλικου βασιλέα, το 1835. Κάποιες από τις παρεμβάσεις τους στη ζωή των Ελλήνων ήταν, μάλιστα, ρηξικέλευθες και κοινωνικά βαρυσήμαντες, όπως η απόφαση να κλεισθούν τα μοναστήρια με λιγότερους από έξι μοναχούς και να δημευθεί η γη τους προκειμένου να δοθεί κλήρος σε άκληρους γεωργούς, αλλά και να εκποιηθεί τμήμα της γης για τις ανάγκες της εκπαίδευσης, καθώς και για τις ανάγκες διοίκησης της χώρας.

Εκτός της πολιτικής πάντως συμβολής, αξίζει να τονισθεί ο ρόλος μεμονωμένων Βαυαρών και βαυαρικής καταγωγής Ελλήνων σε πλείστα πεδία της ζωής και της οικονομίας του ελληνικού χώρου κατά τις δεκαετίες που ακολούθησαν. Ας θυμηθούμε τον Βαυαρό Κλάους (Gustav Clauss), ο οποίος και ίδρυσε, το 1861, κοντά στην Πάτρα, τη γνωστή οινοποιία Achaia Clauss, με τη θρυλική μέχρι σήμερα μαυροδάφνη της. Ή τον Φουκς (Johan Karl Fuchs), που ίδρυσε, το 1864, την εμβληματική ελληνική, διεθνώς αναγνωρισμένη, μπίρα FIX και τα αντίστοιχα ζυθοποιεία στην Αθήνα του 19ου και 20ού αιώνα. Στην ίδια χρονική περίοδο, στο δεύτερο μισό του 19ου και στο πρώτο τέταρτο του 20ού αιώνα, έλαμψε το άστρο του χαρισματικού Γερμανού αρχιτέκτονα Ερνέστου Τσίλλερ, που στόλισε την Ελλάδα σχεδιάζοντας περί τα πεντακόσια δημόσια και ιδιωτικά κτίρια – ανάμεσα στα οποία το Προεδρικό Μέγαρο, το Μέγαρο Τσίλλερ, το Εθνικό Θέατρο στην Αθήνα, το Δημαρχείο της Ερμούπολης Σύρου, τη Δημοτική Αγορά Πύργου Ηλείας, το Αρχαιολογικό Μουσείο Μήλου, το Δημοτικό Θέατρο Πατρών «Απόλλων» και πάμπολλα άλλα.

Στο πρώτο τέταρτο του 20ού αιώνα, σε στέλεχος του ελληνικού στρατού αναδείχθηκε ο απώτερης βαυαρικής καταγωγής Κωνσταντίνος Νίδερ, αρχηγός του ΓΕΣ, με καίρια δράση στους Βαλκανικούς Πολέμους, την Ουκρανική και τη Μικρασιατική Εκστρατεία. Απώτερης βαυαρικής καταγωγής ήταν και ο Άγγελος Έβερτ, πατέρας του δημάρχου Αθηναίων στη δεκαετία του 1980 και πολιτικού Μιλτιάδη Έβερτ. Ο Άγγελος Έβερτ υπήρξε αστυνομικός διευθυντής της Αθήνας επί γερμανικής κατοχής και έχει βραβευθεί από ισραηλινής πλευράς για το γεγονός ότι, με την ιδιότητά του αυτή, διέσωσε Εβραίους από το Ολοκαύτωμα παρέχοντάς τους πλαστές χριστιανικές ταυτότητες. Κατά τον ίδιο τρόπο, απώτερης βαυαρικής καταγωγής ήταν και η οικογένεια Νέζερ, που έδωσε σειρά γνωστών ηθοποιών κατά τον 20ό αιώνα – με τελευταίο της εκπρόσωπο τον Χριστόφορο Νέζερ, χαρακτηριστική μορφή του ελληνικού κινηματογράφου τη χρυσή δεκαετία του 1960.

Υπήρξε, δηλαδή, σπορά και συνέχεια στην παρουσία αυτή.

Οι υπόλοιπες δυτικές χώρες ποια πολιτισμική βαρύτητα είχαν στα ελληνικά πράγματα;

Η πολιτισμική βαρύτητα των άλλων δυτικών χωρών στα ελληνικά πράγματα δεν ήταν μικρή κατά τον 19ο και 20ό αιώνα. Στο σημείο αυτό, ας λεχθεί ότι το πολιτισμικό βάρος του γερμανικού κόσμου στην Ελλάδα υποχώρησε προς το τέλος του δεύτερου μισού του 19ου αιώνα προς όφελος της Γαλλίας και του Παρισιού, οπότε πλέον προς τα εκεί, κατά κύριο λόγο, κατευθύνονταν όσοι επιθυμούσαν να κάνουν ανώτατες σπουδές με βάρος και κύρος. Δεν είναι παρά μετά τον Β΄ Παγκόσμιο Πόλεμο που, σταδιακά, η Αγγλία, αλλά για διάφορους λόγους και η Ιταλία, θα αποκτήσουν ειδικό βάρος για τους Έλληνες που σπούδαζαν στο εξωτερικό, με τις ΗΠΑ να παίρνουν τη σκυτάλη προς το τέλος του 20ού και στον 21ο αιώνα.

Γερμανία, Γαλλία, Αγγλία, ΗΠΑ: όλες περιοχές του μεγάλου δυτικού πολιτισμού με τον οποίο –ας μην το ξεχνάμε– εξαρχής, από το 1821, αποφασίσαμε συνειδητά να στοιχηθούμε. Και, ανάλογα με την εποχή, περισσότερο ή λιγότερο επιτυχημένα, στοιχηθήκαμε και στοιχιζόμαστε ακόμα.

ΜΕΡΟΣ Ε΄

Οράματα, κέρδη και απώλειες

Ο Ελληνισμός από το δεύτερο μισό του 19ου αιώνα έως σήμερα

*Κατακλυσμούς ποτέ δε λογαριάσαμε
μπήκαμε μέσ' στα όλα και περάσαμε*

*Κι έχουμε στο κατάρτι μας βιγλάτορα
παντοτινό τον Ήλιο τον Ηλιάτορα!*

Οδυσσέας Ελύτης, Ο ήλιος ο ηλιάτορας,
ό.π., σ. 29.

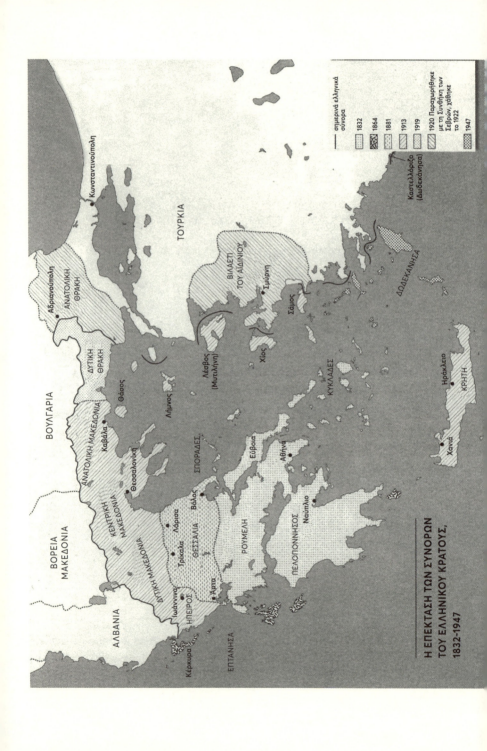

Δεν θα πρέπει όμως να έχουμε ως γενική ιστορική εικόνα ότι η σχέση μας με τη Δύση, μέσα στους δύο αυτούς αιώνες, είναι που διαμόρφωσε, σε μεγάλο βαθμό, τα σύνορα της χώρας;

Η σχέση μας με τη Δύση και η ειδική μας σχέση με την Αγγλία πράγματι έπαιξαν, σε αρκετές περιστάσεις, ρόλο –όχι φυσικά τον αποκλειστικό– στην επέκταση των ελληνικών συνόρων μετά το 1832 και μέχρι την ενσωμάτωση της Δωδεκανήσου το 1947. Ας θυμηθούμε, στο σημείο αυτό, ότι τα Επτάνησα δόθηκαν από τη Μεγάλη Βρετανία ως «δώρο» στην Ελλάδα με την ανάρρηση του Γεωργίου Α΄ στον θρόνο, το 1864. Η Θεσσαλία ενσωματώθηκε στην Ελλάδα το 1881, μετά από διπλωματικές διαδικασίες στις οποίες καίριο ρόλο έπαιξαν οι προστάτιδες δυνάμεις. Η Κρήτη, η Σάμος, τα νησιά του ανατολικού Αιγαίου, η Ήπειρος, η Μακεδονία ενσωματώθηκαν στον ελληνικό κορμό μετά τους νικηφόρους για την Ελλάδα Βαλκανικούς Πολέμους του 1912-1913, ενώ η δυτική Θράκη το 1919, μετά τον νικηφόρο για την Ελλάδα Α΄ Παγκόσμιο Πόλεμο. Η ανατολική Θράκη και τα παράλια της Μικράς Ασίας προσγράφηκαν, μετά το τέλος του Α' Παγκοσμίου Πολέμου, στη νικήτρια του πολέμου Ελλάδα, για να χαθούν τρία χρόνια αργότερα, το 1922, με τη Μικρασιατική Καταστροφή. Τα Δωδεκάνησα δόθηκαν στη νικήτρια του Β' Παγκοσμίου Πολέμου Ελλάδα το 1947.

Ένα γαϊτανάκι επέκτασης συνόρων που έχει φέρει τη χώρα μας στο σημερινό της μέγεθος, σχεδόν τριπλάσιο του αρχικού τού 1832. Που είναι σαφώς μεγαλύτερο από εκείνο της Ολλανδίας, της Αυστρίας, του Βελγίου, της Πορτογαλίας, της Ιρλανδίας, της Ελβετίας, της Τσεχίας, της Σλοβακίας, της Ουγγαρίας και πολλών άλλων χωρών της Ευρώπης. Δεν είναι μικρό το επίτευγμα αυτό. Και πόση προσπάθεια εκ μέρους των Ελλήνων, πόσον αγώνα, πόσες αγωνίες, πόση διπλωματική εγρήγορση, πόσο δύσκολες ισορροπίες, πόσες θυσίες, πόσους ηρωισμούς και πόσες μάχες δεν κρύβει πίσω της.

Η επέκταση των συνόρων σε αυτήν την τόσο ταραχώδη περιοχή της Ευρώπης και του κόσμου τελικά δεν σηματοδοτεί μια επιτυχημένη χώρα;

Θα μπορούσε να πει κανείς γενικά πως η Ελλάδα μπορεί να θεωρηθεί, στο θέμα των συνόρων, ως χώρα επιτυχημένη. Φυσικά, με μία διαφορετική τροπή των πραγμάτων στο ένα ή το άλλο σημείο του χρόνου και των συγκυριών, θα μπορούσαν τα πράγματα να είχαν πάει, ενδεχομένως, καλύτερα. Θα μπορούσαν εξίσου, όμως, να είχαν πάει, ενδεχομένως, χειρότερα. Με ό,τι θα σήμαινε αυτό για τη ζωή και τα οράματα των Ελλήνων.

Η επιτυχία αυτή δεν ήρθε εξ ουρανού ούτε χωρίς κόπο. Κατ' αρχάς εδράζεται στη φιλοπατρία και την αφοσίωση ενός μεγάλου αριθμού Ελλήνων στους εθνικούς στόχους κατά τον 19ο και το πρώτο μισό του 20ού αιώνα. Εδράζεται, επίσης, σε μια σειρά επιτυχημένων παραμέτρων που –παρά την πολυπλοκότητα, την ένταση και τα πισωγυρίσματα της ελληνικής πολιτικής ζωής των τελευταίων διακοσίων χρόνων– συγκρατούν τα πράγματα σε ένα επίπεδο αρκετά καλών, έως καλών, επιδόσεων σε διάφορους τομείς της οικονομικής, πολιτικής, κοινωνικής, διπλωματικής ζωής της χώρας.

Μία από αυτές τις παραμέτρους είναι το γεγονός ότι στην Ελλάδα υπήρχε πάντα, για λόγους που ήδη εκθέσαμε, μία ελίτ δυτικότροπη και δυτικοσπουδαγμένη που, σε κρίσιμες στιγμές, έπαιρνε στα χέρια της τις εξελίξεις οδηγώντας τες σε κατευθύνσεις που, τελικά, αποδεικνύονταν συχνά οι ενδεδειγμένες για τις προκλήσεις στις οποίες στόχευαν να ανταποκριθούν.

Όλα αυτά, όμως, αυτονόητα δεν προϋποθέτουν και την παρουσία σε κρίσιμες περιόδους πολύ ικανών Ελλήνων πολιτικών; Μάλιστα, λόγω και της ιδιαιτερότητας των Βαλκανίων, πολιτικών διεθνούς εμβέλειας;

Είναι, πράγματι, αναγκαίο να υπογραμμισθεί ο εντυπωσιακός αριθμός ικανών έως πολύ ικανών πολιτικών που η Ελλάδα, σε ανώτατο επίπεδο, έχει αναλογικά να παρουσιάσει μέσα στους δύο αιώνες εθνικού κρατικού βίου που, μέχρι σήμερα, καταμετρά.

Ας θυμηθούμε κάποιους εξ αυτών, όπως τον Αλέξανδρο Μαυροκορδάτο, τον σημαντικότερο πολιτικό της Επανάστασης του 1821, τον πολύγλωσσο, οραματιστή, ιδεολόγο, βαθιά μορφωμένο, διορατικό άνδρα που έπαιξε ρόλο όσο κανείς στις πολιτικές, ιδεολογικές, διπλωματικές εξελίξεις του Αγώνα. Τον Ιωάννη Καποδίστρια, τον πιο ξακουστό Έλληνα της εποχής του, διπλωμάτη παγκοσμίου διαμετρήματος και καριέρας, που άφησε τα πάντα προκειμένου να υπηρετήσει ανιδιοτελώς την πατρίδα του – θυσιάζοντας, εντέλει, την ίδια τη ζωή του. Τον Αλέξανδρο Κουμουνδούρο, τον ήπιο, έντιμο και εργατικό πολιτικό, που έθεσε τόσο χρήσιμες βάσεις στην Ελλάδα της δεκαετίας του 1860 και του 1870. Τον αφοσιωμένο, οραματιστή, ικανό, πραγματιστή, εργατικό, πείσμονα Χαρίλαο Τρικούπη, που βελτίωσε την οικονομική και πολιτική ζωή της Ελλάδας στη δεκαετία του 1880 και του 1890 προχωρώντας, ανάμεσα στ' άλλα, σε σπουδαία τεχνικά έργα που άλλαξαν την όψη και την οικονομία της χώρας, μέχρι σήμερα. Τον Ελευθέριο Βενιζέλο, τον γίγαντα της ελληνικής πολιτικής ζωής της πρώτης τριακονταετίας του 20ού αιώνα, που εκσυγχρόνισε τη χώρα υπερδιπλασιάζοντας τα σύνορα – και το κύρος της. Τον Κωνσταντίνο Καραμανλή, που, στη δύσκολη μεταπολεμική Ελλάδα του 1950, του 1960 και του 1970, έπαιξε ρόλο καίριο οδηγώντας την στην ανάπτυξη – αλλά και στην ευρωπαϊκή επιλογή, την τόσο κομβική για τη χώρα στις δεκαετίες που ακολούθησαν.

Κατά τη γνώμη μου, κατά τις τελευταίες τέσσερις δεκαετίες που διανύουμε, ακολούθησαν τουλάχιστον δύο πολιτικοί που θα άξιζαν να αναφερθούν –και θα αναφερθούν, είμαι βέβαιη– στην τιμητική σειρά που εκτίθεται εδώ. Ωστόσο, επειδή η αναφορά του ονόματός τους, λόγω εγγύτητας των φαινομένων, θα έδινε πολιτική διάσταση στα λεγόμενα, επιλέγω να την παρακάμψω.

Εκείνη τη Μεγάλη Ιδέα, την τόσο καθοριστική από πολλές πλευρές, θα ήθελα να μας τη φωτίσετε περισσότερο.

Πίσω από τα εκτεθέντα, βρίσκεται και μία άλλη παράμετρος που, με διάφορους τρόπους, διαπερνά τη ζωή της Ελλάδας κατά τα διακόσια χρόνια της λειτουργίας της ως εθνικού κράτους, μέχρι σήμερα. Αφορά την πολιτική συζήτηση που, κατά τον 19ο κυρίως αιώνα, είχε ως κεντρικό δίλημμα την επιλογή ανάμεσα στο Πρότυπο Βασίλειο και τη Μεγάλη Ιδέα* – προπομπός, θα μπορούσε να πει κανείς, της ανάλογης συζήτησης του 20ού και 21ου αιώνα ανάμεσα στους «εκσυγχρονιστές» και στους αντιπάλους τους, στη σύγχρονη ελληνική πολιτική σκηνή.

Το δίλημμα Πρότυπο Βασίλειο ή Μεγάλη Ιδέα στηρίχθηκε, κατά τον 19ο αιώνα, στα εξής δεδομένα και στην εξής, για κάθε πλευρά, λογική, πίσω από την οποία στοιχίζονταν συγκεκριμένες πολιτικές παρατάξεις, οράματα, πρακτικές και στοχεύσεις: η Ελλάδα αναδύθηκε το 1830 ως η πρώτη περιοχή που απαλλάχθηκε από την οθωμανική κυριαρχία, γενόμενη το πρώτο εθνικό κράτος των Βαλκανίων. Οι Έλληνες στην Επανάστασή τους είχαν δοκιμάσει ριζοσπαστικές πολιτικές λύσεις και είχαν

---

* Έλλη Σκοπετέα, *Το Πρότυπο Βασίλειο και η Μεγάλη Ιδέα. Όψεις του εθνικού προβλήματος στην Ελλάδα (1830-1880)*, εκδ. Πολύτυπο, Αθήνα 1988.

συνδεθεί με το πλέον προηγμένο τμήμα του κόσμου, τη δυτική Ευρώπη και, ιδίως, την Αγγλία. Η παιδεία τους εξακολουθούσε να είναι η σημαντικότερη για τους χριστιανικούς Ορθόδοξους λαούς της Βαλκανικής και η γλώσσα τους συνδεδεμένη με το δόγμα της καρδιάς και της υπόστασης των λαών αυτών, την Ορθοδοξία.

Η Ελλάδα είχε κύρος ανάμεσα στους λαούς της Βαλκανικής, για τους οποίους, εκ των πραγμάτων, αποτέλεσε πρότυπο για τη δικιά τους μελλοντική εθνική αναγέννηση. Ωστόσο, η ίδια είχε σοβαρά προβλήματα: μία οικονομία κατεστραμμένη από τον πόλεμο με τους Οθωμανούς και μία πολιτική ζωή βαρύτατη, με εμφυλίους και συγκρούσεις που ρήμαζαν τη χώρα. Αποκορύφωμα του κακού ήταν η περίοδος όξυνσης της αντιπολίτευσης κατά του Καποδίστρια, η δολοφονία του και ο σκληρός εμφύλιος που ακολούθησε. Αποτέλεσμα του παρατεταμένου αυτού εμφυλίου ήταν η διάλυση του κράτους, των ηθών και της οικονομίας, με τη ληστεία να κυριαρχεί στην ύπαιθρο και τον λαό να παίρνει αλλόφρων τον δρόμο της ξενιτιάς βρίσκοντας καταφύγιο σε πόλεις της γειτονικής Οθωμανικής Αυτοκρατορίας – αυτής ακριβώς της αυτοκρατορίας εναντίον της οποίας, μέχρι προ ολίγου, μαχόταν μέχρις εσχάτων!

Παράλληλα με το σκηνικό αυτό, υπήρχε και μια άλλη μεγάλη παράμετρος. Με τα σύνορα του 1832, οι Έλληνες που κατοικούσαν εντός Ελλάδος συνιστούσαν υποκλάσμα του συνολικού αριθμού των Ελλήνων των κατοικούντων σε διάφορα σημεία της Οθωμανικής Αυτοκρατορίας: στην ελληνική χερσόνησο, τη Βαλκανική, τον Εύξεινο Πόντο, τη Μικράν Ασία, το Αιγαίο, το Ιόνιο.

Η πραγματικότητα αυτή πυρπολούσε τις καρδιές των Ελλήνων, οι οποίοι θεωρούσαν, εξαρχής, ως αυτονόητο καθήκον να απελευθερώσουν τις περιοχές με ισχυρή ελληνική παρουσία, ώστε να ενσωματωθούν οι αδελφοί τους –και οι ίδιοι– σε ένα ενιαίο εθνικό κράτος. Την ανάγκη αυτή υπογράμμιζαν και οι ίδιες οι προστάτιδες δυνάμεις όταν, στη δεκαετία του 1830, τόνιζαν πως «ο Βασιλεύς της Ελλάδος δεν θα βραδύνη ίνα κατέλθη εις την χώραν του» και ότι «φέρει προς αυτό την δικαίαν ελπίδα ασφαλεστέρων και πλατυτέρων ορίων».

Η τρίτη παράμετρος ήταν εκείνη του διεθνούς παράγοντα – που συνδυαζόταν απόλυτα με τις άλλες δύο που ελέχθησαν. Η Ελλάδα για την απελευθέρωσή της είχε στηριχθεί, σε μεγάλο βαθμό, στη βοήθεια και συμπαράσταση των ξένων – ιδιαιτέρως της Αγγλίας. Αγγλία, Γαλλία και Ρωσία είχαν μεν βοηθήσει αποφασιστικά τους Έλληνες, αλλά αμφισβητούσαν την ικανότητα των τελευταίων να λειτουργήσουν αποτελεσματικά ως κράτος, να κινηθούν συντεταγμένα και να σεβαστούν τις διεθνείς τους δεσμεύσεις. Επιπλέον, ανησυχούσαν για την οικονομία της χώρας για πολλούς λόγους, αλλά και για το γεγονός ότι είχαν δώσει στους Έλληνες δάνεια που έμοιαζε πως αυτοί, με το νοσηρό κλίμα σύγκρουσης που κυριαρχούσε στην πολιτική τους ζωή και τα συνακόλουθα προβλήματα της οικονομίας τους, δεν θα αποπλήρωναν ποτέ. Το πλέγμα αυτών των επιφυλάξεων ήταν γνωστό στους Έλληνες πολιτικούς, οι οποίοι, με τη σειρά τους, ανησυχούσαν, μιας και γνώριζαν ότι, προκειμένου να ενσωματώσουν τους εκτός ελληνικών συνόρων αδελφούς τους και τα εδάφη στα οποία αυτοί κατοικούσαν, θα είχαν ανάγκη της αποφασιστικής συμπαράστασης του διεθνούς παράγοντα.

Στην Ελλάδα υπήρχαν, λοιπόν, στο θέμα αυτό δύο πλευρές. Ποια ήταν τα βασικά επιχειρήματα της καθεμιάς;

Πάνω σε αυτό το πλέγμα δεδομένων στηρίχθηκε η μεγάλη συζήτηση στην πολιτική σκηνή του δεύτερου μισού του 19ου αιώνα. Η μία πλευρά, χοντρικά, έλεγε: «Εκείνο που πρέπει να κάνουμε είναι να επικεντρωθούμε στο εσωτερικό της χώρας μας. Να βελτιώσουμε την παιδεία και την οικονομία μας. Να εκπαιδεύσουμε τους εαυτούς μας ώστε να γίνουμε συνεπείς, νουνεχείς, πολίτες με αίσθημα κοινής ευθύνης και καθήκοντος που θα προβάλλουν το "εμείς" αντί του "εγώ". Να γίνουμε πολιτικά ικανοί να κατανοεί ο ένας τον άλλον, ούτως ώστε να επιτυγχάνουμε συγκλίσεις αντί να επιδιώκουμε αποκλίσεις και συγκρούσεις, που διαλύουν την οικονομία, την κοινωνία και το μέλλον μας. Να αναπτύξουμε σχέσεις οικονομικές με τις γειτονικές μας χώρες, ούτως ώστε να στηθεί ένα πλέγμα που να διασφαλίζει την ειρήνη και την πρόοδο. Με τον τρόπον αυτό, η Ελλάδα –που είναι ήδη σε πολλά πρωτοπόρα και έχει κύρος μεταξύ των Χριστιανών Ορθοδόξων της Βαλκανικής– θα γίνει πρότυπη κοινωνία για τις άλλες. Θα γίνει ένα Πρότυπο Βασίλειο. Έχοντας κατακτήσει αυτό το βήμα, το κύρος της χώρας θα ενισχυθεί σε περιφερειακό επίπεδο και η Ελλάδα θα έχει διεθνή αξιοπιστία. Καθώς η Οθωμανική Αυτοκρατορία είναι υπό διάλυσιν και θα υπάρξουν μεγάλες μεταβολές και ανακατατάξεις, το κύρος της Ελλάδας και το γεγονός ότι θα έχει πείσει ότι είναι σοβαρή και υπεύθυνη δύναμη θα κάνουν τον διεθνή παράγοντα να την ενισχύσει κατά τις περιφερειακές κρίσεις που, αναπόφευκτα, θα προκύψουν. Οπότε, μέσω των διεθνών συνθηκών που θα υπογράφονται, η Ελλάδα θα έχει κέρδη εθνικά και θα προσαρτήσει τα εδάφη που την ενδιαφέρουν και που, δικαιωματικά, εθνικά της ανήκουν».

Η άλλη πλευρά, χοντρικά, έλεγε: «Όλα στη Βαλκανική, τώρα που επίκειται αλλαγή του χάρτη λόγω συνεχούς εξασθένησης της Οθωμανικής Αυτοκρατορίας, θα γίνουν μέσω πολέμου και συγκρούσεων. Η Ελλάδα αυτό που θα πρέπει να κάνει είναι να ετοιμάζεται και να προσβλέπει στους πολέμους αυτούς, γιατί, μέσω αυτών, θα πάρει τα εθνικά εδάφη που δικαιωματικά της ανήκουν. Για τον σκοπό αυτόν, έμφαση πρέπει να δώσουμε στον στρατό και στους εξοπλισμούς, καθώς και στη χαλύβδωση του πατριωτικού μαχητικού αισθήματος, ούτως ώστε να είμαστε έτοιμοι να παρουσιαστούμε καταιγιστικοί στα πεδία των μαχών. Τούτο θα μας κάνει νικηφόρους, με αποτέλεσμα να είμαστε οι ισχυροί κατά την ώρα των συνθηκών που θα υπογραφούν. Τότε, ο διεθνής παράγοντας θα αναγκαστεί να είναι μαζί μας και θα πάρουμε τα εδάφη που προσδοκούμε, γενόμενοι ένα με τους ακόμα σκλαβωμένους αδελφούς μας. Αυτή πρέπει να είναι η Μεγάλη μας Ιδέα».

Ποιος εκπροσωπούσε τι σε αυτή τη μεγάλη και τόσο καίρια ιδεολογική διαμάχη;
Η πλευρά του Προτύπου Βασιλείου αντιπροσωπευόταν περισσότερο από φιλοδυτικούς πολιτικούς που είχαν τα

μάτια στραμμένα κυρίως προς την Αγγλία, και από υψηλής μορφώσεως κοινωνικά στρώματα με αντιρωσικό, κατά κανόνα, προσανατολισμό και πεποίθηση. Δεν είναι τυχαίο, στο σημείο αυτό, ότι ο νέος βασιλιάς, ο Γεώργιος Α΄, στην προκήρυξη έλευσής του υπογράμμιζε ότι έρχεται προκειμένου να κάνει την Ελλάδα «Πρότυπον Βασίλειον εν τη Ανατολή». Αντιθέτως, η πλευρά της Μεγάλης Ιδέας εκπροσωπούσε περισσότερο τα λαϊκά ρωσόφιλα στρώματα, τον μέσο Έλληνα, το ρωσικό, αλλά συχνά και το γαλλικό κόμμα της ελληνικής πολιτικής σκηνής.

Η πλευρά που υπερίσχυσε εκ των δύο θα μπορούσαμε να πούμε πως ήταν εκείνη της Μεγάλης Ιδέας, που είχε εκφρασθεί ήδη δυναμικά και στο ελληνικό Κοινοβούλιο, το 1844, με τον περίφημο λόγο του πρωθυπουργού Ιωάννη Κωλέττη.

Οι δύο απόψεις λειτουργούσαν επί δεκαετίες παραλλήλως, με αποτέλεσμα μια κάποια ισορροπία, κατά καιρούς, στα πράγματα. Οι εξελίξεις, άλλωστε, άλλοτε έμοιαζε να επιβεβαιώνουν τη μία και άλλοτε την άλλη προσέγγιση. Επί παραδείγματι, το γεγονός ότι αποκτήσαμε τα Επτάνησα το 1864 και τη Θεσσαλία το 1881 χωρίς πόλεμο, ενώ κινδυνεύσαμε να χάσουμε το παν με την ήττα μας στο θεσσαλικό μέτωπο κατά τον Ελληνοτουρκικό Πόλεμο του 1897 –τον ονομαζόμενο και «ζητωπόλεμο» επειδή προκλήθηκε επί τούτω από μιαν ομάδα υπερπατριωτών οπαδών της Μεγάλης Ιδέας– έμοιαζε να συνηγορεί υπέρ των απόψεων των οπαδών του Προτύπου Βασιλείου. Αντιθέτως, η ένοπλη δράση των Κρητών για την ένωσή τους με την Ελλάδα, ο Μακεδονικός Αγώνας, καθώς και οι νικηφόροι Βαλκανικοί Πόλεμοι, έμοιαζε να επιβεβαιώνουν τις απόψεις των οπαδών της Μεγάλης Ιδέας. Μιας ιδέας που δοκιμάστηκε στο έπακρο μετά τον Α' Παγκόσμιο Πόλεμο και τη Μικρασιατική Εκστρατεία, για να καταρρεύσει το 1922, με τη Μικρασιατική Καταστροφή.

Οι πραγματικά «Μεγάλες Ιδέες» της Ιστορίας, για να επιτευχθούν, σχεδόν πάντα χρησιμοποίησαν και την πολιτισμική οδό. Εδώ τι συνέβη;

Η διεκδίκηση της Μεγάλης Ιδέας δεν έγινε μόνο με πολέμους, αλλά και με πολυπρόσωπες εκπαιδευτικές δράσεις στις οποίες ο Ελληνισμός κυριολεκτικά έλαμψε, στο δεύτερο μισό του 19ου αιώνα.

Καθώς η διεκδίκηση οθωμανικών —τότε— περιοχών της σημερινής Βουλγαρίας, της σημερινής Βόρειας Μακεδονίας, της σημερινής Αλβανίας, της Μακεδονίας, της Ηπείρου, της Θεσσαλίας, της Θράκης, της Μικράς Ασίας ήταν στα άμεσα σχέδια του Ελληνισμού, θεωρήθηκε πρωτεύουσας σημασίας στόχος η διάδοση και ενίσχυση της ελληνικής παιδείας ανάμεσα στους Ελληνορθόδοξους κατοίκους των περιοχών αυτών, προς ενίσχυση, ανάμεσα στ' άλλα, και του εθνικού τους φρονήματος. Σωματεία, λέσχες, εταιρείες, αδελφότητες, σύλλογοι ιδρύθηκαν και επιδόθηκαν με ζέση ακάματη στο έργο· πλούσιοι Έλληνες δώρισαν ποσά για σχολεία, υποτροφίες, δασκάλους· απόφοιτοι του προσφάτως ιδρυθέντος Πανεπιστημίου Αθηνών ρίχτηκαν στο έργο της διδασκαλίας — με εντυπωσιακά αποτελέσματα, μέσα σε λίγον αναλογικά χρόνο.

Τρεις ήταν οι φορείς που έπαιξαν τον κυριότερο ρόλο σε αυτό: η Φιλεκπαιδευτική Εταιρεία, που ιδρύθηκε στην Αθήνα το 1836, ο Ελληνικός Φιλολογικός Σύλλογος Κωνσταντινουπόλεως, που ιδρύθηκε το 1861, ο Σύλλογος προς Διάδοσιν των Ελληνικών Γραμμάτων, που ιδρύθηκε στην Αθήνα το 1869. Η Φιλεκπαιδευτική Εταιρεία ίδρυσε –χάρις στο γενναιόδωρο καταπίστευμα του Απόστολου Αρσάκη, πλούσιου Έλληνα εμπόρου και πολιτικού στη Ρουμανία του 19ου αιώνα– σειρά εμβληματικών σχολείων δίνοντας έμφαση στην εκπαίδευση των γυναικών, με κύριο στόχο τη δημιουργία καταρτισμένων Ελληνίδων διδασκαλισσών.

Οι παραπάνω φορείς –και μαζί τους ολόκληρος ο Ελληνισμός– έκαναν θαύματα στον στόχο που ανέλαβαν και στο όραμα που επεδίωξαν να υπηρετήσουν. Αρκεί κανείς να ιδεί τα επιβλητικά, μεγαλειώδη πολλές φορές, ελληνικά σχολεία που ιδρύθηκαν τότε σε πόλεις όπως η Φιλιππούπολη της Ανατολικής Ρωμυλίας, η Τραπεζούντα του Πόντου, το Αργυρόκαστρο της σημερινής Αλβανίας και αλλού, για να καταλάβει το όραμα, το πάθος, την αφοσίωση, το πείσμα του Ελληνισμού την εποχή εκείνη. Για τη βελτίωση της παιδείας του και για την πραγματοποίηση της Μεγάλης Ιδέας του.

Η Ελλάδα, σε γενικές γραμμές, και μέσα σε αυτό το κλίμα, τελικά προόδευε ή έμενε πίσω;

Στη διάρκεια της δοκιμασίας των δύο απόψεων, η Ελλάδα δεν έπαψε να εξελίσσεται σε διάφορους τομείς – οπωσδήποτε, εξαιτίας των εσωτερικών της βαριδίων, όχι ικανοποιητικά και στον βαθμό που θα μπορούσε. Πάντως

ΡΙΖΕΣ ΚΑΙ ΘΕΜΕΛΙΑ

Β΄ μισό του 19ου αιώνα. Το Ζάππειο Παρθεναγωγείο
στην Αδριανούπολη.

Β΄ μισό του 19ου αιώνα. Το Ζαρίφειο Εκπαιδευτήριο
στη Φιλιππούπολη (σημερινό Πλοβντίφ) της Ανατολικής Ρωμυλίας.

εξελισσόταν. Η γεωργία και η παιδεία βελτιώνονταν, η οικονομία έμπαινε σε πορεία ανάκαμψης με τη ναυτιλία και τη βιοτεχνία να βρίσκουν δρόμο δράσης και απόδοσης, η κτηνοτροφία στα βουνά συνέβαλλε ουσιαστικά στο εθνικό προϊόν, εξαγωγές αγροτικών προϊόντων έφερναν εισόδημα στο κρατικό ταμείο. Ερμούπολη, Πάτρα, Καλαμάτα, Πειραιάς έσερναν τον χορό.

Στο δεύτερο μισό του 19ου αιώνα, εξάλλου, μεγάλες ευκαιρίες οικονομικής δράσης που παρουσιάσθηκαν, λόγω του διεθνούς εμπορίου, σε περιοχές της Μαύρης Θάλασσας –που σήμερα ανήκουν στην Ουκρανία, τη Ρωσία, την Τουρκία, τη Βουλγαρία, τη Ρουμανία, τη Μολδαβία–, καθώς και στην Αίγυπτο και τη Συρία, έκαναν χιλιάδες Έλληνες της Ελλάδας και της Οθωμανικής Αυτοκρατορίας να εγκατασταθούν εκεί. Αυτοί, προστιθέμενοι πολλές φορές σε στρώματα παλαιότερης ελληνικής εγκατάστασης, είχαν την ευκαιρία να δοκιμάσουν την τύχη τους και να προκόψουν κάνοντας οικονομικά θαύματα στους τομείς της δράσης τους. Ενδεικτικά, ας σημειωθεί στο σημείο αυτό ότι, την εποχή εκείνη, τα 2/3 των ποταμόπλοιων του Δούναβη βρίσκονταν σε χέρια Ελλήνων πλοιοκτητών!

Βαθύπλουτοι πια, πολλοί από τους Έλληνες αυτούς έσπευδαν να στείλουν χρήματα στις ιδιαίτερες πατρίδες τους –και στην Ελλάδα– προκειμένου να γίνουν έργα κοινής ωφελείας προς βελτίωσιν της ζωής των αδελφών τους. Είναι οι περίφημοι εθνικοί ευεργέτες του 19ου και του πρώτου μισού του 20ού αιώνα. Αυτοί που άλλαξαν την Ελλάδα κτίζοντας και συντηρώντας σχολεία, ορφανοτροφεία, βρεφοκομεία, γηροκομεία, φυλακές, εκκλησίες, δρόμους, γέφυρες, πλατείες, στάδια, πνευματικά κέντρα, πανεπιστήμια, πολυτεχνεία, βιβλιοθήκες, νοσοκομεία, παρθεναγωγεία, γήπεδα, πτωχοκομεία, ακαδημίες, αστεροσκοπεία, σχολές επαγγελματικής κατάρτισης. Σίνας, Βαρβάκης, Χαροκόπος, Σιβιτανίδης, Πάντος, Αρσάκης, Βαλλιάνος, Μαρασλής, Ζάππας, Μπενάκης, Συγγρός, Τοσίτσας, Ροδοκανάκης, Αβέρωφ και τόσοι άλλοι προσέφεραν πολλά σε πολλούς, γενόμενοι προπομποί των σύγχρονων μεγάλων ευεργετών και δωρητών, όπως είναι τα κοινωφελή ιδρύματα Νιάρχου, Ωνάση, Λασκαρίδη, Μποδοσάκη, Κωστόπουλου, Τσάκου, Λάτση, Βαρδινογιάννη, Λεβέντη και πολλά άλλα, στη σημερινή Ελλάδα.

Κάποιος από αυτούς τους εθνικούς ευεργέτες που αναφέρατε σας συγκινεί ως περίπτωση ιδιαίτερα;

Πολλοί, αλλά ας σταθώ στο παράδειγμα των αδελφών Βαλλιάνου, των δωρητών της Εθνικής Βιβλιοθήκης της Ελλάδος και του επιβλητικού της κτιρίου στο κέντρο της Αθήνας, στην πανέμορφη «Αθηναϊκή Τριλογία» της οδού Πανεπιστημίου, που περιλαμβάνει την Εθνική Βιβλιοθήκη, το Πανεπιστήμιο Αθηνών και την Ακαδημία Αθηνών.

Πατέρας των αδελφών Βαλλιάνου ήταν ο Αθανάσιος Βαλλιάνος, που γεννήθηκε στο χωριό Κεραμειές της Κεφαλλονιάς το 1775. Αυτός απέκτησε οκτώ παιδιά, τρία εκ των οποίων –ο Μαρίνος ή Μαρής, ο Παναγής και ο Ανδρέας– διαχειρίστηκαν, από τη δεκαετία του 1820, επιχείρηση εξαγωγής σιτηρών στην πόλη Ταγκανρόγκ ή Ταϊγάνιον της Ρωσίας, στη Θάλασσα του Αζόφ, όπου

Πίνακας 1: το Κληροδότημα Παναγή Α. Βαλλιάνου (1911-1931)

Έξοδα για:	Λίρες Αγγλίας
Αδελφάτο Φιλανθρωπικών Ιδρυμάτων (Παθολογικό Περίπτερο, συντήρηση Νοσοκομείου από το 1911-1931, συντήρηση Πτωχοκομείου και Βρεφοκομείου)	98.872
Βαλλιάνειος Σχολή Κεραμειών (1911-1931)	35.016
Εμποροναυτική Σχολή Αργοστολίου (1920-1931)	34.354
Τεχνική Σχολή Ληξουρίου (1926)	33.670
Πρακτική Γεωργική Σχολή (1911-1931)	30.360
Βέργειον Φρενοκομείον (1914-1931)	20.766
Βοηθήματα για τους σεισμοπαθείς Κεφαλληνίας κατά τα έτη 1912-1913	20.000
Περίθαλψη επιστράτων (περίθαλψη άπορων οικογενειών επιστράτων κατά τα έτη 1915-1916)	13.100
Ανέγερση ναού Αγίου Γεωργίου	10.000
Εκκλησία Αγίου Βασιλείου Κεραμειών (1911-1929)	6.900
Ορφανοτροφείο ο Σωτήρ (1921-1931)	5.250
Βοηθήματα για ναούς και σχολεία	4.916
Σχολή Απόρων Παίδων Αργοστολίου (1911-1923)	4.890
Κοινωφελείς σκοπούς ... ἐν οἷς καὶ ἡ βελτίωσις τῆς ὑδρεύσεως πόλεως Ἀργοστολίου	2.952
Επιτροπή Υγείας (για την πόλη του Αργοστολίου)	2.430
Περίθαλψη γρίππης, κλπ. (Ἐξοδευθέντα πρὸς περίθαλψιν ἀσθενούντων ἐξ ἐπιδημίας γρίππης, εὐλογιᾶς πόλεων Ἀργοστολίου καὶ Ληξουρίου)	1.784
Διάφορα έξοδα (γραμματεία, ενοίκιον γραφείου, ταχυδρομικά, τηλεγραφικά, κλπ.)	1.286
Οικονομικό Συσσίτιο Αργοστολίου (1912-1931)	1.171
Σχολή Απόρων Παίδων Ληξουρίου (1911-1923)	1.160
Έκτακτα βοηθήματα (σεισμοί, πυρκαγιές, κλπ.)	1.102
Πτωχοκομείο Αργοστολίου (1918-1929)	1.000
Γηροκομείο Ληξουρίου (1921-1929)	940
Σχολή Απόρων Παίδων Λειβαθούς (1912-1913)	100
Οικονομικό Συσσίτιο Ληξουρίου (άπαξ)	50

Κοινωφελές έργο από το κληροδότημα Π. Βαλλιάνου, κατά τα έτη 1911-1931. Τζελίνα Χαρλαύτη, «Από το Ταϊγάνιο στο Λονδίνο. Ο οίκος των αδελφών Βαλλιάνων (19ος αιώνας)», στο Όλγα Κατσιαρδή-Hering κ.ά. (επιμ.), Ρωσία και Μεσόγειος, Πρακτικά Διεθνούς Συνεδρίου, ΕΚΠΑ / Ηρόδοτος, Αθήνα 2011, τ. Β΄, σ. 110.

υπήρχε σπουδαία και δραστήρια ελληνική παροικία. Σταδιακά, η επιχείρηση γιγαντώθηκε με υποκαταστήματα στη Μασσαλία και την Κωνσταντινούπολη και πρακτορεία σε τριάντα ένα λιμάνια της Αζοφικής, της Κριμαίας, της Μαύρης Θάλασσας, της Μεσογείου και της Αγγλίας, εξελισσόμενη στη μεγαλύτερη εταιρεία εξαγωγής σιτηρών της νότιας Ρωσίας. Το 1858 η εταιρεία απέκτησε έδρα στο Σίτυ του Λονδίνου, υπό την επωνυμία «Vagliano Bros», επεκτείνοντας τις δραστηριότητές της και στα χρηματοπιστωτικά. Το 1880 οι αδελφοί Βαλλιάνοι κατείχαν τον εντυπωσιακό αριθμό των σαράντα μεγάλων φορτηγών ιστιοφόρων για τις ανάγκες των δικών τους εξαγωγών, ενώ, παράλληλα, επιδίδονταν και σε αγοραπωλησίες μεγάλων φορτηγών ιστιοφόρων.

Στη δεκαετία του 1870, ο Παναγής Βαλλιάνος, έχοντας πιστέψει στην καινοτόμο τεχνολογία του ατμού, άρχισε να αγοράζει, με δικά του κεφάλαια, μεγάλα φορτηγά ατμόπλοια γενόμενος πρωτοπόρος της στροφής των Ελλήνων της διασποράς στον τομέα αυτόν. Έτσι, ο Παναγής Βαλλιάνος διέθετε, μόνος του, το 1880, το 18% του ελληνόκτητου ατμοκίνητου στόλου, παραμένοντας, μέχρι τον θάνατό του το 1902, ο μεγαλύτερος εφοπλιστής ατμόπλοιων του ελληνόκτητου εμπορικού στόλου.

Το κληροδότημα που αφιέρωσε ο Παναγής Βαλλιάνος για τη βελτίωση της ζωής της ιδιαίτερης πατρίδας του, της Κεφαλλονιάς, προέβλεπε τη δημιουργία σχολών επαγγελματικής κατάρτισης, αλλά και βρεφοκομείου, πτωχοκομείου, ορφανοτροφείου, γηροκομείου. Το Ίδρυμα Βαλλιάνου ανέλαβε, στην ουσία, την κοινωνική πρόνοια της Κεφαλλονιάς, στην οποία προσέφερε πολλά, σε κάθε περίσταση. Ένας ύμνος στην ελληνική επιχειρηματικότητα, στον πατριωτισμό και στην προσφορά των Ελλήνων του 19ου αιώνα.

Ξένοι στάθηκαν κοντά στους Έλληνες ως ευεργέτες την περίοδο αυτή;

Κοντά στην περίπτωση των αδελφών Βαλλιάνου, θεωρώ σκόπιμο να αναφερθώ, ως παράδειγμα ξένου ευεργέτη, στον Jean Gabriel Eynard, τον μεγάλο Ελβετό φίλο της Ελλάδας του 19ου αιώνα – τον Εϋνάρδο, κατά την ελληνική εκφορά του ονόματός του. Ο Εϋνάρδος ήταν από τους πιο επιτυχημένους οικονομικούς παράγοντες της Ελβετίας, βαθύπλουτος χρηματιστής και τραπεζίτης, με έδρα τη Γενεύη. Εκεί, γνωρίστηκε με τον Ιωάννη Καποδίστρια, όταν ο τελευταίος είχε σταλεί από τον τσάρο της Ρωσίας να διαχειριστεί θέματα πολιτικά της κεντροευρωπαϊκής αυτής χώρας και να μετάσχει, το 1814, στο Συνέδριο της Βιέννης. Έκτοτε, η φιλία των δύο ανδρών έγινε στενή και παρέμεινε τέτοια διά βίου.

Με το ξέσπασμα της Ελληνικής Επανάστασης, ο Καποδίστριας, έχοντας αρνηθεί την ηγεσία της Φιλικής Εταιρείας και για να προστατεύσει την Επανάσταση, παραιτήθηκε από τη θέση του υπουργού Εξωτερικών της Ρωσίας, εγκατέλειψε την Αγία Πετρούπολη και εγκαταστάθηκε, το 1822, στη Γενεύη. Οι δυο φίλοι ήταν πια μαζί στο ίδιο μετερίζι: να βοηθήσουν όσο το δυνατόν περισσότερο την Ελληνική Επανάσταση, έστω κι από μακριά όπου ζούσαν. Γρήγορα το φιλελληνικό κίνημα φούντωσε στην Ελβετία, σε όλα τα καντόνια της χώρας, με τον Εϋνάρδο να μη λείπει από καμία μάχη που έπρεπε να δοθεί: χρηματοδοτούσε και συντόνιζε αποστολές Ευρωπαίων εθελοντών, φαρμάκων, τροφίμων, πολεμοφοδίων προς την Ελλάδα· οργάνωνε αποστολές εντοπισμού Ελλήνων πωληθέντων από τους Οθωμανούς στα σκλαβοπάζαρα, τους αγόραζε, τους απελευθέρωνε και τους απέστελλε στην αγκαλιά των οικογενειών τους· υπεράσπιζε με άρθρα στον ευρωπαϊκό Τύπο τους Έλληνες και τον Αγώνα τους· αξιοποιούσε τις υψηλές γνωριμίες του για να πιέσει πολιτικά και διπλωματικά τα πράγματα υπέρ των Ελλήνων.

Όταν ο Καποδίστριας έγινε κυβερνήτης της Ελλάδας, ο Εϋνάρδος τον βοηθούσε όσο μπορούσε, από μακριά, σε ό,τι αυτός οραματιζόταν και επιχειρούσε. Καθώς το δημόσιο ταμείο ήταν άδειο και η Ελλάδα απ' άκρου σ' άκρο κατεστραμμένη, ο Εϋνάρδος –σημειωτέον, χωρίς κανένα προσωπικό οικονομικό ενδιαφέρον για την περιοχή– χρηματοδότησε έργα που ο Ιωάννης Καποδίστριας έβαλε στόχο να υλοποιήσει για την ανάκαμψη της χώρας: σχολεία, ορφανοτροφεία, γεωργικές σχολές, αναμορφωτήρια κτίστηκαν, στην ουσία, με δικά του χρήματα, με δικές του δωρεές.

Μετά τη δολοφονία του φίλου του, το ενδιαφέρον του για την Ελλάδα δεν κόπασε, παρά παρέμενε πάντα σε εγρήγορση και δράση όσον αφορούσε τα τεκταινόμενα στη χώρα. Έτσι, όταν, περί το 1840, άρχισε προσπάθεια για τη δημιουργία τράπεζας στην Ελλάδα, ο Εϋνάρδος –στη μνήμη του φίλου του που πρώτος το είχε επιχειρήσει το 1828 χωρίς αποτέλεσμα– έβαλε πλάτη στο εγχείρημα. Χάρις στις γνώσεις και τη συνεισφορά του -και, φυσικά, χάρις στην αφοσίωση και την ικανότητα του Ηπειρώτη επιχειρηματία Γεωργίου Σταύρου- το 1842 η Εθνική Τράπεζα της Ελλάδος ήταν γεγονός. Και η οικονομία της Ελλάδας είχε πια ένα ισχυρό και αξιόπιστο στήριγμα για την περαιτέρω προώθηση της οικονομίας της.

Γενικότερα, το φιλελληνικό κίνημα τι πορεία είχε στο δεύτερο μισό του 19ου και στις αρχές του 20ού αιώνα;

Φιλελληνικό κίνημα όπως εκείνο που είχε εκδηλωθεί στις δυτικές χώρες κατά τη διάρκεια της Επανάστασης του 1821, όχι, δεν υπάρχει πια στο τέλος του 19ου και στον 20ό αιώνα. Θα ήταν παράξενο να υπήρχε, καθώς οι συνθήκες δεν ήταν πλέον οι ίδιες. Πάντα, φυσικά, μεμονωμένα άτομα, φίλοι της Ελλάδας, σε διάφορες περιστάσεις αρθρογραφούσαν υπέρ αυτής σε εφημερίδες και περιοδικά του εξωτερικού, ωστόσο τούτο δεν συγκροτούσε κίνημα με οργάνωση και συντεταγμένη δράση, όπως το '21.

Ο θαυμασμός όμως για τους αρχαίους Έλληνες παρέμενε και παραμένει πάντα συστατικό της ταυτότητας του δυτικού ανθρώπου και της μόρφωσής του. Έτσι, ακολουθώντας παλαιότερες τάσεις της Επιστημονικής Επανάστασης, εφευρέσεις σημαντικές της νεότερης εποχής εξακολούθησαν να ονομάζονται, κατά τον 19ο και 20ό αιώνα, από τους Δυτικούς εφευρέτες τους με όρους ελληνικούς. Το αυτοκίνητο, π.χ., ονομάσθηκε «auto» από την ελληνική λέξη αυτό-, δηλαδή «από μόνο του» το τηλέφωνο, «telephone» από τις ελληνικές λέξεις *τηλε-* (δηλαδή «από μακριά») + *φωνή* ο κινηματογράφος, «cinématograph»/«cinema», από τις ελληνικές λέξεις *κίνηση, κινούμαι + γράφω, καταγράφω.* Κατά τον ίδιο τρόπο, τα βακτήρια (bacteri) ονομάσθηκαν έτσι από την ελληνική λέξη *βακτηρία,* τη ράβδο βάδισης δηλαδή, μια και όταν εντοπίστηκαν στο μικροσκόπιο διαπιστώθηκε ότι είχαν το σχήμα αυτό. Οι δε εταιρείες ηλεκτρονικών υπολογιστών του 20ού αιώνα τα bytes των μηχανημάτων τους δεν τα ονόμασαν smallbytes, bigbytes, hugebytes κ.λπ., παρά και αυτοί χρησιμοποίησαν τους ελληνικούς όρους «micro-», «mega-», «giga-», «tera-bytes». Θα μπορούσε να αναφέρει κανείς και πολλά άλλα τέτοια παραδείγματα – μέχρι σήμερα.

Οι Γάλλοι, για τους οποίους τρέφουμε σταθερή φιλία, και οι Ιταλοί, τους οποίους θεωρούμε τόσο κοντινούς σε εμάς, τι έκαναν όλα αυτά τα χρόνια;

Παράλληλα με τις δωρεές και τις χορηγίες ευεργετών και την αργή αλλά σταθερή ανάκαμψη της γεωργίας και της βιοτεχνίας, η οικονομική ζωή στην Ελλάδα του δεύτερου μισού του 19ου και του πρώτου μισού του 20ού αιώνα πήρε νέα τροπή και από το γεγονός ότι Γάλλοι και Ιταλοί, κυρίως, επιχειρηματίες έδειξαν πρόθυμοι να επενδύσουν σε λατομεία και ορυχεία νησιών όπως η Σέριφος, η Σίφνος, η Τζια, η Νάξος, η Κύθνος, η Μήλος, αλλά και στη Στερεά Ελλάδα και το Λαύριο. Εκεί δημιουργήθηκαν εντυπωσιακές εγκαταστάσεις με σιδηροτροχιές, εναέρια βαγονέτα και λιμενοβραχίονες, που λειτουργούσαν επί αρκετές δεκαετίες και εντυπωσιάζουν ακόμα τον επισκέπτη, καθώς κρέμονται, τις περισσότερες φορές, σαν σκουριασμένα γλυπτά πλέον σήμερα, στον ορίζοντα.

Οι πολυάριθμοι Έλληνες της Οθωμανικής Αυτοκρατορίας της εποχής αυτής σε ποιες περιοχές δραστηριοποιούνταν οικονομικά και σε τι επένδυαν τα χρήματά τους;

Την ίδια εποχή που, στο δεύτερο μισό του 19ου αιώνα, Γάλλοι και Ιταλοί επιχειρηματίες επένδυαν κεφάλαια σε ελληνικά ορυχεία και λατομεία, Έλληνες της Οθωμανικής Αυτοκρατορίας, κυρίως, στρέφονταν μαζικά προς την Αίγυπτο και τις εκεί οικονομικές ευκαιρίες που παρουσιάζονταν. Σταδιακά, συγκρότησαν τις περίφημες ελληνικές παροικίες της Αιγύπτου, που έλαμψαν διεθνώς, επί έναν αιώνα περίπου, με την οικονομική δράση τους.

Παρουσία Ελλήνων στην Αίγυπτο καταγράφεται ήδη από το πρώτο μισό του 19ου αιώνα. Η εκτίναξη ωστόσο του αριθμού τους σχετίζεται τόσο με τον Αμερικανικό Εμφύλιο του 1861-1865 και τη συναφή ζήτηση αιγυπτιακού βαμβακιού λόγω έλλειψης του αμερικάνικου στη διεθνή αγορά, όσο και με τον σταδιακό, μετά το 1880, έλεγχο της ζωής της χώρας του Νείλου από την Αγγλία, τη μεγαλύτερη παγκόσμια δύναμη της εποχής. Συναφώς, ρόλο στην παρουσία Ελλήνων έπαιξε η διάνοιξη της διώρυγας του Σουέζ. Το τεράστιο αυτό τεχνικό έργο, που εγκαινιάστηκε το 1869, είχε ανάγκη χιλιάδων εργατικών χειρών, τις οποίες και, κατά κύριο λόγο, παρέσχαν Έλληνες από τα Δωδεκάνησα και την Κάσο. Σταδιακά, ο ελληνισμός της Αιγύπτου ξεπέρασε τα 80.000 άτομα φτάνοντας, στο τέλος του 19ου αιώνα, τα 100.000 περίπου, με κύριο τόπο δράσης και εγκατάστασής τους την Αλεξάνδρεια και το Κάιρο.

ΡΙΖΕΣ ΚΑΙ ΘΕΜΕΛΙΑ

Παρότι στην Αίγυπτο δραστηριοποιούνταν οικονομικά και Ιταλοί, Γάλλοι και Άγγλοι, οι Έλληνες συγκροτούσαν τη δυναμικότερη ομάδα ξένων της χώρας αυτής, με το επιπλέον χαρακτηριστικό ότι μόνοι αυτοί δραστηριοποιούνταν και στα πιο απομακρυσμένα σημεία της Άνω και Κάτω Αιγύπτου, διαμορφώνοντας παροικίες σε απίθανα και δυσπρόσιτα μέρη. Με καταγωγή κυρίως από τα νησιά του Αιγαίου, τα παράλια της Μικράς Ασίας και την Ήπειρο, Έλληνες της Αιγύπτου αναδείχθηκαν σε δεινούς επιχειρηματίες, με κύρια ενασχόλησή τους το βαμβάκι, την επεξεργασία και την εξαγωγή του. Γρήγορα επεκτάθηκαν και στην ίδρυση εργοστασίων εκκοκκισμού βάμβακος, βαμβακέλαιου, βυρσοδεψίας, ποτοποιίας, ζυμαρικών, σοκολατοποιίας, σιγαρέτων, ιματισμού – πολλά από τα οποία για πρώτη φορά ιδρύονταν στην Αίγυπτο. Την ίδια ώρα που Έλληνες γεωπόνοι δημιουργούσαν νέες ποικιλίες βάμβακος εκτινάσσοντας τη ζήτηση του αιγυπτιακού βαμβακιού παγκοσμίως...

Η επιτυχία των ελληνικών επιχειρήσεων της Αιγύπτου ήταν τόσο μεγάλη, ώστε και μόνον οι ελληνικές επιχειρήσεις εξαγωγής βάμβακος της χώρας αυτής παρουσίαζαν, κατά τη δεκαετία 1890-1900, κύκλο εργασιών μεγαλύτερης αξίας από το συνολικό εξαγωγικό εμπόριο της Ελλάδας, στην ίδια ζώνη του χρόνου.

Αυτή η ειδική θέση των Ελλήνων στην Αίγυπτο επηρέαζε καθόλου τη ζωή της ίδιας της Ελλάδας;
Ανάμεσα στους επιτυχημένους επιχειρηματίες της Αιγύπτου –πολλοί εκ των οποίων ασχολούνταν και με τον τραπεζικό και τον χρηματιστηριακό τομέα– περι-

λαμβάνονταν μεγάλα ονόματα της ζωής του νεότερου Ελληνισμού, όπως οι Μπενάκης, Σαλβάγος, Καζούλης, Χωρέμης, Αβέρωφ, Τοσίτσας, Ζιζίνιας, Στουρνάρης, Ζερβουδάκης και πολλοί άλλοι. Αυτοί έκαναν τεράστιας κλίμακας δωρεές στην Ελλάδα – αλλά και στις ελληνικές κοινότητες της Αιγύπτου, με αποτέλεσμα αυτές να διαθέτουν εντυπωσιακό αριθμό επιβλητικών κοινωφελών κτιρίων, σχολείων, νοσοκομείων, ορφανοτροφείων, πτωχοκομείων, παρθεναγωγείων, εμπορικών και τεχνικών σχολών, ευαγών ιδρυμάτων.

Προπύργιο του αιγυπτιώτικου Ελληνισμού έγινε η Αλεξάνδρεια, η πόλη που γέννησε, το 1863, και τον μεγάλο μας ποιητή Κωνσταντίνο Καβάφη. Και όλα αυτά σε έναν εκτυφλωτικό κύκλο δράσης που έκλεισε στη δεκαετία του 1950, με την ανάπτυξη του αιγυπτιακού Εθνισμού και την απομάκρυνση των ξένων από την Αίγυπτο.

Σε σχέση με την εμπλοκή των Αιγυπτιωτών Ελλήνων στα πράγματα της Ελλάδας, χαρακτηριστική είναι η περίπτωση της οικογένειας Μπενάκη. Ο Εμμανουήλ Μπενάκης γεννήθηκε στη Σύρο το 1843, αλλά εγκαταστάθηκε στην Αλεξάνδρεια το 1865, για να εξελιχθεί σε βαθύπλουτο επιχειρηματία βάμβακος με τον οίκο «Χωρέμης, Μπενάκης, Κότσικας και Σία». Ερχόμενος το 1910 στην Ελλάδα, ασχολήθηκε ενεργά με την πολιτική στο πλευρό του Ελευθερίου Βενιζέλου. Τις επιχειρήσεις στην Αίγυπτο συνέχισε ο γιος του Αντώνης Μπενάκης. Ο τελευταίος, παράλληλα με τις επιχειρήσεις, ασχολήθηκε και με τη συλλογή έργων τέχνης, γενόμενος ένας από τους κορυφαίους στον τομέα αυτόν. Ο Αντώνης Μπενάκης παρακολουθούσε με αγωνία τις εξελίξεις στην

Ελλάδα και ήταν από τους πρώτους που έσπευσε να βοηθήσει τη χώρα τόσο κατά τον Ελληνοτουρκικό Πόλεμο του 1897 όσο και κατά τον Μακεδονικό Αγώνα το 1904-1908. Το 1926 εγκαταστάθηκε στην Ελλάδα και αφοσιώθηκε στη δημιουργία μουσείου –το περίφημο Μουσείο Μπενάκη– δωρίζοντας την αμύθητης αξίας συλλογή του, καθώς και την κατοικία του στην Αθήνα, για τον σκοπό αυτό. Σε κλάδους της ίδιας οικογένειας ανήκουν συγγραφείς όπως η Πηνελόπη Δέλτα, πρωθυπουργοί όπως ο Αντώνης Σαμαράς, υπουργοί Πολιτισμού όπως ο Παύλος Γερουλάνος, και πολλά άλλα στελέχη της ζωής της Ελλάδας των τελευταίων δύο αιώνων. Μια εντυπωσιακά σημαντική ελληνική οικογένεια που έπαιξε ρόλο στην οικονομική, πολιτική, καλλιτεχνική, λογοτεχνική ζωή της χώρας.

Ο Εθνισμός –και ο Εθνικισμός που συχνά τον συνοδεύει– επηρέασε τα Βαλκάνια του 19ου αιώνα και, προφανώς, μαζί και τη ζωή της Ελλάδας και των Ελλήνων την εποχή αυτή.

Πράγματι, από το δεύτερο μισό ήδη του 19ου αιώνα, οι εξελίξεις θα αρχίσουν να εμπεριέχουν μεγάλες ανατροπές που σχετίζονται με τη συνεχή άνοδο του Εθνισμού στους κόλπους όλων των λαών της Βαλκανικής, οι οποίοι, τώρα πια, αρχίζουν να αποκτούν το δικό τους εθνικό κράτος. Η Ρουμανία έγινε ανεξάρτητη το 1877, η Σερβία το 1878, η Βουλγαρία αυτόνομη το 1878 και ανεξάρτητη το 1908, η Αλβανία ανεξάρτητη το 1912. Τέλος, η Τουρκία έγινε εθνικό κράτος το 1923.

Το εναρκτήριο λάκτισμα για όλα αυτά –ας μην ξεχνάμε– είχε δώσει, στην πραγματικότητα, η Ελλάδα, που, όπως ήδη είπαμε, είχε διεθνώς αναγνωρισθεί ως ανεξάρτητο κράτος από το 1830.

Οι εθνικές διεργασίες γρήγορα υιοθετήθηκαν από τη βουλγαρική πλευρά. Αυτή, από τη δεκαετία του 1840, είχε αρχίσει να γίνεται επιθετική απέναντι στους Έλληνες ή ελληνότροπους κληρικούς που έστελνε στις περιοχές της το Πατριαρχείο Κωνσταντινουπόλεως, επιδιώκοντας την ίδρυση δικιάς της Εκκλησίας. Πράγμα που έγινε το 1870 με τη δημιουργία βουλγαρικής αυτόνομης Εκκλησίας, της Βουλγαρικής Εξαρχίας – και μάλιστα με σουλτανικό φιρμάνι και χωρίς τη σύμφωνη γνώμη του Πατριαρχείου Κωνσταντινουπόλεως.

Τούτες οι εξελίξεις –και ο τρόπος που έγιναν από πλευράς οθωμανικής διοίκησης– πυροδότησαν μια άνευ προηγουμένου ένταση και σύγκρουση στα Βαλκάνια. Ιδιαίτερα μάλιστα καθόσον, στο επίσημο κείμενο δημιουργίας της Εξαρχίας, προβλεπόταν ότι στην Εκκλησία αυτή θα υπάγονταν οι περιοχές στις οποίες τα 2/3 των κατοίκων θα ήθελαν να ενταχθούν σε αυτήν. Καθώς στη Βαλκανική, και ιδιαίτερα στη ζώνη της ευρύτερης περιοχής της Μακεδονίας και της Θράκης, κατοικούσαν πολλοί Χριστιανοί Ορθόδοξοι που ήταν βουλγαρόφωνοι αλλά ελληνίζοντες, Έλληνες υπερασπιστές του Πατριαρχείου Κωνσταντινουπόλεως από τη μια και Βούλγαροι εθνικιστές από την άλλη έσπευσαν να πείσουν –όχι πάντα με ήπια μέσα– τους επαμφοτερίζοντες ή να παραμείνουν στις αγκάλες του Πατριαρχείου οι μεν ή να ενταχθούν στη Βουλγαρική Εξαρχία οι δε. Στην πραγματικότητα, αυτή είναι η αρχή του Μακεδονικού Ζητήματος, το οποίο απασχόλησε τα Βαλκάνια για πολλές δεκαετίες, στον 19ο και τον 20ό αιώνα.

Δηλαδή το κύριο πρόβλημα για τους Έλληνες ήταν οι Βούλγαροι και το Μακεδονικό, ή υπήρχαν και άλλες πηγές εντάσεων και εθνικής διαμάχης που απασχόλησαν σοβαρά τον Ελληνισμό στο δεύτερο μισό του 19ου και στις αρχές του 20ού αιώνα;

Τα πράγματα δεν έμειναν στη βουλγαρική παράμετρο και το Μακεδονικό Ζήτημα, γιατί στον χορό δεν μπήκαν μόνον οι Βούλγαροι και οι Έλληνες, αλλά και οι Ρουμάνοι. Αυτοί, θεωρώντας ως αυτονόητο ότι οι βλαχικοί πληθυσμοί της Βαλκανικής είναι ρουμανικής καταγωγής, τους διεκδικούσαν μιμούμενοι τους Βουλγάρους και την Εξαρχία τους, κάνοντας κινήσεις για την αναγνώριση ξεχωριστής εθνοθρησκευτικής βλαχικής ομάδας από τους Οθωμανούς. Πράγμα το οποίο έγινε –πάλι με σουλτανικό φιρμάνι– το 1905, οπότε αναγνωρίστηκε η ύπαρξη «βλαχικού» μιλέτ, με ό,τι αυτό θα σήμαινε στους καιρούς του Εθνισμού.

Καθώς οι περισσότεροι βλαχικοί πληθυσμοί ήταν εγκατεστημένοι σε περιοχές της τότε οθωμανικής Ηπείρου, ορεινής Θεσσαλίας και Μακεδονίας, οι Ρουμάνοι έσπευσαν να δημιουργήσουν ρουμανικά σχολεία σε σημεία των περιοχών αυτών. Το ίδιο έσπευσαν αμέσως να κάνουν και οι Έλληνες, οι οποίοι δεν ήταν επ' ουδενί διατεθειμένοι να αφήσουν τους Αρωμούνους των περιοχών αυτών, τους τόσο ελληνίζοντες, να τους κερδίσει η ρουμανική προπαγάνδα – με ό,τι αυτό θα συνεπαγόταν για τους στόχους της ελληνικής Μεγάλης Ιδέας. Παραλλήλως, και οι Βούλγαροι έσπευσαν να δημιουργήσουν —στη Μακεδονία και στη Θράκη κυρίως— δικά τους σχολεία, για να διεκδικήσουν τους εκεί πληθυσμούς, όπως ήδη είπαμε. Και οι Έλληνες, βέβαια, το ίδιο έκαναν στις ίδιες περιοχές. Είναι η ονομαζόμενη «μάχη των σχολείων» του τέλους του 19ου και των αρχών του 20ού αιώνα. Που δεν έμεινε πάντα σε ευγενή πλαίσια, αλλά περιελάμβανε, κάποιες φορές, υπονόμευση του έργου του ενός από τον άλλον με εμπρησμούς σχολείων, δολοφονίες δασκάλων του αντιπάλου κ.λπ.

Τα πράγματα στη ζώνη αυτή, κυρίως στη Μακεδονία, είχαν δηλαδή εκτραχηλισθεί και επρόκειτο να πάρουν κυριολεκτικά φωτιά στα έτη 1904-1908, οπότε και εκτυλίσσεται ο Μακεδονικός Αγώνας, κατά τον οποίο συγκρούονται, ανοικτά πλέον, ένοπλες ομάδες Βουλγάρων και Ελλήνων – με τελικούς νικητές, θα έλεγε κανείς, σε όλα τα σημεία, τους Έλληνες. Αυτοί, στους Βαλκανικούς Πολέμους που θα γίνουν μόλις τέσσερα χρόνια αργότερα, το 1912-1913, χάρις στο φρόνημα των στρατιωτών τους και τις ικανότητες των στρατιωτικών και πολιτικών ταγών τους, θα αναδειχθούν σε αναμφισβήτητους νικητές και θα ενσωματώσουν το μεγαλύτερο τμήμα της Ηπείρου και της Μακεδονίας, την Κρήτη, τα νησιά του ανατολικού Αιγαίου και, λίγο αργότερα, τη Θράκη στην Ελλάδα, επεκτείνοντας εντυπωσιακά τα σύνορα της χώρας τους.

Ποια ήταν η μεγαλύτερη ήττα των Ελλήνων στη διελκυστίνδα αυτή που περιγράφετε;
Μεγάλη ήττα θεώρησε η ελληνική πλευρά την απώλεια της λεγόμενης Ανατολικής Ρωμυλίας, δηλαδή της ζώνης

της νότιας σημερινής Βουλγαρίας και βόρειας Θράκης με τους πυκνούς ελληνικούς πληθυσμούς. Για να έχουμε μιαν εικόνα τής εκεί παρουσίας των Ελλήνων, ας λεχθεί ότι, το 1905, λειτουργούσαν 55 ελληνικά εκπαιδευτήρια με 148 εκπαιδευτικούς και περίπου 7.400 μαθητές. Την περιοχή ενσωμάτωσαν, το 1885, οι Βούλγαροι στο κράτος τους με διπλωματικό πραξικόπημα, το οποίο και επισημοποιήθηκε το 1908, οπότε η Βουλγαρία κηρύχθηκε ανεξάρτητη χώρα – με την Ανατολική Ρωμυλία να κατοχυρώνεται εντός των συνόρων της.

Ήδη από το 1885, μέσα σε κλίμα βίας και απειλών εκ μέρους των Βουλγάρων, αρχίζει σταδιακά η έξοδος δεκάδων χιλιάδων Ελλήνων από τη Φιλιππούπολη, την Αγχίαλο, τον Πύργο –το σημερινό Μπουργκάς, δηλαδή, του Ευξείνου Πόντου–, τη Βάρνα και τόσα άλλα μέρη της περιοχής, προς την Ελλάδα. Μάλιστα, η βουλγαρική και η ελληνική πλευρά προχώρησαν, το 1919, σε συμφωνία αμοιβαίας ανταλλαγής πληθυσμών, με χιλιάδες Βούλγαρους να εγκαταλείπουν τα ελληνικά –πια – εδάφη της Μακεδονίας και της δυτικής Θράκης κινούμενοι προς τη Βουλγαρία και, αντιστρόφως, χιλιάδες Έλληνες να εγκαταλείπουν τα βουλγαρικά –πια– εδάφη της Ανατολικής Ρωμυλίας κινούμενοι προς την Ελλάδα.

Λίγο αργότερα, το 1923, μετά τη Μικρασιατική Καταστροφή και τη Συνθήκη της Λωζάννης, 1.300.000 περίπου Χριστιανοί Ορθόδοξοι της Μικράς Ασίας και του Πόντου θα πάρουν τον δρόμο προς την Ελλάδα, ενώ, αντίστοιχα, 400.000 περίπου Μουσουλμάνοι της Ελλάδας θα πάρουν τον δρόμο προς την Τουρκία – με την εξαίρεση των Μουσουλμάνων της Θράκης, από τη μια, και των

Χριστιανών Ορθοδόξων της Κωνσταντινούπολης, της Ίμβρου και της Τενέδου, από την άλλη, που θα παρέμεναν στις εστίες τους. Περίπου τότε αρχίζει και την πίεση κατά των Ελλήνων κατοίκων της η Ρουμανία, οπότε χιλιάδες Έλληνες σταδιακά εγκαταλείπουν επίσης τη χώρα αυτή της Μαύρης Θάλασσας και του Δούναβη ερχόμενοι προς την Ελλάδα.

Οι δημογραφικές αλλαγές, δηλαδή, που έγιναν στη Βαλκανική μέσα σε πενήντα περίπου χρόνια –χοντρικά μεταξύ του 1880 και του 1930– ήταν, αναλογικά, τεράστιας κλίμακας. Και, πίσω από τους αριθμούς, πόσος ανθρώπινος πόνος και πόσες πληγές. Απ' όλες τις πλευρές...

Πώς έληξε το θέμα των Βλάχων που περιγράψατε; Η Ρουμανία θεώρησε την υπόθεση λήξασα και αποχώρησε από το πεδίο ή συνέχισε τη δράση και τις πιέσεις της;

Η Ρουμανία δεν το έβαλε κάτω με το θέμα των Βλάχων. Καθώς στα ελληνικά εδάφη είναι, αναλογικά, συγκεντρωμένος ο μεγαλύτερος αριθμός Αρωμούνων της Βαλκανικής, η Ρουμανία εστίασε την προπαγάνδα της σε αυτούς προσπαθώντας να τους κερδίσει με το μέρος της. Οι προσπάθειές της έπεσαν, κατά κανόνα, στο κενό, γιατί οι Αρωμούνοι της Ελλάδας αισθάνονταν ταυτισμένοι με την ελληνική πλευρά εδώ και αιώνες.

Πάντως η Ρουμανία, αξιοποιώντας κάποιους από τους ρουμανίζοντες Έλληνες Βλάχους, προσπάθησε δύο φορές, με τη βοήθεια της Ιταλίας –κυρίως κατά τον Β' Παγκόσμιο Πόλεμο, οπότε η Ρουμανία βρισκόταν, όπως και η Ιταλία, με την πλευρά του Άξονα–, να δημιουργήσει στην Πίνδο «βλαχικό πριγκιπάτο». «Πρίγκιπας» του «Πριγκιπάτου της Πίνδου», με έδρα τη Σαμαρίνα, ορίστηκε από τις ιταλικές αρχές κατοχής ο ρουμανίζων Σαμαρινιώτης Βλάχος Αλκιβιάδης Διαμαντής, που ήταν ήδη συνεργάτης των Ιταλών και είχε, επί τούτω, ιδρύσει τη «Ρωμαϊκή Λεγεώνα» ή «Λεγεώνα των Βλάχων». Το όλο σκηνικό του «πριγκιπάτου» αυτού, πάντως, γρήγορα κατέρρευσε, καθώς αντιστάθηκαν σθεναρά τόσο οι Έλληνες Αρωμούνοι όσο και η ελληνική Εθνική Αντίσταση, που επαγρυπνούσε.

Πολλά από αυτά που λέμε τα επιτυγχάνουν οι Έλληνες εκτός Ελλάδας. Εκείνους τους καιρούς που ήταν πραγματικά ταραγμένοι, τι συνέβαινε από πλευράς προόδου και ανάπτυξης στη χώρα;

Την ίδια εποχή, στο δεύτερο μισό του 19ου και στις αρχές του 20ού αιώνα, αρχίζει στην Ελλάδα η ροή των μεγάλων αναπτυξιακών έργων, που θα συνεχιστούν, σε διάφορα στάδια, μέχρι τις ημέρες μας, με απτά και ουσιαστικά αποτελέσματα, παρ' όλα τα εσωτερικά προβλήματα, τους διχασμούς, τους πολέμους και τις συναφείς καταστροφές. Αποκόπτεται ο ισθμός και δημιουργείται η διώρυγα της Κορίνθου· στήνεται αξιόλογο σιδηροδρομικό δίκτυο· εξελίσσεται το οδικό δίκτυο· βελτιώνεται η ασφάλεια στην ύπαιθρο και επιτυγχάνεται σε μεγάλο βαθμό η πάταξη της ληστείας· δρομολογούνται αποξηράνσεις ελών και λιμνών για την απόδοση εδαφών στη γεωργία αλλά και για την αντιμετώπιση της ελονοσίας· δημιουργούνται γέφυρες, λιμενοβραχίονες, λιμενικές εγκαταστάσεις, ναυπηγεία και ταρσανάδες, συστήματα ύδρευσης, συστήματα αποχέτευσης. Αργότερα, στο δεύτερο μισό του 20ού αιώνα, υδροηλεκτρικά έργα, αρδευτικά φράγματα, αεροδρόμια, ηλεκτρικά δίκτυα, νοσοκομεία, βιολογικοί καθαρισμοί λυμάτων συνέβαλαν στον εκσυγχρονισμό της οικονομίας, αλλά και στη θεαματική βελτίωση της δημόσιας υγιεινής και του επιπέδου ζωής των Ελλήνων. Ταυτόχρονα, επεκτείνεται το δίκτυο των σχολείων και βελτιώνεται το εκπαιδευτικό σύστημα της χώρας· εμπλουτίζεται η καλλιτεχνική ζωή και ανεγείρονται χώροι πολιτισμού, θέατρα, ωδεία και αίθουσες συναυλιών· προάγεται ο αθλητισμός και αυξάνεται ο αριθμός των γηπέδων και των χώρων άθλησης, με την Ελλάδα να φιλοξενεί επιτυχώς, στην Αθήνα, το 1896, τους πρώτους Ολυμπιακούς Αγώνες της νέας εποχής.

Η πληθώρα των δημοσίων έργων –που αυξήθηκαν με εντυπωσιακό ρυθμό μετά τον Β΄ Παγκόσμιο Πόλεμο και, ιδίως, κατά την τελευταία 40ετία και την είσοδό μας στην Ευρωπαϊκή Ένωση– πρέπει να συγκαταλεγεί στις νίκες της Ελλάδας στα διακόσια χρόνια της ύπαρξής της. Ιδιαίτερα, μάλιστα, εάν συνυπολογισθεί το δύσκολο ανάγλυφο του εδάφους, η γεωμορφολογική πολυπλοκότητα και η σεισμογένεια της χώρας – άρα και η εκτίναξη του κόστους και των τεχνικών δυσκολιών τέτοιου τύπου έργων. Τούτο προσθέτει αξία σε έργα σαν την εντυπωσιακή Εγνατία Οδό, την Ιονία Οδό, τη γέφυρα Ρίου-Αντιρρίου και τόσα άλλα που μίκρυναν τις αποστάσεις όχι μόνον ανάμεσα στους ελληνικούς τόπους, αλλά και ανάμεσα στην Ελλάδα και τις άλλες χώρες της Ευρώπης. Κυριολεκτικά και μεταφορικά.

Τονίζω τα παραπάνω γιατί θεωρώ άδικο το ότι, ως λαός –κι εγώ μαζί–, έχουμε συχνά την τάση να μεμψιμοιρούμε και να είμαστε συνολικά απορριπτικοί απέναντι σ' εμάς και την κοινωνία μας, τονίζοντας μόνο τα αρνητικά και υποτιμώντας τα όσα θετικά έχουν επιτευχθεί μέσα στα διακόσια χρόνια της νεότερης ζωής μας. Τάση σταθερή, που περιγράφεται σε βυζαντινό ποίημα του 14ου ήδη αιώνα (!), στο οποίο τονίζεται με απελπισία: «Ποτέ ομόνοιαν οι Ρωμιοί, ποτέ μοναφεντίαν / ποτέ καλών ανάκλησιν ουκ ημπορούν να ιδούσιν»...

Πάντως, και μόνον εάν δει κανείς το *σημείο* από το οποίο ξεκινήσαμε και το *σημείο* στο οποίο βρισκόμαστε σήμερα, θα πάρει την απάντηση. Που θα είναι αποστομωτική. Η Ελλάδα, στα διακόσια αυτά χρόνια, έκανε τεράστια βήματα προς τα εμπρός. Και αυτό δεν έγινε αυτομάτως, παρά μετά από προσπάθειες ανθρώπων που πίστεψαν, προσπάθησαν, μόχθησαν, επέτυχαν, απέτυχαν, επέμειναν. Υπογραμμίζοντας μόνο τα κακά της κοινωνίας μας και διαγράφοντας τα καλά αδικούμε τους προγόνους μας –στο τέλος τέλος, τους ίδιους μας τους εαυτούς– για τα όσα αυτοί έπραξαν και οραματίσθηκαν, για τα όσα εμείς πράξαμε και οραματισθήκαμε.

Εκείνο, ίσως, που θα ήταν το ακριβέστερο να πούμε είναι ότι η Ελλάδα, ως ανεξάρτητο κράτος, τα τελευταία διακόσια χρόνια πέτυχε πολλά – λιγότερα, όμως, από αυτά που θα μπορούσε να είχε επιτύχει εάν είχε δράσει σωφρονέστερα και συστηματικότερα, εάν είχε αποφύγει συνολικές και ατομικές νοοτροπίες και συμπεριφορές που την έβλαψαν και τη βλάπτουν σοβαρά μέσα στον χρόνο. Και θα ήταν σημαντικό να προσθέσουμε στις προσθαφαιρέσεις μας αυτές, για μια αίσθηση του μεγέθους των πραγμάτων, πως η Ελλάδα δεν ήταν μόνο το πιο πρωτοπόρο και επιτυχημένο εθνικό κράτος της Βαλκανικής και της ανατολικής Μεσογείου κατά τον 19ο αιώνα, αλλά κράτησε τη θέση αυτή –και σε πολλά πεδία την κρατά ακόμα– για μεγάλο διάστημα, ως προς πολλούς δείκτες της πολιτικής, οικονομικής, διπλωματικής, πνευματικής και πολιτιστικής της πραγματικότητας. Αξίζει στο σημείο αυτό να λεχθεί, παραδείγματος χάριν, πως παρ' όλη την οικονομική κρίση που τη μαστίζει από το 2010, σύμφωνα με τις μετρήσεις του ΟΗΕ σε σχέση με το κατά κεφαλήν Ακαθάριστο Εγχώριο Προϊόν των 193 χωρών της γης για το έτος 2016, με το Μονακό στην πρώτη θέση, η Ελλάδα βρισκόταν στην 43η θέση, η Τουρκία στην 61η, η Ρωσία στην 70η, η Κίνα στην 74η θέση.

Σε ποια πεδία θα λέγατε ότι οι σύγχρονοι Έλληνες παρουσιάζουμε υψηλές επιδόσεις;

Κοιτάζοντας και μόνο τις διεθνείς στατιστικές μπορεί κανείς να πάρει μιαν ιδέα. Παραδείγματος χάριν, η Ελλάδα σήμερα έχει πάνω από 100 μουσεία –κυρίως αρχαιολογικά–, από τα περισσότερα στον κόσμο· στην Ελλάδα λειτουργούν εντυπωσιακά πολλά πανεπιστήμια σε σχέση με τον πληθυσμό της χώρας· στην Αθήνα λειτουργούν επίσης εξαιρετικά πολλά θέατρα για μια πόλη του μεγέθους της· ο αριθμός των αεροδρομίων στη χώρα μας, αναλογικά με τον πληθυσμό, είναι –προφανώς και λόγω των πολλών μικρών νησιών μας– από τους μεγαλύτερους στην Ευρώπη, το ίδιο και ο αριθμός των νοσοκομείων σε σχέση με τον πληθυσμό κ.λπ.

Η Ελλάδα έχει τιμηθεί με δύο Νόμπελ και πολλά διεθνή επιστημονικά, αθλητικά και πολιτισμικά βραβεία. Έχει δε να παρουσιάσει την Ιόνιο Ακαδημία το 1824 και το Πανεπιστήμιο Αθηνών το 1837 – το πρώτο πανεπιστήμιο της ανατολικής Μεσογείου, κατά τη νεότερη εποχή.

Είναι η μοναδική χώρα στην ανατολική Μεσόγειο και τα Βαλκάνια που έχει φιλοξενήσει Ολυμπιακούς Αγώνες – και μάλιστα δύο φορές. Και εάν οι πρώτοι Ολυμπιακοί Αγώνες της νέας εποχής, που έγιναν στην Αθήνα το 1896, ήταν λιγότερο απαιτητικοί ως προς τα έργα και τις υποδομές, οι Ολυμπιακοί Αγώνες του 2004 απαιτούσαν τεράστια οργάνωση και εκτεταμένες υποδομές και πρόνοιες. Ε, λοιπόν, σε αυτούς τους αγώνες, που αποτελούν ένα από τα απαιτητικότερα και περιπλοκότερα εγχειρήματα στον κόσμο, κάναμε θαύματα. Και παρουσιάσαμε, κατά τη γνώμη μου, τους πιο καλαίσθητους, ποιητικούς, καλοοργανωμένους, εντυπωσιακούς, εμπνευσμένους αγώνες που έχουν γίνει ποτέ. Ένας θρίαμβος της σύγχρονης Ελλάδας, της σύγχρονης ελληνικής κοινωνίας. Δεν είναι μικρό το επίτευγμα αυτό.

Στους τομείς της τέχνης και του πολιτισμού, η νεότερη Ελλάδα έχει στη φαρέτρα της, κατ' αρχάς, μια λαϊκή παράδοση ασύλληπτης ποικιλίας και δύναμης που αποτελεί βάση έμπνευσης για όσους ξέρουν ακόμα να τρυγούν από αυτή. Εκτός από τη λαϊκή παράδοση, η Ελλάδα διαθέτει έναν μεγάλο αριθμό καλλιτεχνών υψηλών επιδόσεων – κάποιοι με διεθνή προβολή και αναγνώριση. Κατά τη γνώμη μου, οι τομείς στους οποίους είμαστε, με διεθνή μέτρα, πολύ δυνατοί είναι η ζωγραφική, η μουσική, η στιχουργική, η ποίηση, η λογοτεχνία, το θέατρο. Στα πεδία αυτά διαθέτουμε στελέχη τα οποία είμαι βέβαιη ότι, εάν η Ελλάδα ήταν χώρα δυνατή και προβεβλημένη στους τομείς αυτούς, θα ήταν σήμερα γνωστά σε όλον τον κόσμο. Όπως συνέβη, στο παρελθόν, με τον Δομήνικο Θεοτοκόπουλο, τον El Greco, που έγινε γνωστός μέσω του ισπανικού περιβάλλοντος στο οποίο βρέθηκε τον 16ο αιώνα, ή τη Μαρία Κάλλας, που έγινε γνωστή στον 20ό αιώνα μέσω της καριέρας της στις ΗΠΑ και στη δυτική Ευρώπη, όπου έλαμψε.

Στον τομέα των επιστημών, επίσης, η χώρα μας διαθέτει εξαιρετικά στελέχη: τον Κωνσταντίνο Καραθεοδωρή, τον Χρήστο Παπαδημητρίου, τον Κωνσταντίνο Δασκαλάκη στα μαθηματικά· τον Γεώργιο Μπαμπινιώτη στη γλωσσολογία, τον Μανόλη Ανδρόνικο στην αρχαιολογία· τον Γεώργιο Παπανικολάου, που εφηύρε το Test Pap, στην ιατρική· τον αστροφυσικό Σταμάτη Κριμιζή, που, ως υπεύθυνος έργου της NASA, έστειλε τα Voyagers στο μακρινό τους ταξίδι στο σύμπαν· τον μηχανικό Θεοδόσιο Τάσιο, που σχεδίασε την πρωτοποριακή, για την εποχή της, γέφυρα του Ευρίπου στη Χαλκίδα. Και τόσους άλλους σε τόσο πολλούς τομείς.

Ένας γαλαξίας επίδοσης και ικανοτήτων ενός αξιόλογου, δημιουργικού λαού.

Παρότι στην Ιστορία όλα είναι αλληλένδετα, ποιες θεωρείτε ότι είναι οι «χαράδρες» που καλό θα ήταν να είχαμε ως έθνος αποφύγει;
Μέσα στα βαριά της χώρας μας είναι αναμφισβήτητα οι εμφύλιες συγκρούσεις και οι διχασμοί, καθώς και οι

κρατικές χρεοκοπίες που συνέβησαν το 1827, το 1843, το 1893, το 1932, το 1942-43 και το 2010, με ό,τι αυτό σημαίνει για τη ζωή των ανθρώπων και την ισχύ και το κύρος της χώρας.

Οι περίοδοι που έκοψαν κυριολεκτικά το κλαδί πάνω στο οποίο ως κοινωνία καθόμασταν, κατά τη γνώμη μου, ήταν:

• Τα έτη 1830-1833, κατά τα οποία εκτροχιάστηκε η αντιπολίτευση εναντίον του Καποδίστρια, με αποτέλεσμα τη δολοφονία του το 1831 και τον βαρύτερο και καταστροφικότερο εμφύλιο που η χώρα είχε μέχρι τότε ζήσει. Η αντιπολίτευση κατά του Καποδίστρια έφτασε σε τέτοιο σημείο, ώστε, τον Ιούλιο του 1831, ο Υδραίος ήρωας της Ελληνικής Επανάστασης και εμβληματικός ναύαρχός της Ανδρέας Μιαούλης θεώρησε σκόπιμο, προκειμένου να βλαφθεί η κυβέρνηση και ο Καποδίστριας, να μεταβεί στον Πόρο και να ανατινάξει τον εκεί ναυλοχούντα ελληνικό στόλο – ανάμεσα στα πλοία του οποίου περιλαμβάνονταν η νέας τεχνολογίας φρεγάτα Ελλάς και οι κορβέτες Ύδρα και Σπέτσες, κάποια εκ των οποίων είχαν πρόσφατα αποκτηθεί, με τεράστια κρατική δαπάνη, από ναυπηγεία του εξωτερικού... Ο δε εμφύλιος που ακολούθησε έφερε δημοσιονομική και δημογραφική καταστροφή, ακυρώνοντας ό,τι είχε πρόσφατα κερδηθεί με πολύ κόπο και αίμα, ούτως ώστε η χώρα χρειάστηκε να ξεκινήσει, μετά από αυτό, ξανά από το μηδέν.

• Τα έτη 1913-1922, που ξεκινούν με τη δολοφονία του Γεωργίου Α΄ και λήγουν με τη Μικρασιατική Καταστροφή. Η δολοφονία του Γεωργίου στέρησε τη χώρα από έναν σώφρονα και νουνεχή ανώτατο άρχοντα ακριβώς τη στιγμή της μεγάλης νίκης της στους Βαλκανικούς Πολέμους. Ως αποτέλεσμα αυτού, ο Εθνικός Διχασμός μεταξύ Ελευθερίου Βενιζέλου και βασιλέως Κωνσταντίνου –που ξεκίνησε το 1915 σε σχέση με τη συμμετοχή μας ή μη στον Α΄ Παγκόσμιο Πόλεμο και στο πλευρό τίνος– πήρε ανεξέλεγκτες διαστάσεις δηλητηριάζοντας τη ζωή του τόπου επί δεκαετίες. Η πίεση των πραγμάτων οδήγησε, εν μέσω πολέμου, τον Βενιζέλο στην απόφαση για εκλογές το 1920. Οι μοιραίες αυτές εκλογές και η εκλογική ήττα του Βενιζέλου έστρωσαν το έδαφος για τα γεγονότα του 1922 και το τέλος του μικρασιατικού και του ποντιακού Ελληνισμού. Για τη μεγαλύτερη, δηλαδή, καταστροφή που γνώρισε ο Ελληνισμός στους αιώνες που πέρασαν.

• Τα έτη 1943-1949, η περίοδος του πιο καταστροφικού εμφυλίου του Νέου Ελληνισμού. Σαν αρχαία ελληνική τραγωδία, τούτο το κακό ξεκίνησε μέσα στο φωτεινό κλίμα της σπουδαίας Εθνικής Αντίστασης κατά των Γερμανών, Ιταλών και Βουλγάρων κατακτητών. Τα Δεκεμβριανά του 1944 και η απόφαση του ΚΚΕ για αποχή στις εκλογές του 1946 ήταν μοιραίες στιγμές που έστρεψαν τα πράγματα προς τον ανοικτό, καταιγιστικό εμφύλιο πόλεμο, ο οποίος και έληξε το καλοκαίρι του 1949 με ήττα του Δημοκρατικού Στρατού Ελλάδος και νίκη του Εθνικού Στρατού.

Η Ελλάδα, λόγω των εξελίξεων αυτών, έγινε η μόνη χώρα της Ευρώπης που είχε συντεταγμένο εμφύλιο μετά το τέλος του Β΄ Παγκοσμίου Πολέμου, καθώς και τόσο βαρύ κύκλο συγκρούσεων καθ' όλη τη διάρκεια της δεκαετίας του 1940. Και τούτο γιατί οι Έλληνες πολέμησαν νικηφόρα κατά των εισβαλόντων Ιταλών το 1940, συγκρούστηκαν με τους Γερμανούς και ηττήθηκαν το 1941, ανέπτυξαν μια θαρραλέα Εθνική Αντίσταση, από τις εντονότερες και αποτελεσματικότερες της Ευρώπης, μεταξύ των ετών 1942-1944. Και, στη συνέχεια, μπήκαν αυτοκτονικά σε αδυσώπητο εμφύλιο πόλεμο που έληξε με δεκάδες χιλιάδες νεκρούς, εκατοντάδες ρημαγμένα χωριά και πόλεις, χιλιάδες εξόριστους και φυλακισμένους, εκατοντάδες εκτελεσμένους, δεκάδες χιλιάδες πολιτικούς πρόσφυγες – ηττημένους κομμουνιστές που βρήκαν καταφύγιο σε χώρες του τότε «σοσιαλιστικού στρατοπέδου».

Ένας Αρμαγεδδών με ελληνική υπογραφή, παραφορά και αφροσύνη.

Οι Έλληνες θέλουμε να θεωρούμε, με μια ιστορική αγνωμοσύνη είναι αλήθεια, ότι σε εμάς έχουν συμβεί χειρότερα από όλους τους άλλους λαούς. Τι λέτε γι' αυτό;

Κατά τον Β΄ Παγκόσμιο Πόλεμο στην Ελλάδα συνέβησαν πολλά βαριά, αλλά σε κάποιους άλλους λαούς συνέβησαν ακόμα βαρύτερα. Ωστόσο, στη σύγκριση που αφορά την Ελλάδα, πρέπει να περιληφθεί και η παράμετρος του Εμφυλίου, που αλλάζει τελείως τα δεδομένα. Από την πλευρά αυτή, χρήσιμη θα ήταν η σύγκριση της ελληνικής περίπτωσης με εκείνη της Ισπανίας, παραδείγματος χάριν. Η Ισπανία έζησε έναν βαρύτατο εμφύλιο πόλεμο λίγο πριν τον Β΄ Παγκόσμιο Πόλεμο, κατά τα έτη 1936-1939, μεταξύ κομμουνιστών και μη κομμουνιστών, που έληξε —και εκεί, όπως δέκα ακριβώς χρόνια αργότερα και στην

Ελλάδα– με νίκη των μη κομμουνιστών. Το τίμημα του σκληρού αυτού πολέμου ήταν εκατοντάδες χιλιάδες νεκροί, και από τις δύο πλευρές, δεκάδες χιλιάδες πρόσφυγες, φυλακισμένοι, εξόριστοι και εκτελεσθέντες. Και μια χώρα ρημαγμένη. Κατά τη διάρκεια του Β΄ Παγκοσμίου Πολέμου που ακολούθησε, ο νικητής του εμφυλίου στρατηγός Φράνκο δεν έβαλε τη χώρα του στον πόλεμο, τηρώντας ευμενώς ουδέτερη στάση προς τον Άξονα. Έτσι, η Ισπανία δεν έζησε πόλεμο μέσα στη δεκαετία του 1940.

Η Ισπανία είχε, δηλαδή, έναν γύρο πολέμου, ενώ εμείς τρεις – εκ των οποίων οι δύο είχαν λήξει με νίκες κατά του Άξονα, του κοινού εχθρού των νικητών του πολέμου. Με τον εμφύλιό μας δηλαδή που ακολούθησε το τέλος του Β΄ Παγκοσμίου Πολέμου, δεν προκαλέσαμε μόνο την εσωτερική καταστροφή, αλλά χάσαμε πολλά από αυτά που θα μπορούσαμε να είχαμε κερδίσει, μια και είχαμε πολεμήσει –και με τι κλέος και με πόσες θυσίες– στο πλευρό των νικητών του μεγαλύτερου πολέμου που είχε γνωρίσει έως τότε η ανθρωπότητα.

Η επιλογή του εμφυλίου πολέμου ήταν για την Ελλάδα η απόλυτη αυτοκαταστροφή. Και επειδή «δεν έχει τελειωμό του κακού ο πάτος», το κακό το επιμηκύναμε επί δεκαετίες, ζώντας, ανάμεσα στ' άλλα, ως επιστέγασμα του Εμφυλίου, και μία δικτατορία την περίοδο 1967-1974. Και παρόλο που, μετά από αυτό, μπήκαμε σε μια δημοκρατική, πολλά υποσχόμενη περίοδο Μεταπολίτευσης, συνδεδεμένοι δομικά πλέον με την Ευρώπη και την Ευρωπαϊκή Ένωση, παρατείνουμε το κακό συντηρώντας ηδονικά, με αλλεπάλληλα προσωπεία και «ιδεολογικά» προκαλύμματα, επί δεκαετίες, την πόλωση του Εμφυλίου. Τη διάδοχο, δηλαδή, πόλωση μετά εκείνη του Εθνικού Διχασμού ανάμεσα σε Βενιζελικούς και Βασιλικούς, κατά τον Α΄ Παγκόσμιο Πόλεμο και τον Μεσοπόλεμο. Μην τύχει και δεν υπονομεύσουμε κέρδη και επιτεύγματα που κάθε τόσο με τόσο κόπο πετυχαίνουμε στις δεκαετίες που κυλούν...

«Μωραίνει ὁ Κύριος ὅν βούλεται ἀπολέσαι», που θα έλεγαν και οι παλαιοί.

Από την άλλη, εσείς ποιες θα κατονομάζατε ως φωτεινές στιγμές στη νεότερη ελληνική Ιστορία;

Δεν λείπουν καθόλου οι φωτεινές πλευρές, οι γόνιμες στιγμές και περίοδοι στη νεότερη ελληνική Ιστορία των τελευταίων διακοσίων χρόνων. Τουναντίον. Ήδη αναφέραμε πολλές στον 19ο αιώνα, με τις επεκτάσεις των συνόρων, τα τεχνικά έργα, τη σταδιακή ανάκαμψη της παραγωγής και της οικονομίας, την ψήφιση εμπνευσμένων συνταγμάτων, τη σταδιακή βελτίωση του πολιτικού συστήματος παρ' όλα τα σκαμπανεβάσματα και τις ανατροπές, τη διάδοση και εμβάθυνση της παιδείας, την εγρήγορση τόσο στην Κρήτη όσο και στη Μακεδονία και αλλού για τις εθνικές διεκδικήσεις.

Με την αρματωσιά αυτή, η Ελλάδα μπήκε στον 20ό αιώνα δυναμικά, για να λάμψει σε μία σειρά πολέμων με κορυφαίους τους Βαλκανικούς του 1912-1913, τον Α΄ και τον Β΄ Παγκόσμιο Πόλεμο, με αποτέλεσμα περαιτέρω επεκτάσεις των συνόρων της. Κατά τον ίδιο τρόπο, στον ίδιο αιώνα, η Ελλάδα έγινε μέλος του ΝΑΤΟ το 1952 και της Ευρωπαϊκής Ένωσης το 1979, κερδίζοντας ειδική θέση και βαρύτητα στη διεθνή σκηνή, μια και καμία χώρα της νοτιοανατολικής Ευρώπης δεν ήταν σε θέση, επί μακρόν, να παρουσιάσει τέτοια διεθνή τοποθέτηση όπως εκείνη.

Όμως οι περίοδοι στις οποίες θα έβαζα ακόμη πιο θετικό πρόσημο ήταν, κατά τη γνώμη μου, εκείνες κατά τις οποίες η κοινωνία, στο σύνολό της, πέτυχε να μετατρέψει ήττες βαριές και αλυσίδες συλλογικές σε πεδίο δύναμης και εκτίναξης προς τα μπρος. Αυτές που προϋπέθεταν τη βουβή καθημερινή προσπάθεια χιλιάδων ανώνυμων ανθρώπων, την επιμονή στη βελτίωση των πραγμάτων, τον παραμερισμό προσωπικών αδυναμιών και εμπλοκών, την αναθεώρηση προσωπικών στάσεων και κατεστημένων αντιλήψεων, την αφοσίωση, το δόσιμο, το τσαγανό, τη θυσία, το πείσμα, την καρτερία.

Θα έλεγε κανείς, όλες οι περίοδοι είχαν αυτά τα χαρακτηριστικά. Και θα είχε δίκιο γιατί, χάρις στα χαρακτηριστικά αυτά που αναφέραμε, καταφέραμε ως έθνος να φτάσουμε, τα τελευταία διακόσια χρόνια, μέσα από τόσους κλυδωνισμούς και προκλήσεις, μέχρις εδώ. Ωστόσο, από τις πολλές περιόδους, θα επέλεγα τρεις που σχετίζονται με την παραπάνω παράμετρο:

• Τις δεκαετίες του 1920 και 1930, κατά τις οποίες η ελληνική κοινωνία, μετά την ήττα στο μικρασιατικό μέτωπο, κλήθηκε να διαχειριστεί ασύλληπτης κλίμακας προκλήσεις: να στεγάσει, να θρέψει, να περιθάλψει και να εξασφαλίσει δουλειά σε 1.300.000 περίπου Έλληνες που ήρθαν, σε οικτρή κατάσταση, ως πρόσφυγες, από τα μικρασιατικά και ποντιακά εδάφη – σε μια χώρα πέντε περίπου εκατομμυρίων κατοίκων που μόλις είχε υποστεί μεγάλης έκτασης στρατιωτική ήττα, με χιλιάδες νεκρούς και τραυματίες, και επικίνδυνες πολιτικές δονήσεις ακριβώς λόγω της ήττας αυτής. Και έγινε το θαύμα. Ένα θαύμα καρτερίας, πείσματος, δύναμης ψυχικής, αντοχής, εργατικότητας, εφευρετικότητας των προσφύγων – αλλά και των κρατικών φορέων που κινητοποιήθηκαν. Σταδιακά, όχι μόνον οι πρόσφυγες αποκαταστάθηκαν σε εδάφη που τους δόθηκαν και σε δομές που δημιουργήθηκαν, αλλά αυτοί οι ίδιοι οι πρόσφυγες, με τον καταπληκτικό τους δυναμισμό, άλλαξαν την εικόνα της Ελλάδας. Είναι η εποχή που η χώρα εκτινάσσεται οικονομικά, εκβιομηχανίζεται με αναλογικά εντυπωσιακούς ρυθμούς, αντιμετωπίζει επιτυχημένα τους κραδασμούς του παγκοσμίου κραχ του 1929 και προχωρά μπροστά παρά το ασταθές –έως επικίνδυνο– εσωτερικό και εξωτερικό πολιτικό σκηνικό του Μεσοπολέμου.

• Τη διετία 1940-1941, οπότε η Ελλάδα κλήθηκε, στην αρχή ενός γιγαντιαίου παγκοσμίου πολέμου, να αντιμετωπίσει, στο περιφερειακό της επίπεδο, την επίθεση της Ιταλίας και, στη συνέχεια, της Γερμανίας του Άξονα. Στην κρίσιμη αυτή στιγμή, ο ελληνικός λαός –που είχε διαποτισθεί, επί είκοσι πέντε ήδη χρόνια, από το δηλητήριο του Διχασμού μεταξύ Βασιλικών και Βενιζελικών– παραμέρισε πολώσεις και μικρότητες κι άνοιξε τα φτερά του στον ουρανό. Χορεύοντας και τραγουδώντας, σαν έτοιμος από καιρό, έτρεξε στα τρένα για να φτάσει εγκαίρως στα πεδία των μαχών. Και έκανε το θαύμα του, νικώντας κατά κράτος στρατό μεγαλύτερο, την ώρα που, στα μετόπισθεν, άνδρες και γυναίκες τα έδιναν όλα για τα αδέλφια τους που δοκιμάζονταν στο μέτωπο.

• Τη δεκαπενταετία 1950-1965, τότε που η Ελλάδα, που μόλις ορθοποδούσε μετά τη βαριά δεκαετία του 1940, αποχαιρετούσε τα παιδιά της που έφευγαν κατά κύματα, ως μετανάστες, στη Γερμανία, το Βέλγιο, τη Σουηδία, τον Καναδά, τις ΗΠΑ, την Αυστραλία. Με πόνο αβάσταχτο γι' αυτούς που έμεναν και γι' αυτούς που έφευγαν. Ξανά η διασπορά. Ξανά η ξενιτιά. Ξανά η ήρεμη αξιοπρέπεια, η βουβή αποφασιστικότητα, η σιωπηλή επιμονή, η καρτερία. Με μόνη παρηγοριά τη φωνή του Καζαντζίδη. Και με το έμβασμα στο χέρι να σταλεί εγκαίρως στην πατρίδα για τη μάνα, τον πατέρα, τα παιδιά που έχουν μείνει πίσω. Για ένα καλύτερο μέλλον.

Που ήρθε. Που το έφεραν αυτοί οι ίδιοι οι ξενιτεμένοι, σε μιαν Ελλάδα που έμπαινε σε εποχή ανόδου και εκβιομηχάνισης. Για άλλη μια φορά. Παρ' όλες τις πληγές. Παρ' όλες τις εσωτερικές πολιτικές συγκρούσεις, εκτροπές και αναβρασμούς. Παρόλο που χανόταν ο Ελληνισμός της Κωνσταντινούπολης, της Ίμβρου και της Τενέδου. Παρότι έμεναν οι Έλληνες της Βορείου Ηπείρου στη μοναξιά του φρονήματος και της αξιοπρέπειάς τους. Παρότι η Κύπρος έμπαινε στις δύσκολες και αδιέξοδες διαδρομές της...

Όλα αυτά τα τόσο συγκλονιστικά που έχουν συμβεί στις ζωές τόσων ανθρώπων πώς καταγράφονται τελικά στο μυαλό και στην καρδιά ενός ιστορικού;

Τούτος ο ανθρώπινος παράγοντας είναι, πιστεύω, για κάθε άνθρωπο που μελετά την Ιστορία –όχι μόνο για τον ιστορικό– ιερός. Κάθε φορά που σκύβω πάνω από μία περίοδο, προσπαθώ να σχηματίσω εικόνα του μεγέθους των προκλήσεων που, ανάλογα με τις περιστάσεις, κλήθηκαν οι παλαιότεροι –ο καθένας στην εποχή και τη θέση του– να αντιμετωπίσουν και να αντεπεξέλθουν. Και υποκλίνομαι στον αγώνα αυτόν τον συχνά τόσο καθημερινό, τόσο σιωπηλό, τόσο μικρό και, ταυτοχρόνως, τόσο μεγάλο. Που, κατά κάποιον τρόπο, είναι ελληνικός αλλά είναι και παγκόσμιος, είναι των άλλων αλλά είναι και δικός σου. Ακόμα και εάν περιλαμβάνει αποτυχίες και αστοχίες. Ακόμα και εάν αποδειχθεί ότι είχε αρνητικό τελικά πρόσημο, στη μια ή στην άλλη περίσταση.

Γιατί νίκη είναι η προσπάθεια –η προσπάθεια όλων μας– για το καλύτερο. Η προσπάθεια για μια καλύτερη ζωή σε ατομικό, ομαδικό, πανανθρώπινο επίπεδο. Και, όπως συμβαίνει με τα ανθρώπινα, κάθε προσπάθεια μπορεί να σε πάει σε πολλούς δρόμους και σε αποτελέσματα που δεν είχες προβλέψει και δεν είχες φανταστεί όταν εκκινούσες.

Για να το φέρουμε στην ελάχιστη κλίμακα, εσείς οι ιστορικοί έχετε και μία οικογενειακή και μία προσωπική ιστορία. Αυτή πώς επιδρά στην προσέγγιση εκ μέρους σας των γενικότερων ιστορικών καταστάσεων;

Μέσα από τις οικογενειακές μας ιστορίες, εντοπίζουμε όλοι νήματα της βαθύτερης δικιάς μας διαμόρφωσης. Που είναι ιστορίες αντίστοιχες, ή σχεδόν αντίστοιχες, με εκείνες του διπλανού και του γείτονα. Και όλες μαζί συνθέτουν, στη μικρή τους κλίμακα, τμήμα του πραγματικού υπόβαθρου της μεγάλης Ιστορίας. Πολλές, παραδείγματος χάριν, από τις ιστορίες της ευρύτερης οικογένειάς μου εμπεριέχονται σε πτυχές της Ιστορίας της Ελλάδας των τελευταίων διακοσίων χρόνων που έχουμε ήδη αναφέρει, και τις ανακαλώ όταν διαβάζω την Ιστορία των περιόδων που τους αντιστοιχεί.

Οι Ευθυμίου κατέβηκαν κάποια στιγμή, στα τέλη του 18ου με αρχές του 19ου αιώνα, από την Πίνδο στον Τύρναβο της Θεσσαλίας. Ο προπάππος μας Δημήτριος Ευθυμίου, στα λίγα κτήματα που καλλιεργούσε, πρόσθεσε και το εισόδημα από έναν αραμπά με τον οποίο έκανε μεταφορές από τον Τύρναβο στη Λάρισα. Εργατικός και επίμονος, κατάφερε να σπουδάσει τον μονάχογιό του, τον παππού μας Θεόδωρο Ευθυμίου, που έγινε, με τη σειρά του, αφοσιωμένος εκπαιδευτικός, δημιουργός ιδιωτικού Ελληνικού Σχολείου στη Λάρισα, στις αρχές του 20ού αιώνα. Με τον αδελφό μου Πέτρο μοιραζόμαστε ακόμα τον πλούτο του: το τετράτομο *Μέγα Λεξικόν της Ελληνικής Γλώσσης* των Liddell και Scott, καθώς και εκδόσεις αρχαίων Ελλήνων συγγραφέων των αρχών του αιώνα. Στα αρχεία της οικογένειας έχει διασωθεί ένα συγκινητικό ταχυδρομικό δελτάριο που ο Θεόδωρος Ευθυμίου έστειλε σε συνάδελφό του το 1896, από την Καλαμπάκα όπου υπηρετούσε. Του γράφει: «Άρχισα φέτος να διδάσκω Θουκυδίδη και συναντώ ιδιαίτερες δυσκολίες». Ποιος φιλόλογος άραγε ως σήμερα, εκατόν είκοσι πέντε χρόνια μετά, δεν νιώθει τις ίδιες δυσκολίες όταν αρχίζει να διδάσκει Θουκυδίδη;

ΡΙΖΕΣ ΚΑΙ ΘΕΜΕΛΙΑ

Ο πατέρας μας Δημήτριος Ευθυμίου, με την εγγραφή του στη Φιλοσοφική Σχολή του Πανεπιστημίου Αθηνών το 1919, αναζήτησε νυκτερινή εργασία ούτως ώστε να μπορεί να αντεπεξέρχεται στις οικονομικές υποχρεώσεις του. Προσελήφθη τηλεγραφητής στα τότε «Τρία Τ» (Ταχυδρομεία, Τηλέγραφοι, Τηλεφωνία), στο υπέροχο κτίριο του Ταχυδρομείου που, ευτυχώς, ακόμη υπάρχει στην Πλατεία Κοτζιά. Είχε κρατήσει, ως τον θάνατό του, τμήμα της τηλεγραφικής συσκευής με την οποία αντηλλάγησαν, από το κτίριο αυτό, τα τελευταία μηνύματα με την Πολιτική Διοίκηση Σμύρνης τον μοιραίο Αύγουστο του 1922, τη νύχτα που όλα κατέρρεαν στη γεμάτη Ελληνισμό και ελληνική Ιστορία Ιωνία...

Ο Κώστας Βακάλης, προπάππος μας από την πλευρά της μητέρας μας Χριστίνας Βακάλη, δημιούργησε, ως δήμαρχος Πλατυκάμπου, πρότυπο σχολείο με δανειστική βιβλιοθήκη που, όμως, καταστράφηκε στον «ατυχή» πόλεμο του 1897. Ο ίδιος, εμπορευόμενος μπούκοβο στη Μακεδονία των αρχών του 20ού αιώνα, βοηθούσε τη δράση των Ελλήνων μαχητών του Μακεδονικού Αγώνα μεταφέροντας, για ασφάλεια, μηνύματα κάτω από τα πέταλα των μουλαριών του.

Ο γιος του, ο παππούς μας Απόστολος Βακάλης, συμμετέσχε ως παιδί στον μοιραίο για την Ελλάδα Ελληνοτουρκικό Πόλεμο του 1897 βοηθώντας, μαζί με άλλους συνομηλίκους του, τη δράση του ελληνικού στρατού στο θεσσαλικό μέτωπο. Ο ίδιος πολέμησε στους δύο Βαλκανικούς Πολέμους και τραυματίστηκε στη μάχη του

Κιλκίς-Λαχανά, τον Ιούνιο του 1913. Ξαναεπιστρατεύτηκε στον Α΄ Παγκόσμιο Πόλεμο, στον δε πόλεμο του 1919-1922 κλήθηκε στα μετόπισθεν ως έφεδρος. Ήταν υποψήφιος του σοσιαλδημοκρατικού κόμματος του Αλέξανδρου Παπαναστασίου στις εκλογές του 1932, διώχθηκε και καταστράφηκε οικονομικά κατά τη μεταξική περίοδο, ενώ η Δικτατορία τον βρήκε το 1967, ογδόντα τριών χρονών, πρόεδρο του Δημοτικού Συμβουλίου Λάρισας, με ό,τι σήμαινε αυτό για τα σκληρά χρόνια που ακολούθησαν. Και, παρ' όλα αυτά, έκαναν με τη γιαγιά μας δεκατρία παιδιά, από τα οποία έζησαν τα έντεκα. Που τα μεγάλωσαν εργαζόμενοι με αφοσίωση, εντιμότητα και αξιοπρέπεια. Με πείσμα. Χωρίς να γογγύζουν και να μεμψιμοιρούν.

Ο Γιάννης Αρκάδιος, ο μοναδικός αδελφός της γιαγιάς μας, φοιτητής Νομικής, με την έκρηξη του Ελληνοτουρκικού Πολέμου κατετάγη το 1919 εθελοντικά στον ελληνικό στρατό. Σκοτώθηκε στο μικρασιατικό μέτωπο, τον Αύγουστο του 1922, κατά την υποχώρηση στον Σαγγάριο, σε νυκτερινή αποτυχημένη επιχείρηση. Είναι γι' αυτόν που όταν, ως οικογένεια, συζητούμε, θυμόμαστε ένα σπαρακτικό μοιρολόι της Μάνης που θρηνεί το τέλος του οικογενειακού νήματος με τον θάνατο του μοναδικού αγοριού της – όπως συνέβη και με την οικογένεια Αρκαδίου, που, χάνοντας τον Γιάννη, έχασε το νήμα της συνέχειας: «Ξεθύμανε η άμπαρη κι έσπασε τ' αλαμπάστρο / Μικρό κανόνι κρέπαρε, μα ξαρματώθη κάστρο».

ΡΙΖΕΣ ΚΑΙ ΘΕΜΕΛΙΑ

Ο συγγενής μας Γιώργος Χατζηλάκος, ως φοιτητής και μέλος της Εθνικής Αντίστασης, έζησε, κατά την Κατοχή, έγκλειστος επί μήνες στο στρατόπεδο Παύλος Μελάς της Θεσσαλονίκης περιμένοντας κάθε μέρα την εκτέλεση. Ο αδελφός του, ο θρυλικός αεροπόρος Κώστας Χατζηλάκος, που έκλεισε πρόσφατα τα 100 του χρόνια, επέζησε εκατοντάδων πολεμικών αεροπορικών αποστολών στις ερήμους της βόρειας Αφρικής και στο Δυτικό Μέτωπο, κατά τον Β΄ Παγκόσμιο Πόλεμο.

Η αδελφή του πατέρα μας, δασκάλα Σοφία Ευθυμίου, το 1946, στην έναρξη του Εμφυλίου, κάηκε ζωντανή, εγκλωβισμένη ανάμεσα στα πυρά των αντιμαχομένων στο σχολείο της Παλιάς Λεπτοκαρυάς Πιερίας όπου υπηρετούσε. Η προτομή της, έκτοτε, βρίσκεται στο προαύλιο του Α΄ Δημοτικού Σχολείου Κατερίνης, ενώ η Ακαδημία Αθηνών την έχει τιμήσει με ψήφισμά της για το γεγονός ότι παρέμεινε στο καθήκον παρά την εμφανή απειλή ζωής που αντιμετώπιζε.

Μικρές μεγάλες ιστορίες απ' αυτές που φέρνει η ζωή. Σ' όλη τη γη. Στην ανθρώπινη ιστορία.

Μικρές μεγάλες ιστορίες, μικρών μεγάλων ανθρώπων, όπως εσείς κι εγώ, όπως ο καθένας μας, που τόλμησαν, νοιάστηκαν, αδιαφόρησαν, οραματίσθηκαν, πίστεψαν, εργάστηκαν, λιποψύχησαν, δόθηκαν, προχώρησαν, αναθάρρησαν, έλπισαν, δικαιώθηκαν, ηττήθηκαν, πάλεψαν, διαψεύσθηκαν, νίκησαν.

Άντεξαν. Στάθηκαν όρθιοι. Πήγαν μπροστά.

Σιωπηλά, χωρίς τυμπανοκρουσίες.
Για τον εαυτό τους, τους αγαπημένους τους, την κοινωνία τους.

Γιατί

Εμείς τη λέμε τη ζωή την πιάνουμε απ' τα χέρια
Κοιτάζουμε τα μάτια της που μας ξανακοιτάζουν
Κι αν είναι αυτό που μας μεθάει μαγνήτης
    το γνωρίζουμε
Κι αν είναι αυτό που μας πονάει κακό
    το 'χουμε νιώσει
Εμείς τη λέμε τη ζωή πηγαίνουμε μπροστά
Και χαιρετούμε τα πουλιά της που μισεύουνε

Είμαστε από καλή γενιά.*

---

* Οδυσσέας Ελύτης, *Ήλιος ο πρώτος*, ό.π., σ. 28.

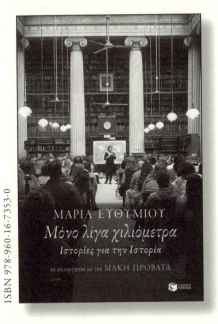

Ο Θουκυδίδης έχει πει πως «Η Ιστορία είναι φιλοσοφία μέσω παραδειγμάτων». Ταυτόχρονα η Ιστορία είναι η ιστορία των ανθρώπων.

Στο βιβλίο αυτό προσεγγίζονται εποχές και γεγονότα, άτομα και κοινωνίες, προθέσεις και στοχεύσεις, διαψεύσεις και επιβεβαιώσεις. Οι διαδρομές αναπόφευκτα εμπλέκονται με την προσωπική ιστορία της Μαρίας Ευθυμίου, τις μνήμες ζωής και τις δυνάμεις που την οδήγησαν, με τόσο πάθος και πίστη, στη μελέτη και διδασκαλία της Ιστορίας. Μιας επιστήμης που συνδέεται με τη μνήμη και τον χρόνο – τους ακούραστους συντρόφους του ατομικού και ομαδικού ταξιδιού όλων μας.